KB130058

DeFi
분산금융

DeFi
분산금융

초판 1쇄	2021년 07월 28일
초판 2쇄	2021년 12월 22일

지은이	고종문
발행인	김재홍
총괄 · 기획	전재진
디자인	김은주 김다윤
마케팅	이연실

발행처	도서출판지식공감
등록번호	제2019–000164호
주소	서울특별시 영등포구 경인로82길 3–4 센터플러스 1117호(문래동1가)
전화	02–3141–2700
팩스	02–322–3089
홈페이지	www.bookdaum.com
이메일	bookon@daum.net

가격	18,000원
ISBN	979–11–5622–615–4 93320

이더리움 기반의 탈중앙화 금융

DeFi
분산금융

고종문 지음

지식공감

머리말

2020년에 시작된 팬데믹으로 온 세상은 이전에 경험해보지 못한 대전환기를 맞고 있다. 팬데믹은 세상 모든 사람의 일상을 완전히 바꿔 놓았다. COVID-19로 인해 다양한 트렌드를 불러왔고 모든 분야에서 생존을 위한 새로운 혁신의 세계로 빠져들었다.

COVID-19 효과는 기업이 디지털 공간으로 전환하는 것을 가속화하고 있다. 특히, 기업들의 블록체인 기술 활용에 가속도가 붙고 있는 와중에 분산금융이 출현하여 다양한 대안과 함께 인상적인 성장을 보이고 있다.

분산금융이란 무엇인가?

분산금융(DeFi)이란 탈중앙화를 뜻하는 'decentralize'와 금융을 의미하는 'finance'의 합성어로 탈중앙화된 금융 시스템을 말한다. 즉 오픈 소스 소프트웨어와 분산된 네트워크를 통해 정부나 기업 등 중앙 기관의 통제를 받지 않는 금융 생태계를 말한다. 분산금융은 금융 시스템에서 중개자 역할을 하는 은행, 증권사, 카드사 등이 필요하지 않아 은행 계좌나 신용카드가 없어도 인터넷 연결만 가능하면 블록체인 기술로 예금은 물론이고 결제, 보험, 투자 등의 다양한 금융 서비스를 이용할 수 있다. 전 세계 인구 중 17억 명은 은행 계좌가 없다. 분산금융은 이들에게 희망이 되고 있다.

왜냐하면 분산금융에서 대출을 받으려면 대출 인터뷰, 담보, 은행 계좌도 필요 없기 때문이다. 이런 점에서 『분산금융』은 금융의 혁신을 소개한다는 점에서 중요한 의미를 지닌다.

빌딩을 혼자 지을 수 없듯이 어떤 책도 홀로 완성되는 법이 없다. 이 책이 나오기까지 수고해주신 지식공감의 김재홍 대표님 이하 편집진들께 심심한 사의를 표한다. 또한, 내게 항상 따뜻하고 의미 있는 영감을 준 GBC Korea의 Steve Lee 회장님, Consilium Consulting의 김 소장님, 그리고 UNI Investment&Capital의 우 회장님, 최 회장님께도 진심으로 감사의 마음을 전하고 싶다.

마지막으로 독자 여러분께 깊은 감사를 드린다. 부디 독자 여러분들이 『분산금융』으로 분산금융의 이론과 실제를 잘 이해하고 활용하여 COVID-19를 잘 극복하는 데 도움이 되길 진심으로 바라는 마음 간절하나.

저자 고종문

차례

01

분산금융의
개요

∷ 분산금융

분산금융(DeFi, Decentralized Finance, 이하에서는 '분산금융', '디파이', DeFi를 혼용)의 사전적 의미는 '탈중앙화 금융 서비스'이다[1]. 이를 좀 더 정확하게 표현하면 DeFi(Decentralized Finance)란 블록체인 네트워크상에서 스마트 계약을 기반으로 가상자산을 이용하여 동작하는 탈중앙화 금융 서비스를 의미한다. 현재 출시되어 있는 디파이 금융 서비스의 특징은 법정 화폐(Fiat money)를 기반으로 한 서비스는 없고, 오직 암호화폐(Cryptocurrency)[2]만을 기반으로 하고 있다.

∷ 팬데믹과 분산금융

2020년 이후 전 세계에 퍼진 COVID-19 전염병은 인류 역사를 통째로 바꿔놓고 있다[3]. 이러한 변화의 중심에는 산업 트렌드의 변화가 주류를 이루고 있다. 때맞추어 발전해온 블록체인 트렌드는 이러한 변화의 물결을 타고 산업 전반에 걸쳐 폭풍처럼 몰려오고 있다. COVID-19 전염병은 이미 진행 중인 트렌드를 심화시켰을 뿐만 아니라 새로운 트렌드를 만들어낸 것이다. 우리는 이러한 변화의 중심에 서 있는 블록체인과 암호화폐의 풍경이 2021년 이후 과연 어떻게 진행될 것인가에 대해 살펴보고자 한다.

① COVID-19 전염병은 특히 블록체인 또는 분산 원장 기술을 사용하여 많은 분야에서 디지털 변환 드라이브를 가속화하고 있다. 그 결과 글로벌 블록체인 시장 규모는 2020년 30억 달러에서 2025년 397억 달러로 2020~2025년 67.3%의 효과적인 복합 연간 성장률(CAGR)로 확대될 것으로 예상된다. 2021년 포브스 글로벌 2000 지수의 25% 이상이 블록체인을 디지털 신뢰의 토대로 사용할 것으로 추정된다.

② COVID-19는 향후 블록체인 전환을 더욱더 가속화할 전망이다. 우리는 다양한 블록체인 프로젝트의 방향을 다시 볼 수 있을 것이다. 전문가들은 블록체인 프로젝트의 90%가 1년 이내에 교체가 필요할 것으로 예상하고 있다. 그렇지만 여전히 대부분의 사람들은 아직 토큰화, 스마트 계약 및 분산된 합의와 같은 주요 기능을 무시하고 있다. 전염병은 특히 일상적인 비즈니스에 초점을 맞춘 블록체인 이니셔티브에 보다 현실적이고 실용적인 접근 방식을 야기했다. 명확한 이점을 가진 블록체인 프로젝트는 향후에도 훨씬 빠른 속도로 진행될 것으로 예상된다. 또한 전염병이 제시한 공급망 문제 중 일부를 해결하는 데 도움이 되는 네

트워크가 있는데, 여기에 참여하는 데 관심이 있는 기업의 수가 증가하고 있다.

③ 국가나 기업은 전염병이 발등의 불로 떨어졌기 때문에 수많은 장기 전략 프로젝트가 보류되고 당장에 닥친 문제 해결에 골몰하고 있다. COVID-19에 의해 촉발된 변동성과 불확실성의 증가로 많은 기업이 당분간 장기 전략 프로젝트, 특히 시장 구조 또는 규제 변경이 필요한 대부분의 프로젝트를 미루거나 포기하고 당장 닥친 문제를 해결하려는 과제에 집중하고 있다. 국가나 기업의 장기 과제인 실험 및 R&D 프로젝트에 대한 예산은 사업에서 격리되어 운영되고 있으며, 향후에도 얼마의 기간 동안 점점 더 어려워질 것으로 예상된다.

④ 기업은 디지털 혁신을 가속화하고 있다. 전염병 상황에서의 디지털 혁신은 더 이상 기업의 선택 사항이 아니다. 많은 기업은 비대면 근무 환경 조성을 위해 디지털 기술 도입은 생존에 필수적 요소가 되었다. COVID-19 전염병이 일상적인 비즈니스에 영향을 미쳐 감소하는 생산성 증대를 해결하기 위해 기업은 디지털 변환 프로세스를 가속화해야 하는 절박한 필요성이 있다. 블록체인 기술은 향후 몇 년 동안 비즈니스의 기능 방식에 가장 혁신적이고 극적인 변화를 일으킬 가능성이 매우 높다. 따라서 수많은 산업 분야에서 블록체인은 산업의 디지털화에 필수도구로 사용되고 있다.

⑤ Gartner에 따르면 조사 대상 기업의 40% 이상이 적어도 하나의 블록체인 파일럿을 운영하고 있다. 그들은 글로벌 프로젝트의

30%가 COVID-19 전염병의 영향으로 인해 블록체인 관련 네트워크를 구축할 것으로 예측한다. 파일럿에서 생산으로 전환하는 대부분의 네트워크는 민간 기업 블록체인 플랫폼에서 실행된다.

⑥ 중국은 가장 빠른 혁신과 진전을 이룰 것이다. 지역적 관점에서 중국은 글로벌 블록체인 개발을 주도하고 있으며 2021년 이후 이 역할은 계속될 것이다. 블록체인은 중국을 다른 차원으로 업그레이드시키고 있다. 중국은 '새로운 인프라(new infrastructure)'라는 기치를 내걸고 있는 가운데, 국영 블록체인 기반 서비스 네트워크를 국가의 디지털 인프라의 필수적인 부분으로 만드는 것을 목표로 한다. 중국의 또 다른 야망은 이러한 네트워크를 통해 글로벌 공공 인프라를 제공하는 것이다. 그 외에도 유럽과 같은 다른 국가나 지역이 디지털 통화를 출시할 것을 생각하고 있지만, 중국은 이미 거의 암호화된 위안화를 발행할 수 있는 준비가 마련되어 있다.

⑦ 은행과 금융 부문 시장은 블록체인을 더욱더 강화할 것이다. COVID-19 전염병의 영향을 받는 모든 산업 중 금융 부문은 가장 큰 타격을 입은 분야 중 하나이다. 수익성이 떨어짐에 따라 수익성 제고 노력이 강화되면서 은행들은 성장하는 디지털 세상에서 고객의 요구에 적응하고 충족시킬 수밖에 없다. 핀테크 및 블록체인 기술은 은행의 운영을 간소화하고 현대화할 수 있어 고객의 요구에 부응할 수 있는 최적의 도구로 평가된다. 이로 인해 비접촉식 거래 방식으로 재설계된 금융 서비스가 확고한 성장세를 보일 수 있을 것으로 전망된다. 이에 따라 은행 및 금융 부문

은 향후 몇 년 동안 블록체인 채택의 기하급수적인 성장을 보여
줄 것으로 예상된다.

⑧ COVID-19에 의해 촉발된 또 다른 경향은 비전통적인 금융 기
관의 수가 증가하는 것이다. 이런 현상은 점점 더 많은 기업뿐
만 아니라 온라인 블록체인 기반의 거래 및 금융 서비스에도 해
당된다. 요즘 비은행 대출에서 암호 통화 기반 은행에 이르기까
지 블록체인을 응용하는 범위가 넓으며 이에는 디파이 서비스가
핵심 대안으로 떠오르고 있다. 분산금융은 금융 서비스에 대한
스마트 계약의 성공적인 프로세스를 보여준다. 이러한 대체 형
태의 자금 조달은 경제의 핀테크화에 완벽하게 부합한다. 더구
나 일상에서 현금 없는 거래가 확대됨에 따라 상거래가 암호화
폐의 무대가 될 수 있다. 따라서 암호화폐는 새로운 변화를 맞
이할 수 있다.

⑨ 정부는 핀테크 관련 규제를 강화할 것이다. 2021년 이후의 추세
는 규제 당국이 더 엄격한 규제에 대한 검색을 강화할 것으로 보
인다. 수많은 암호화폐 및 디파이 관련 사기가 급증하고 있는 상
황에서 COVID-19 전염병에 의해 촉발된 경제의 디지털화 증가
는 전 세계 규제 당국을 긴장시키고 있다. 디지털 뱅킹, 암호화
폐 및 블록체인, 분산금융은 새롭게 만들어지고 있는 신산업 분
야로 옛날의 법으로는 규제에 한계가 있어 새로운 규제 틀을 만
들기에 분주하다. 더구나 전통적인 기관 및 메커니즘 이외의 금
융 거래가 증가함에 따라 디파이와 같은 문제는 규제 당국이 더
이상 무시할 수 없는 존재이다. 한 예로 유럽 연합은 정교한 투

자 수단으로 토큰 투자가 확산되는 등 암호화 자산 시장을 위한 EU 차원의 규제 시스템 마련에 이미 착수했다.

∴ 분산금융의 중요성과 폭발적 증가 요인

이더리움 인프라 개발사 컨센시스(ConsenSys)가 지난 5월 초 2021년 1분기 디파이의 동향을 분석한 보고서를 출간했다. 이 보고서는 이더리움 생태계 기반의 디파이를 중심으로 작성됐다. 현행 분산금융은 크게 바이낸스(Binance) 스마트체인(BSC)과 이더리움 두 개의 플랫폼이 양분하고 있다.

그림 1 http://www.coindeskkorea.com

이더리움 인프라 개발사인 컨센시스(ConsenSys)의 분석에 따르면 2021년 1월 1일까지만 해도 약 1억 3,000만 개였던 이더리움 주소는 2021년 4월 1일 현재 1억 4,600만 개로 증가했다. 이더리움 기반의 대표적인 지갑 서비스인 메타마스크(MetaMask)는 아래의 그림에서와 같이 500만 명 이상의 월간 활성 사용자(MAU)를 넘어섰다는 분석이다. 올해 1분기 기준으로 전체 이더리움 주소 가운데 디파이 프로토콜을 이용하고 있는 사용자는 아직 약 1%에 불과한 것으로 나타났다. 다만 이 기간 동안 이더리움 기반 디파이 사용자는 약 50% 증가했다. 이는 2020년 1분기와 비교했을 때 10배가량 오른 수치이다.

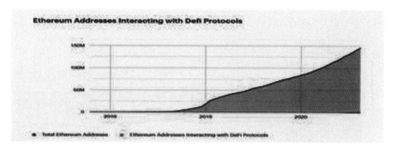

그림 2 http://www.coindeskkorea.com/news/articleView.html?idxno=73760

디파이 거래량과 매출액도 상당히 증가했다. 컨센시스(ConsenSys)는 탈중앙화 거래소(DEX)의 월간 거래량이 2020년 12월 250억 달러에서 2021년 3월 630억 달러로 2.5배가량 증가했다고 설명했다. 대표적인 탈중앙화 거래소인 유니스왑의 주간 거래량 역시 1월 첫째 주 약 50억 달러에서 3월 마지막 주 약 78억 달러로 1.6배 가까이 증가하는 등 전반적으로 지표가 개선됐다. 다만 스시스왑의 주간 거래량은 1월 첫째 주 약 26억 달러에서 3월 마지막 주 약 19억 달러로 27% 감소했다.

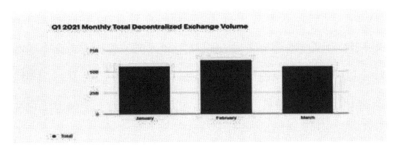

그림 3 http://www.coindeskkorea.com/news/articleView.html?idxno=73760

디파이 관련 주요 디지털 자산(AAVE, Synthetix, Uniswap, Yearn Fi-nance, Complex, Maker, REN, Loopring, Kyber Network, Balancer)을 추종하는 지수 토큰인 DPI 역시 1월 1일 약 117달러에서 3월 31일 약 410달러로 3.5배 올랐다. 같은 기간 비트코인은 2배 정도 증가하는 데 그쳤다. 컨센시스(ConsenSys)는 이 부분을 언급하며 지금까지 모멘텀에 의존하는 경향이 있었던 디파이의 펀더멘탈이 점점 구체화되고 있으며 앞으로 가치가 상승할 것이라고 분석했다.

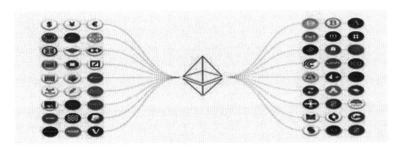

그림 4 http://www.coindeskkorea.com/news/articleView.html?idxno=73760

∴ 분산금융 시스템의 특징

디파이 시스템은 '사용된 기술이나 플랫폼에 관계없이' 암호화폐만을 사용한 블록체인상에서 거래 당사자 간의 중개자를 생략하도록 설계되어 있다. 디파이 생태계에서 스마트 계약에 묶여 있는 토큰 거래량과 자산 규모는 꾸준히 증가하고 있지만, 분산금융은 현재 인프라가 여전히 구축되고 있는 초기의 산업이다.

그렇다면 왜 디파이가 중요한가?

이에 대한 답은 아래에서 설명하는 바와 같이 간단명료하다.

첫째, 분산금융은 금융 서비스에 대한 공정한 접근성을 제공할 수 있는 기회를 제공한다.

둘째, 분산금융은 투자자들이 '이자 농사(yield farming)'로 기존 은행에서 하는 투자보다 훨씬 높은 금리로 암호화폐를 대출하고 빌려줄 수 있다. 따라서 투자자들은 높은 수익률을 보장받을 수 있다.

셋째, 기존의 법정 화폐(Fiat money) 및 중앙집중적 은행 대출 및 주택 담보대출, 그리고 복잡한 계약 관계와 자산 거래에 이르기까지 모든 범위의 금융 서비스는 가까운 장래에 암호화폐만을 활용한 블록체인 기반에서 신속하게 이루어지는 디파이 금융 환경으로 대체될 것이다. 이러한 추세는 더욱더 가속화될 전망이다. 디파이가 엄청난 속도로 성장하고 있는 것은 이더리움 때문이다. 특히 2020년 디파이가 그 어느 때보다 뜨거운 이유는 이더리움의 스마트 계약 지원과 토큰화 능력이 금융 혁명을 뒷받침하고 있었기 때문이다.

넷째, 전통적인 무담보 대출에서는 대출자와 대출자가 서로의 신원을 알고 있고 대출자가 채무 상환 능력을 평가하는 법적 요구 사항이 있다. 그러나 디파이에서는 이러한 요구 사항이 없는 대신 모든 상호 신뢰와 개인 정보 보호를 더 중요시한다. 세계 대부분의 주요국은 아직 디파이에 대한 법률 규정이 미흡한 상황이다. 그러나 각국의 규제 당국은 금융 혁신을 위한 변화에 적극 대응 노력을 하고 있다. 한 예로 2020년 7월, 미국 증권거래위원회(SEC)는 처음으로 이더리움 기반 펀드인 아르카(Arca)를 승인함으로써 디파이를 포용하는 방향으로 결정하여 금융 시장에 큰 변화를 주었다.

다섯째 이유는 주류 플레이어들이 디파이에 참여하고 있다는 점이다. 이미 많은 금융 기관이 디파이를 받아들이기 시작했고, 많은 회사가 참여할 방법을 모색하고 있는 중이다. 예를 들면, 2020년 8월 이후 세계 최대 은행 중 75개의 은행이 JP 모건, ANZ, 캐나다 왕립은행이 주도하는 은행 간 정보 네트워크에 참여하여 결제 속도를 높이기 위한 블록체인 기술을 시험하고 있는 중이다. 이들 은행들은 주요 자산 관리 펀드에도 디파이를 진지하게 받아들이고 있다. 가장 눈에 띄는 것은 세계 최대 암호화 투자 펀드인 그레이스케일(Grayscale)이다. 2020년 상반기에는 44억 달러 이상의 비트코인을 포함하여 52억 달러 이상의 암호화 자산을 관리하고 있었다.

여섯째, COVID-19의 효과이다. 세계적 전염병은 글로벌 금리를 더욱 낮췄다. 이러한 상황에서 분산금융은 잠재적으로 기존 금융 기관보다 예금자에게 훨씬 더 높은 수익을 제공한다. 콤파운드(Compound)는 안정 코인 테더(Tether)로 저장하는 사람들을 위해 6.75%의 연간 이자율을 제공하고 있다. 뿐만 아니라 추가 매력인 Comp 토큰까지 받을 수 있다. 이러한 환경속에서 우리는 현재 이전보다 더 수익률이 높고, 더 자유롭고 분산된 새로운 금융 시스템으로 향하고 있다.

∴ 중앙 집중식 금융과 분산금융의 비교

■ 세파이

① 중앙 집중식 금융(CeFi, 세파이)

종전의 지불, 대출 및 차입과 같은 전통적인 금융 서비스는 금융 기관 및 은행을 통해서만 이용할 수 있었다. 그러나 그것은 블록체인 (blockchain) 기술의 도입으로 혁신적으로 변하고 있다. 암호화폐의 개념 이 확장되기 시작하면서 토론의 주제는 새로운 고려 사항, 즉 분산금 융 및 중앙 집중식 금융으로 이동하고 있다.

그렇다면, 중앙 집중식 금융이란 무엇인가?

중앙 집중식 금융에서의 모든 암호화폐 거래 주문은 중앙 거래소를 통해 처리된다. 자금은 중앙 거래소를 운영하는 특정 단체가 관리한 다. 또한 시장 참여자는 거래소에 수수료를 지불해야 한다. 결론적으 로 말하자면 중앙 집중식 금융의 개념에서 암호화폐 거래자는 중앙에 서 관리하는 거래소를 통해 구입 및 판매하는데, 이때 거래자 자신들 은 암호화폐를 직접 소유하지 않는다. 또한 시장 참여자 모두는 중앙 에서 이미 정해놓은 규칙의 적용을 받게 된다. Binance, Bithumb, upbit

등이 여기에 해당한다.

2021년 가장 투자 유망한 암호화폐 7종목[4]

US 뉴스 앤드 월드리포트(U.S. News & World Report)는 5월 11일 암호화폐 종류가 현재 7,000개가 넘는다면서 이 가운데 올해 유망한 투자 종목 7개를 선정했다.

① 비트코인(BTC)_비트코인은 지난달 6만 달러를 돌파하며 암호화폐 시장을 주름잡는 절대 강자다. 2009년 1월 첫 비트코인이 채굴된 이후 우여곡절을 겪다 지난해 후반 본격적으로 주류 금융 시장 편입에 속도를 내면서 도약의 발판을 다지고 있다.

② 비트코인 캐시(BCH)_비트코인의 치명적 단점 가운데 하나는 거래가 늘면서 관련 블록체인 데이터가 크게 늘어 거래 속도가 더뎌지고, 전력 소모 또한 급증한다는 점이다. 비트코인 캐시는 이 같은 단점을 극복하기 위해 만들어졌다.

③ 코스모스(ATOM)_일부 암호화폐 관련 전문가들은 '코스모스가 지난 3~4년 사이 암호화폐 시장에서 가장 야심찬 로드맵을 달성한 코인'이라고 평가했다. 이 코인은 코스모스 허브상에서 독립된 블록체인들이 이른바 '인터 블록체인 커뮤니케이션(IBC)'을 통해 상호 간에 자산 이동이 가능하도록 돼 있다.

④ 도지코인(Dogecoin)_일론 머스크 테슬라 공동 창업자 겸 최고 경영자(CEO)가 계속해서 가격을 끌어올리는 암호화폐다. 2012년 장난삼아 만들어진 도지코인은 올 들어 암호화

폐 시장 상승세를 주도하는 대표적인 암호화폐로 성장했다. 세계 최대 암호화폐 현금지급기(ATM) 업체인 코인플릭 공동 창업자 겸 CEO 벤 와이스는 "2021년은 도지코인의 해이다"라고 평가했다. 참고로 일론 머스크 테슬라 최고 경영자는 자신의 트위터를 통해 "디파이(탈중앙화 금융)를 거부하지 마라(Don't defy DeFi)"라고 전할 정도로 디파이의 중요성을 강조하기도 했다.

⑤ 이더리움(Ethereum, ETH)_비트코인이 디지털 금에 가깝다면 이더리움은 그 쓰임새가 더 주목받는 암호화폐다. 암호화폐 이더의 블록체인 이더리움이 최근 각광받는 대체 불가능 토큰(NFT)의 기반 기술로 활용되고 있고, 핀텍 업체들의 디파이 금융 상품 개발에도 도구로 활용된다.

⑥ 컴파운드(COMP)_컴파운드는 이더리움 블록체인을 기반으로 한다. 이더리움 블록체인을 토대로 만들어진 대출 프로그램으로 컴파운드를 소유하고 있으면 유동성을 위해 암호화폐 자산을 매각하지 않아도 된다.

⑦ 폴카도트(DOT)_비트코인 상장 펀드인 오스프리 비트코인 신탁(OBTC)을 운영하는 오스프리 펀즈의 그레기 킹 CEO는 지금 투자자들이 주목해야 할 최고의 암호화폐로 폴카도트를 꼽는다. 최근 오스프리 폴카도트 신탁을 출범할 정도로 이에 대한 열망이 높다.

폴가도트는 2016년 피터 차반, 로버트 하버마이어, 그리고 이더리움 공동 창설자인 개빈 우드가 참여해 출범한 암호화폐다. 지금은 시총 기준 암호화폐 8위 규모로 성장했다.

■ 세파이(CeFi)의 특징

‥ 중앙 집중식 거래소(CEX)

세파이(CeFi)는 중앙화된 가상자산 금융 서비스를 말하며, 가장 대표적인 서비스는 가상자산 거래소가 있다. 우리는 가상자산을 사거나 팔고 싶을 때, 가상자산이 상장되어 있는 거래소를 통해 24시간 365일 언제든 이용할 수 있다. 바이낸스(Binance), 크라켄(Kraken) 또는 코인베이스(Coinbase)와 같은 전통적인 암호화폐 거래소가 여기에 속한다. 사용자는 거래를 위해 거래소에 자금을 보낸다. 이 경우 자금은 거래소에 저장되지만, 거래소의 보안 조치가 미흡할 경우 여러 가지 위협에 직면하게 된다. 이로 인해 중앙 집중식 거래소는 다양한 보안 공격의 대상이 되고 있다. 그러나 대다수의 시장 참여자들은 중앙 거래소가 신뢰할 수 있다고 믿으면서 개인 정보를 공유하거나 자금을 이 회사의 계좌에 넣고 있다.

‥ 법정 화폐(Fiat money) 변환의 유연성

중앙 집중식 서비스는 법정 화폐(Fiat money)를 암호화폐로 전환할 때 분산된 서비스보다 더 많은 유연성을 나타내며 그 반대의 경우도 마찬가지이다. 암호화폐(Cryptocurrency)와 법정 화폐(Fiat money) 간의 변환은 일반적으로 중앙 집중식 방식이 필요하다. 그러나 디파이 서비스에서는 암호화폐에서 법정 화폐(Fiat money)로의 전환은 제공되지 않고 오직 암호화폐만을 사용한다.

·· 크로스 체인(Cross-chain) 서비스

세파이 서비스는 독립적인 블록체인(blockchain) 플랫폼에서 발행된 LTC, XRP, BTC 및 기타의 코인 거래를 지원한다. 이에 반해 디파이 서비스는 교차 체인 스왑 수행의 대기 시간과 복잡성으로 인해 이러한 토큰을 지원하지 않는다. 세파이는 여러 체인을 통하여 이러한 문제를 극복할 수 있다.

·· 크로스 체인(Cross-Chain)이란?

USD는 중국에서 사용할 수 없으며 위안화는 미국에서 사용할 수 없다. 국가 간 통화 시스템은 오늘날의 블록체인 생태계와 마찬가지로 서로 독립적이기 때문에 법정 화폐를 쉽게 전송할 수 없다. 이처럼 BTC는 다른 블록체인 시스템에서 왔기 때문에 ETH로 직접 전송할 수 없다. 그러나 크로스 체인(Cross-chain) 기술을 사용하면 블록체인에서 다양한 토큰과 데이터를 쉽게 전송할 수 있다.

은행 간 송금을 예로 들어보자. ICBC(중국공상은행)에서 BOC(중국중앙은행)로 송금하려는 경우, 이는 은행 간 송금이다. 당신이 송금을 매우 쉽게 할 수 있을지 모른다. 하지만 만약 유니온 페이(unionpay)의 중개 네트워크가 없다면 투자자는 직접 ICBC에서 돈을 인출한 후 BOC에 입금해야 한다. 그러나 두 개의 독립적인 공공 체인 ICBC와 BOC를 가지고 유니온 페이는 전체 크로스 체인 생태계의 허브로뿐만 아니라 ICBC와 BOC를 연결한다. 이와 같이 수많은 사람이 다양한 블록체인 프로젝트에 초점을 맞추고 있지만 상호 작용할 수 없는 상황에서는 진정한 가치를 실현할 수 없다.

이처럼 크로스 체인(Cross-chain)의 개념은 상호 운용성과 확장성을 허용하는 기술로 간주되어야 한다. 다양한 블록체인이 상호 작용할 수 있는 플랫폼을 제공함으로써 크로스 체인을 통해 장벽을 허물 수 있는 것이다. 크로스 체인 기술을 통해 다양한 프로젝트가 서로 협력하고 힘을 합쳐 최고의 솔루션을 시장에 출시할 수 있을 것이다.

■ 디파이

① 분산금융(DeFi)

우리가 앞에서 살펴본 세파이(CeFi)와는 반대로, 탈중앙화된 암호화폐의 교환에는 아무도 관여하지 않는다. 전체 프로세스는 블록체인(blockchain) 플랫폼 위에서 자동화된 응용 프로그램을 통해 작동한다. 또한 분산금융은 누구나 참여할 수 있는 공정하고 투명한 금융 시스템을 조성한다. 이를 통해 은행에 등록되지 않은 사람들조차도 블록체인 기술을 사용하면 금융 및 은행 서비스에 액세스할 수 있다.

분산금융은 오픈 소스, 그리고 어느 누구의 간섭이나 허가가 필요 없는 투명한 금융 서비스 생태계를 구축하는 것을 목표로 한다. 분산금융 시스템은 차입, 수익, 이자 농사(yield farming), 암호화 대출, 자산 저장 등을 포함한 금융 전반의 서비스를 제공한다.

② 분산금융(DeFi)의 특징

분산금융은 다음의 네 가지 중요한 특징을 지니고 있다.

첫째, 사용자는 디파이를 사용할 수 있는 아무런 권한이 필요하지 않다. 세파이를 사용하면 서비스에 액세스하기 위해 KYC 프로세스를 완료해야 하므로 서비스에 액세스하기 전에 개인 정보를 공유하거나 돈을 입금해야 한다. 그러나 디파이 사용자는 지갑을 사용하여 개인 정보를 제공하거나 디파이로 돈을 입금하지 않고 서비스에 직접 액세스할 수 있다. 왜냐하면 분산금융은 장벽이나 차별 없이 모든 당사자가 공개적으로 직접 접근할 수 있기 때문이다.

둘째, 분산금융은 높은 수준의 접근성을 제공하는 것은 물론 커뮤니티 내에서의 협업을 지원한다. 디파이 생태계 내에서 개발된 제품은 서로 혜택을 누릴 수 있도록 설계되어 있다. 그래서 디파이 제품을 일명 '미니 레고(mini-LEGO)'라고도 불린다.

셋째, 디파이 서비스를 사용하면 디파이 서비스가 진행한 결과에 대해 신뢰 여부를 신경 쓸 필요가 없다. 왜냐하면 세파이와는 반대로, 디파이의 사용자는 디파이 서비스가 코드를 감사하고 이더스캔(Etherscan)과 같은 외부 도구를 사용하여 트랜잭션이 올바르게 실행되었는지를 식별하여 의도한 대로 수행하도록 인증할 수 있기 때문이다.

넷째, 디파이의 또 다른 중요한 장점은 대단히 빠른 혁신 속도이다. 분산형 금융 생태계는 지속적으로 현재의 역량을 구축하고 또 다른 새롭고 혁신적인 기능을 활용하고 있다. 최근 디파이 공간 구축의 중심적 특성은 이미 획기적인 금융 서비스가 내장된 풍부한 생태계로 변모했다. 이미 꽃피운 중앙 집중식 금융 서비스의 기능과 비교할 때, 디파이는 세파이가 지닌 문제를 해결할 수 있는 대안을 제공하기 위해 부단히 노력하고 있다.

③ 분산금융(DeFi)의 이점

디파이를 사용하는 이점은 자산의 소유자가 누구의 간섭 없이 완전히 제어하고 지갑의 키를 직접 소유한다는 것이다. 물론, 디파이에 참여하려는 사용자는 블록체인 플랫폼에 내장된 분산 응용 프로그램(dApps)을 사용하여 디파이 서비스를 제공한다.

DeFi vs CeFi		
	DeFi	CeFi
자금위탁 관리	사용자는 위탁 관리에 대한 완전한 권한을 가지고 있다.	사용자 이외의 거래소 등이 권한을 갖고 있다.
사용 가능한 서비스	암호화폐의 거래, 차입, 대출, 지불	거래, 차입, 법정 화폐(Fiat money)에서 암호화폐 지불 및 대출
안전	자금에 대한 책임이 없다.	거래소의 보안 브리지(security bridges)의 경우 취약하다.
고객 서비스	NA	주요 변경 사항에 의해 제공된다.
위험 요소	보안은 사용 중인 기술에 의존한다.	중앙 집중식 거래소가 보안을 담당한다.

표 1 https://www.leewayhertz.com/ DeFi-vs-cefi/

결론적으로 분산형 금융과 중앙 집중식 금융 모두 동일한 목표를 달성하는 것을 목표로 하는 것은 분명하다. 그러나 이 두 생태계가 목표를 달성하는 방식은 완전히 다르다. 세파이는 자금의 보안과 그 자금에 대한 공정 거래를 약속한다. 자산을 가진 투자자는 암호 거래에 침여할 수 있다. 또한 세파이 거래소는 디파이 서비스가 제공하지 않는 고객 지원 서비스를 제공한다. 그러나 디파이는 세파이와 전혀 다르게 투자자가 중개 기관의 중개 없이 전략을 구현할 수 있는 공간을 제공한다.

상기의 두 모델 모두 장단점을 가지고 있다. 그것은 투자자와 그들의 요구에 따라 달라질 수 있다. 만약 투명성과 프라이버시를 선호하는 경우 디파이는 선택할 수 있는 최선의 모델이다. 반면에 우선순위가 신뢰, 위험 분담, 유연성 및 투자 옵션 증가 등인 경우에는 세파이를 선택하는 것이 올바른 판단이다.

■ 중앙 집중식 금융과 분산금융의 비교

① 중앙화 거래소(CEX)

일반적인 중앙 거래소에서는 명목 화폐(은행 이체 또는 직불, 신용 카드) 또는 암호화폐를 입금해야 한다. 암호화폐를 입금할 때에는 자신은 통제권을 포기하고 거래소 측에 전권을 위탁하게 된다. 즉 거래 당사자는 자금의 개인 키를 보유하지 않으며 출금을 진행할 때는 거래소에 당사자를 대신하여 트랜잭션에 서명해 줄 것을 요청하게 된다. 트레이딩을 할 때는 트랜잭션이 온체인에서 발생하지 않으며 거래소는 자체 데이터베이스 내에서 자금을 사용자에게 할당하게 된다.

이렇듯 일반적인 작업 흐름은 무척이나 효율적인데, 이유는 블록체인의 느린 속도로 인한 트레이딩 지연이 발생하지 않기 때문이다. 또한 모든 과정이 거래소라는 단일한 주체의 시스템에서 진행되기 때문에 암호화폐를 보다 쉽게 구매 및 판매할 수 있으며 더 많은 도구를 사용할 수도 있다.

그러나 이를 위해서는 대가를 지불해야 한다. 또한 거래자들은 자금을 보관하는 거래소를 전적으로 신뢰해야만 하기 때문에 거래 상대방의 위험에 노출되게 된다. 여기에서 의문이 생긴다. 만일 거래 참여자들이 힘들게 모은 BTC를 갖고 팀이 도망가면 어떻게 될까? 해커가 시스템을 마비시키고 자금을 횡령한다면 어떻게 될까?

이러한 위험은 많은 사용자에게 감수해야 하는 위험 수준이다. 따라서 거래자들은 자연스럽게 실적이 좋고, 데이터 유출 피해를 완화하는 것은 물론 위험에 대한 예방책을 보유하고 있는 명성 있는 큰 거래소를 선택하게 된다.

·· 중앙화 거래소(CEX)의 장점

DEX에 비해 CEX의 가장 큰 장점은 거래량의 증가, 거래 속도 증가 및 사용자 친화적인 인터페이스이다. 따라서 일반적으로 중앙화 거래소를 사용하는 것이 DEX를 사용하는 것보다 더 쉽고 편리하다. 그렇기 때문에 중앙화 거래소가 일반적으로 디지털 통화를 거래하고 관리하는 데 있어 초보자가 첫 번째로 선택하는 이유이다.

CEX에서는 거래 시에 많은 통화쌍을 찾을 수 있다. 여기에는 명목화폐 통화쌍이 포함된다. 이것은 명목화폐로 암호화폐를 구입할 수 있다는 것을 의미하며 명목화폐로의 입출금도 물론 가능하다.

·· 중앙화 거래소(CEX)의 단점

중앙화 거래소는 암호화폐 거래소에서 가장 광범위한 운영 모드임에는 틀림이 없으나 몇 가지의 단점이 있다.

첫째, 중앙 집중식 거래소는 사용자에게 내부 작업 상황을 공개하지 않고, 자금 세탁 거래 및 가격 조작과 같은 악의적인 관행을 가능하게 하는 투명성이 부족하다. 한 예로 2019년 1년간 2억 9,200만 달러 이상의 고객 펀드가 12건의 CEX 해킹으로 인해 손실이 발생했다.

둘째, 기술적인 문제나 해킹 공격은 CEX 서비스의 상당한 가동 중지 시간으로 이어질 수 있으며, 이럴 경우 고객의 거래 기회를 잃을 수도 있다.

셋째, 중앙 집중식 거래소는 정부 검열의 쉬운 대상이 되어 규제 당국이 사용자의 자금을 동결 또는 압류할 수 있고, 중앙 집중식 거래소의 모회사가 고객의 개인 정보를 공개하도록 강요할 수도 있다.

① 탈중앙화 거래소(DEX)

·· 탈중앙화 거래소(DEX)의 정의

우리는 다음과 같은 암호화폐 거래소에 익숙할 수 있다. 즉 이메일을 통해 가입을 진행하고, 강력한 비밀번호를 지정하고 계정을 인증하여 암호화폐를 거래하는 중앙화 거래소(CEX)이다. 그러나 탈중앙 거래소는 이러한 귀찮은 가입 과정을 절대로 요구하지 않는다. 대부분의 경우 암호화폐를 입금 또는 출금할 필요도 없다. 거래는 두 사용자의 지갑 사이에서 직접 진행되며 제삼자의 개입이 (있다면) 제한된다.

탈중앙 거래소를 이해하기는 조금 어려울 수 있으나 우리가 원하는 자산 거래를 언제나 제공하지도 않을 수 있다. 그러나 이에 대한 기술이 발전하고 관심이 증가함에 따라 곧 암호화폐 세계의 필수 구성 요소가 될 수도 있을 것이다.

이론적으로 모든 피어-투-피어(P2P) 교환이 탈중앙 거래를 구성할 수도 있다. 탈중앙 거래소의 백엔드는 블록체인상에 존재하며, 키도 본인이 소지하여 누구에게도 당사자 이외에는 자금 관리 권한이 부여되지 않는다.

·· 탈중앙화 거래소(DEX)의 작동 방식

탈중앙 거래소는 중앙화된 거래소와 유사한 부분도 일부 있지만, 상당히 다른 부분이 대다수이다. 우리가 한 가지 먼저 알아둘 사실은 사용자가 이용할 수 있는 몇 개의 탈중앙 거래소 유형이 존재한다는 점이다. 그 중 일반적인 유형은 온체인(스마트 콘트랙트를 사용)에서 주문이 체결되고, 사용자는 자신의 자금에 대한 통제권을 넘겨주지 않아도 되는 것이다. 일부 작업은 크로스체인 탈중앙 거래소에서 진행되지만, 이더리움 또는 바이낸스(Binance) 체인 단일 블록체인상의 자산 거래가 가장 많이 일어나고 있다.

(a) 온체인 오더북(On-Chain Order Book)

온체인은 블록체인에 기록되는 모든 네트워크 행위를 말한다. 즉 블록체인(Chain) 위에(On) 기록하는 것을 온체인이라 말한다. 일부 탈중앙 거래소에서는 모든 과정이 온체인에서 진행된다. 주문 변경 및 취소를 포함한 모든 주문은 블록체인에 기록된다. 이는 분명 가장 투명한 접근 방식일 수 있다. 여기에다가 주문을 중계하는 제삼자가 존재하지 않기 때문에 CEX에서의 경우처럼 거래소를 신뢰할 필요성도 없다. 이를 '무신뢰성(Trustless)'이라 하는데, '무신뢰성'이란 신뢰성이 없다는 뜻이 아니라 '신뢰 검증을 할 필요가 없다'는 뜻이다. 전통 금융권이나 P2P(개인 간) 금융 등 핀테크 업체가 국가 기관으로부터 면허를 획득해야 하는 이유는 돈을 맡기는 사용자가 해당 업체들을 '신뢰할 수 있도록' 하기 위함이다.

따라서 디파이에서의 거래는 해당 트랜잭션을 모호하게 만들 수도 없다. 그러나 안타깝게도 이는 가장 비효율적인 방식이기도 하다. 왜냐하면 해당 주문을 기록하기 위해 네트워크상의 모든 노드를 호출하며 최종적으로 수수료를 지불하기 때문이다. 따라서 시장 참여자는 메시지를 블록체인에 추가할 때까지 기다려야 하는데, 이는 복잡하고 느릴 수도 있다는 의미이다.

일부에서는 상기와 같은 선행 매매(front running)[5]가 이 모델의 결점이라고 지적하기도 한다. 선행 매매는 시장의 내부자가 지연되는 트랜잭션을 인식하고, 트랜잭션이 처리되기 전에 해당 정보를 사용해 거래를 진행할 때 발생한다. 따라서 선행 매매자는 일반 사용자에게 공개되지 않은 정보로부터 이득을 취하는데, 이는 보통 불법이다. 물론, 모든 것이 장부상에 공개된다면 선행 매매의 기회가 없을 것이다. 그럼에도 불구하고 다른 유형의 공격이 발생할 수도 있다. 한 예로 승인되기 전의 주문을 확인한 특정 거래자가 자신의 주문이 블록체인에 먼저 추가되도록 할 수도 있다.

(b) 오프체인 오더북(Off-Chain Order Book)
분산 거래소의 경우 최종 거래는 체인에서 발생하지만 모든 주문은 Relayer라는 제삼자에 의해 호스팅(hosting)된다. 이것은 이더리움에 기반을 둔 많은 초기 세대 분산 교환의 스타일이다. 오프체인 오더북은 아래의 성질을 지니고 있다.

첫째, 거래 당사자 간의 이전 계약이 있을 수 있다.

둘째, 오프체인 거래에는 PayPal 같은 현재의 지불 프로세서처럼 거래를 존중할 것을 보장하는 보증인과 같은 제삼자가 포함될 수 있다. 오프체인 거래를 위한 또 다른 방법은 쿠폰 기반 결제 메커니즘을 사용하는 것이다. 참가자는 암호화 토큰에 대한 대가로 쿠폰을 구매하고 다른 당사자에게 코드를 제공하여 사용할 수 있다. 쿠폰 서비스 제공업체에 따라 동일한 암호화폐 또는 다른 방식으로 상환이 가능하다.

(c) 오프체인의 장점과 온–오프체인(on-off chain) 혼합 방식[6]

블록체인은 블록과 블록을 연결하는 네트워크다. 블록 하나하나에서 발생한 트랜잭션을 모두 기록하고 검증해야 하므로 시간이 오래 걸릴 수밖에 없다. 비트코인이나 이더리움 등 암호화폐들이 속도 문제를 지적받는 이유도 이 때문이다.

반면 오프체인은 블록체인에 직접 기록하는 방식이 아니다. 특정한 거래 내역을 블록체인이 아닌 독립된 외부에 기록한다. 따라서 합의 과정이나 검증이 필요 없어 빠른 처리가 가능하다. 블록체인의 속도 문제를 해결하겠다며 오프체인을 함께 사용하려는 것도 이런 이유 때문이다.

오프체인의 장점을 살펴본다.

첫째, 즉시 실행할 수 있다. 온체인 트랜잭션은 네트워크 로드와 큐에서 대기하는 트랜잭션 수에 따라 시간이 길게 지연될 수 있다.

둘째, 오프체인 거래는 일반적으로 블록체인에서 아무것도 발생하지 않기 때문에 거래 수수료가 없다. 거래의 유효성을 검사할 채굴자나 참가자가 필요하지 않으므로 수수료가 없고, 특히 많은 금액이 관련된 경우 매력적인 옵션이 될 수 있다. 한편, 온라인 거래는 때때로 높은 비용을 지불해야 하기 때문이다.

셋째, 오프체인 거래는 세부 사항이 공개적으로 나타나지 않기 때문에 참가자에게 더 많은 보안과 익명성을 제공한다. 이에 비해 최근 대두되고 있는 온−오프체인 혼합 방식은 대량 거래는 오프체인에 기록하고 최종 거래 내역은 온체인에 기록하는 방식이다. 기록할 것이 많고 방대한 데이터는 오프체인으로 처리해 속도를 확보하고, 처리된 데이터를 온체인에 기록해 투명성을 확보하는 전략이다.

이런 방식은 블록체인과 블록체인이 아닌 것의 결합으로 모든 것이 해결된 것 같지만 물론 여기서도 문제는 발생한다. 오프체인에 기록된 정보를 온체인(블록체인)으로 옮길 때 그 정보가 신뢰할 수 있는 정보인지에 대한 확신이 없다는 것이다. 오프체인은 블록체인이 아니기 때문에 해킹의 가능성이 있고 정보가 위변조될 가능성이 존재한다.

⒟ 자동화된 시장 메이커(AMM)

자동화된 시장 메이커 모델은 오더북 개념을 사용하지 않는다. 메이커(maker)와 테이커(taker)가 필요하지 않으며, 사용자와 게임 이론과 같은 약간의 정형화된 공식이 있으면 된다. 자동화된 시장 메이커 모델의 세부 사항은 구현 방식에 따라 다르지만, 보통 일련의 스마트 콘트랙트를 연결하고, 사용자의 참여를 위한 기발한 보상을 제공한다.

오늘날의 자동화된 시장 메이커에 기반한 탈중앙 거래소는 대단히 사용자 친화적이다. 그러나 다른 유형의 탈중앙 거래소와 마찬가지로 거래 체결을 위해서는 온체인 트랜잭션이 생성되어야 한다.

‥탈중앙화 거래소(DEX)의 장점과 단점

(a) 탈중앙화 거래소(DEX)의 장점

첫째, KYC가 불필요하다. 대부분의 중앙화거래소(CEX)는 KYC/AML(고객 알기 제도와 자금 세탁 방지)을 준수한다. 정부 기관의 규제적 이유 때문에 각 사용자는 반드시 신분증과 주소 증명을 진행해야 한다. 일부는 프라이버시 침해를 우려하고, 또 다른 투자자들은 접근성을 걱정하기도 한다. 지금 당장 유효한 신분증을 보유하고 있지 않다면 어떻게 해야 하는가? 개인 정보가 유출된다면 어떻게 해야 하나?

이런 걱정스러운 질문에는 탈중앙 거래소가 답을 갖고 있다. 왜냐하면 탈중앙 거래소는 위에서 지적한 허가가 필요 없기 때문이다. 따라서 누구도 여러분의 신원을 확인하지 않는다. 단지 암호화폐 지갑만 있으면 된다. 그럼에도 불구하고 일부 중앙 주체가 운영하는 탈중앙 거래소의 경우에는 몇 가지 법적 규제 요구 사항이 여전히 존재한다. 오더북이 중앙화되어 있는 경우 호스트를 맡고 있는 주체는 반드시 관련 법규를 준수해야 하기 때문이다.

둘째, 거래 상대방의 위험이 없다. 탈중앙 암호화폐 거래소의 주된 장점은 사용자의 자금을 거래소가 직접 보유하지 않는다는 것이다. 따라서 2014년 마운트 곡스(MTGOX) 해킹 사건[7]과 같은 심각한 유출 사태로 인해 사용자의 자금이 위험에 처하거나 민감한 개인 정보가 유출되지는 않을 것이다.

셋째, 비상장 토큰의 활용이다. 중앙 거래소에 상장되지 않은 토큰들은 수요와 공급이 존재한다면 탈중앙 거래소에서 자유롭게 거래될 수 있다.

(b) 탈중앙화 거래소(DEX)의 단점

첫째, 현실적으로 탈중앙 거래소는 기존 거래소만큼 사용자 친화적이지 않다. 중앙화된 플랫폼은 실시간 거래를 제공하며, 이는 거래 시간에 영향을 받지 않는다. 비위탁 암호화폐 지갑에 익숙하지 않은 초보자들에게 중앙 거래소는 훨씬 친절하고 친화적인 경험을 제공한다. 비밀번호를 잃어버린 경우 이를 간단히 초기화할 수 있다. 그러나 여러분이 시드 문구(암호화폐 지갑을 열기 위해 입력해야 하는 여러 단어로 구성된 암호)를 잃어버린 경우에는 여러분의 자금은 사이버 공간에서 유실되어 되찾을 수 없다[8].

둘째, 중앙 거래소의 거래량은 탈중앙 거래소의 거래량보다 압도적으로 많다. 보다 중요한 것은 중앙 거래소가 더 많은 유동성을 보유하고 있다는 점이다. 유동성은 적절한 가격에 얼마나 쉽게 자산을 구매 또는 판매할 수 있는가의 척도라는 점에서 대단히 중요하다. 유동성이 높은 시장에서는 매수 및 매도의 가격 차이가 거의 없으며, 이는 구매자와 판매자 간에 치열한 경쟁이 벌어지고 있음을 의미한다. 비유동적인 시장에서는 적정 가격에 자산을 거래하고자 하는 이들을 찾기가 더 힘들 수도 있다.

탈중앙 거래소는 여전히 상대적으로 틈새시장에 속하며 거래자가 거래하고자 하는 암호화폐 자산의 수요와 공급이 항상 존재하지 않을 수도 있다. 이 의미는 수요와 공급의 불일치로 인해 거래 희망자가 거래하고자 하는 거래 쌍을 찾지 못할 수도 있으며, 설령 찾는다 해도 적절한 가격에 이를 거래하지 못할 수 있다는 것을 의미한다.

셋째, 탈중앙 거래소에서 언제나 수수료가 비싼 것은 아니지만, 네트워크가 혼잡하거나 온체인 오더북을 사용하는 경우에는 비싸질 가능성도 있다. 최근 탈중앙 금융의 급부상으로 인해 이더리움 기반 탈중앙 거래소의 활용성이 크게 증가하고 있다. 이러한 추세가 지속된다면 해당 기술이 업계 전반에 더 나은 혁신을 불러일으키는 것을 목격하게 되고, 이로 인해 수요와 공급이 증가하면 수수료도 낮아질 가능성이 존재할 것이다.

∷ 블록체인 핀테크와 금융 혁신의 과정

■ 블록체인 핀테크(Blockchain Fintech)

우리 모두가 이해하듯이 금융은 돈 관리의 세부 사항을 다루는 영역이다. 돈 관리를 중심으로 하는 서비스는 금융 서비스이다. 기존의 금융은 디지털 혁신 이전에는 종이에 기록하는 부기에 의존했다. 이후 금융 기술의 변화는 핀테크를 탄생시켰다[9].

금융(Finance) + 기술(Technology) = 핀테크(Fin+Tech)

간단하게 말하자면 기술이 핀테크의 영토 안에서 전통적이며 자원 소모적인 금융 관련 작업을 최적화할 방법을 찾을 수 있도록 해준다. 특히, 지난 몇 년간 서비스 부문 간의 블록체인 기술의 성장은 획기적이었다. 핀테크에서 블록체인을 가장 많이 사용한 것은 은행 없이도 돈을 보유할 수 있는 암호화폐 분야였다. 비트코인, 이더리움 또는 다른 코인을 구매하는 사람들은 자신의 디지털 지갑에 코인을 보유하는 것을 선택할 수 있다. 블록체인은 네트워크에서 실행되는 레코드 목록이 계속 증가하고 있다. 시스템 아키텍처도 데이터베이스와 다르지 않다. 레코드를 암호화해 서로 연결하여 체인을 형성하는 블록이라고 한다. 체인의 신뢰성은 마지막 블록의 수학적 해시가 후속 블록에서 발견된다는 점에서 유지된다. 블록은 블록체인(blockchain) 개발자가 배포한 합의 메커니즘에 따라 네트워크에 추가된다. 블록체인에 귀속되는 추가 속성은 다음과 같다.

① 분산 – 어떤 중앙 기관도 참여를 강제하지 않으며 네트워크를 실행하는 참여 노드에 신뢰를 부여한다.
② 권한 없는 – 누구나 거래를 검증하고 암호화폐/토큰으로 보상을 획득하는 데 필요한 계산(mining)을 함으로 네트워크에 가입할 수 있다.
③ 데이터 변조 – 블록체인 기술을 사용하여 기록된 데이터는 적어도 이론적으로는 변경할 수 없다. 블록은 변경할 수 없고 새 데

이터를 부과하는 것은 거의 불가능하다.

■ 블록체인이 핀테크에 혁명을 일으키는 4가지 방법

비트코인, 이더리움 및 기타 암호화폐는 블록체인 기술로 가능해져 완전히 새로운 디지털 금융 분야를 창출했다. 블록체인 기술은 암호화폐를 뒷받침하는 기술로 가장 잘 알려져 있다. 비트코인, 이더리움, 그리고 다른 7,000여 개의 암호화폐는 블록체인을 통해 운영되며, 이는 최근 금융 분야에서 가장 중요한 혁신 중 하나이다. 블록체인이 핀테크에 혁명을 일으키고 있는 네 가지 방법은 아래와 같다.

① 디지털 원장을 만든다. 블록체인은 회계사의 일반 원장과 비교할 수 있다. 원장에는 타임 스탬프와 인가가 있는 트랜잭션을 기록하는 페이지가 있으며 동일한 방식으로 블록체인(blockchain) 레코드 트랜잭션을 차단한다. 모든 거래를 연대순으로 기록함으로써 블록체인은 전체 수명 주기를 디지털 방식으로 기록할 수 있다.

② 블록체인을 사용하는 활동적인 사람들이 있는 한 끝없는 체인을 만들어 낸다. 이는 정확한 거래 기록을 갖는 것이 필수적인 은행 및 회계 산업에서 매우 중요하다. 예컨대 돈이 은행에 어떻게 입금되었는지, 어디에서 송금했는지, 어떻게 사용되고 있는지, 그리고 그 이후에 어디로 갔는지에 대한 수명 주기를 형성한다. 이것을 자동으로 기록하는 것은 블록체인 거래 기록 프로세스의 효율성을 크게 향상시키고 원장을 기록하는 데 필요한 시간을 줄이며 수동으로 기록하는 데 드

는 비용을 절약시킨다.

블록체인은 분산되어 있어 아무도 체인을 제어할 수 없다. 어떤 식으로도 변경할 수 없다. 분산 원장 기술을 사용하여 각 트랜잭션 또는 블록은 모든 스마트폰, 컴퓨터 또는 더 큰 서버가 될 수 있는 노드를 통해 기록된다. 이러한 불변성은 블록체인이 사기로부터 엄청난 방호막을 제공하여 모든 거래의 완전하고 변경 불가능한 재무 기록을 가질 수 있음을 의미한다. 이는 거래자에게 거래에 대한 더 많은 책임과 안전성을 제공하는 것을 의미한다. 누군가가 체인에서 노드의 50% 이상을 소유하고 자신의 거래를 검증할 수 있는 것과 같이 블록체인을 해킹할 가능성은 여전히 있지만 이러한 경우는 거의 없다. 2021년에 사용 가능한 모든 암호화폐의 합산 가치는 1조 8천억 달러 이상이며 비트코인만이 1조 달러 이상의 가치를 지니고 있다. 비트코인은 2008년 세계 최초의 암호화폐와 블록체인으로 출시된 이래 분산 구조로 인해 체인이 해킹된 적이 단 한 번도 없다.

③ 블록체인의 강화된 보안은 여러 가지 장점을 제공한다. 그중 하나는 여러 당사자가 트랜잭션을 검증해야 하는 장점이 있다. 모든 금융 거래는 비자 또는 아메리칸 익스프레스가 카드 결제를 처리하는지, 또는 거래 검증자로 투자 은행에 고용된 사람이 많은지를 검증할 수 있는 권한이 필요하다. 때로는 최대 12개의 거래를 예약하고 해결하는 경우가 있으며 이런 과정은 무료로 작동하지 않아 비용이 많이 소요된다.

2020년 다국적 투자 은행 및 금융 서비스 제공업체인 시티그룹(Citigroup)은 검증 프로세스의 실패로 실수로 9억 달러를 지불했다. 블록체인의 트랜잭션은 인증을 위해 네트워크의 모든 노드로 전송될 때 자동으로 유효성을 검사한다.

④ 핀테크에서 블록체인을 가장 많이 사용하는 것은 암호화폐로, 은행 없이도 자금을 보유할 수 있게 되었다. 비트코인, 이더리움 또는 기타 코인을 구매하는 사람은 자신의 디지털 지갑에 사신의 통화를 보유하도록 선택할 수 있다. 지갑 소지자는 암호화폐를 보내고 지출하는 데 필요한 개인 키와 다른 사람으로부터 지급받을 수 있는 공개 주소가 있다. 키를 가진 사람들은 그 코인의 유일한 소유자이다. 전통적인 통화와는 달리 돈을 소유한 은행은 없다. 이것이 핀테크에서 블록체인의 진정한 가치이다.

비트코인과 다른 가상화폐는 그 자유와 소유권을 사용자들에게 제공한다. 그러나 만약 소유자가 개인 키를 잊어버리거나 도난당한 경우 돈을 다시 얻을 수 있는 방법이 없다. 왜냐하면 오직 그 자신만이 전적으로 책임이 있기 때문이다. 많은 암호화폐 소지자들은 은행처럼 자신의 코인을 지갑에 저장한다. 이러한 서비스업체 중 가장 큰 회사는 Coinbase로 약 4,300만 명 이상의 사용자를 보유하고 있으며 플랫폼에 900억 달러를 보유하고 있다. 블록체인은 여러 가지 방법으로 금융 산업에 영향을 미치고 있는데, 수백 년 전통의 은행 산업에 도전하는 것은 가장 큰 변화이다.

■ 금융 혁신의 과정

핀테크와 블록체인 핀테크를 구분 짓는 가장 큰 경계는 기존의 법정 화폐(Fiat money)를 기반으로 하느냐, 가상자산(또는 디지털화폐)과 연계하느냐에 달려 있다. 향후 분석할 디파이의 경우는 오로지 가상자산만을 기반으로 작동하는 금융 서비스이다.

① 1차 핀테크: Fintech

IT 기술을 활용한 혁신 금융은 대체로 인터넷을 필두로 하여 모바일 기술의 발전, 인공지능, 클라우드, 빅데이터 기술의 발전으로 이어졌다. 여기서 기존의 금융 기관에서 편리성 증대와 비용 절감, 생산성 향상 등을 가져온 결과물을 1차 핀테크라고 정의할 수 있다. 즉 주도권이 금융 기관에 있던 시절을 말한다. 1차 핀테크 시대를 한마디로 정의한다면 '금융 거래 방식의 혁신'이라고 표현할 수 있다. 중요한 점은 1차 핀테크는 항상 관련 법령의 제개정 등 제도적 뒷받침 속에서 발전해왔다는 것이다.

② 2차 핀테크: Techfin

2차 핀테크는 ICT 기술을 기반으로 한 금융 기관이 아닌 ICT 기술 기업 중심으로 새로운 형태의 금융 서비스가 출현한 본격적인 핀테크 시대로 볼 수 있다. 2차 핀테크 시대를 한마디로 표현하면 '새로운 금융사업자의 탄생'이라고 말할 수 있다. 지점이 필요 없는 인터넷 은행이 출현하였고, 간편 결제 사업자의 출현은 모바일 금융 서비스를 가속화했으며, 대출의 콘셉트를 투자 시장으로 바꾼 P2P 금융의 출현은 매우 혁신적이다. 심지어는 인공지능 기술의 발전으로 금융 서비스 자체를 100% 기계에 의존하는 사업자까지 나타났다. 중요한 것은 새로운 금융 사업자의 탄생을 가져온 2차 핀테크 역시 튼튼한 제도적 장치

그림 5 https://www.kisa.or.kr/public/library/etc_View.jsp?regno=0224

와 함께 활성화된 것이다.

③ 3차 핀테크: Blockchain fintech

1차 핀테크와 2차 핀테크가 금융 거래 방식을 바꾸고 심지어 새로운 금융 사업자를 탄생시켰지만 중요한 것은 모두 법정 화폐(Fiat money)를 중심으로 하고 있다. 하지만 3차 핀테크부터 이전과는 전혀 다른 실험과 도전에 직면하였다. 이는 바로 가상자산의 탄생과 활용이다. 13년의 역사를 가지고 있는 가상자산이 2020년 3월 24일 한국의 특정금융정보법에 최초 명시되면서 이제 법률적 기반에 한 걸음 다가갔다. 3차 핀테크 시대를 한마디로 표현하면 '새로운 지급 결제 수단의 등장'이라고 하겠다. 즉 종전까지 거의 유일한 지급 결제 수단이었던 법정 화폐(Fiat money) 외에 가상자산이 새로운 지급 결제 수단으로 등장하기 시작했다.

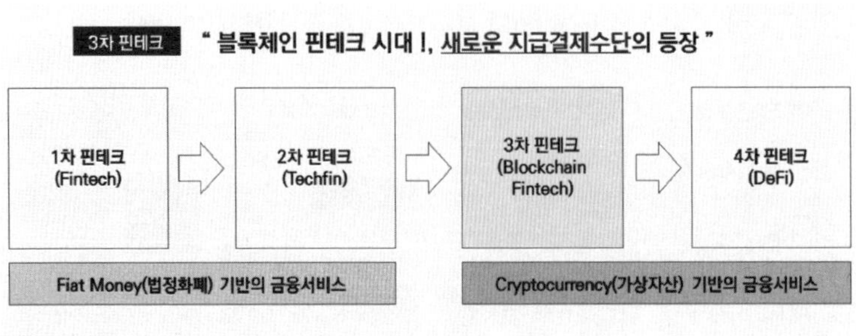

그림 6 https://www.kisa.or.kr

④ 4차 핀테크: 디파이(DeFi)

3차 핀테크는 초창기로 아직 무르익지 않았다. 아니 더 정확히 말하면 이제 막 시작된 새로운 시도이다. 그런데 벌써 혁신 금융에 또다른 변화가 생겼다. 디파이는 3차 핀테크와는 완전히 다른 양상이다. 4차 핀테크는 3차 핀테크와 동일하게 가상자산을 기반으로 하고 있지만 3차 핀테크인 블록체인 핀테크는 법정 화폐(Fiat money)를 이용하고, 중앙 집중식 거래소라는 점에서 현실의 금융 서비스와 다소 연관이 되어 있다.

페이팔, 비자 등 기존 금융에서의 지급 결제 사업자가 가상자산을 지급 결제 수단으로 도입하는 것과 비슷한 경우다. 하지만 4차 핀테크라고 명명한 디파이는 현실 화폐 및 금융 경제와 연결되지 않고 오직 암호화폐만을 사용하여 블록체인 네트워크상에서 그 자체로 금융 서비스를 창출하였다. 아직 제도화되지 않았고 다소 실험적 상황이기에 금융 서비스라 칭하기에 무리가 있을 수 있지만, 디파이는 말 그대로 탈중앙화 금융을 표방하며 빠른 속도로 시장을 형성하고 있다. 4

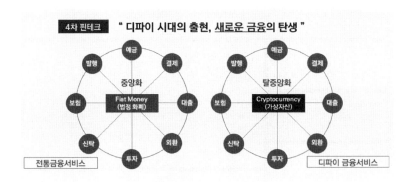

그림 7 https://www.kisa.or.kr/public/library/etc_View.jsp?regno

차 핀테크인 디파이를 그래서 한마디로 표현하면 '차세대 금융의 탄생'이라 할 수 있겠다.

∴ 분산금융 시장의 규모

지난 2018년 1년간 예치자산총가치(Total Value Locked, TVL)는 7천만 달러에서 3억 달러로 세 배 이상 늘어났다. 2019년에는 12월 31일 기준 6억 6,700만 달러로 전년 대비 두 배 이상 증가했다. 2020년에는 10억 달러의 가치를 달성했으며, 2021년 5월 21일 현재 650억 달러 이상으로 급증했다[10].

예치자산총가치(Total Value Locked, TVL)는 어디에서 찾을 수 있는가?

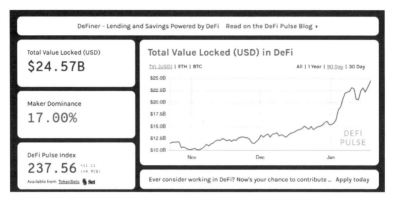

그림 8 https:// DeFipulse.com/

디파이 펄스(DeFipulse.com)는 우수한 디파이 데이터를 제공한다. 총 '예치자산총가치(TVL)'의 데이터는 디파이 생태계에서 사용되는 비트코인, 이더리움 또는 DAI 수의 총수를 표시한다. 이더리움에서 대출, 파생 상품, 결제, 교환 및 자산 프로토콜을 추적하여 차트로 작성한 이 데이터는 모든 프로토콜과 순위를 예치 자산 총가치로 환산하여 나열한다.

∴ 분산금융 시장 및 기술 개발 동향

■ 시장 동향

2020년은 모든 사람에게 대전환기였다. 팬데믹은 세상 모든 사람의 일상을 완전히 바꿔놓았다. 특히 기업, 기업가, 투자자 등 모두에게도 가장 힘든 한 해였다. COVID-19로 인해 다양한 트렌드를 불러왔고 모든 분야에서 생존을 위한 새로운 혁신의 세계로 빠져들었다. 암호화폐와 블록체인은 가능한 한 경계를 설정하려다가 어쩔 줄을 몰랐다. 하지만 지금까지의 현상은 어떠한가? 악순환의 시작인가, 아니면 그들이 여전히 왕좌를 굳건히 지키고 있는가? 지금부터 블록체인, 디파이, 디지털 트랜스포메이션의 동향에 대해 알아보고자 한다.

① 예기치 않은 블록체인 전환

2020년은 전 세계가 진정한 블록체인 기술을 경험할 것이라고 기대하지는 않았다. 하지만 그것은 기적과 같이 일어났다. 기업들은 블록체인 기술을 채택했고 이번 대유행 기간에 기하급수적으로 성장했다. COVID-19는 분산 원장 기술의 사용을 통해 블록체인 기술이 뒷받침하는 디지털화에 우리를 뛰어들게 만들었다. 대부분의 기업이 블록체인 기술을 활용해 기반을 탄탄하게 다지는 것을 발견할 수 있을 것이다. 글로벌 블록체인 시장은 지금까지 그래왔던 것처럼 앞으로 대부분 성장할 것으로 예상된다.

② 새로운 벤처 기업에 힘든 시기

COVID-19에 의해 확산된 불확실성으로 인해 새로운 벤처 기업들은 역사적으로 힘든 어두운 터널을 통과했다. 장기 프로젝트는 투자의 우선순위가 뒤바뀌면서 철회되었다. 실험 · 연구 개발 사업은 제쳐두고 시장 구조에 따른 규제 변화가 필요해 난관에 봉착했다. 이러한 상황은 향후에도 당분간은 지속될지도 모른다.

③ 디지털 변환

디지털 변환은 더 이상 선택 사항이 아니다. 비즈니스 세상에서 살아남기 위한 필수 도구가 되었다. COVID-19 효과는 기업이 디지털 공간으로 전환하는 것을 의무화했다. 기업들의 블록체인 기술 활용에 가속도가 붙으며 블록체인 기술이 더 강하게 등장했다. 마찬가지로 다른 업계도 가상 공간에 맞는 대규모 블록체인 기술을 집중적으로 살펴보고 있다.

■ 분산금융 시장

우리 모두가 디지털 공간에 발을 들여놓는 동안, 특히 모두의 관심을 끄는 것은 탈중앙화 금융의 줄임말인 디파이이다. 디파이는 블록체인이 금융업계에서 어떻게 잠재적 기술로 설 수 있는지를 여실히 보여준다. 디파이는 금융 분야에서 스마트 계약의 성공적인 과정을 설명한다. COVID-19로 고통을 받고 있는 동안, 디파이 서비스는 다양한 대안과 함께 인상적인 성장을 보이며 의심할 여지 없이 발전 속도에 가속도가 붙고 있다.

■ 암호화폐 시장

2020년의 암호화폐 시장은 새로운 고지에 도달했다. 2021년 5월 10일 기준, 최근 1년간 국내 거래소 업비트에 상장된 암호화폐 82종의 평균 상승률이 1,737.60%에 달하는 것으로 조사됐다. 같은 기간 동안 코스피 평균 상승률은 불과 81.02%, 코스닥은 62.31%에 머물렀다. 새로운 디지털 자산을 찾는 투자자들의 발길이 끊이지 않으면서 암호화

최근1년간 코스피 · 코스닥 · 암호화폐 최고 상승 종목(단위:%)					
코스피		코스닥		암호화폐	
종목	상승률	종목	상승률	종목	상승률
한화투자증권 우선주	1520.79	오킨스전자	1461.40	쎄타타 퓨엘	18909.01
HMM	1112.62	데브시스 터즈	1232.53	앵커	10351.98
덕성	557.18	청보산업	1100.89	쎄타토큰	7127.78
동국제강	529.90	엠투엔	918.21	칠리즈	5088.68
한화솔루션 우선주	529.14	동신건설	778.31	비체인	4292.82

*암호화폐는 11일 오후 3시 기준 〈자료: 한국거래소 · 업비트〉

표 2 http://news.kmib.co.kr/article/view.asp?arcid=0015834540&code=61141111&cp=nv

폐 수요가 급증했던 탓이다. 비록 이러한 현상이 유행병처럼 번지면서 시장에 많은 불확실성이 있었지만, 비트코인을 포함한 많은 암호화폐가 규제를 강화하는 정부 정책과 그들의 분권화된 성격의 영향을 크게 받지 않았다.

우리는 이미 돈을 보유 않는 사회에 살고 있기 때문에 대부분의 기업들은 디지털 화폐를 다루어야 할 것이다. 확실히 2021년은 이미 암호화폐 시장을 향한 발판을 마련했다고 볼 수 있다. 다만 암호화폐 시장의 지속적인 변동으로 미래를 예측하기는 매우 어렵다.

① Crypto 부정 행위

암호화폐 마케팅 산업은 급성장하고 있지만, 암호화폐 시장에서의 사기 행각 또한 지속되고 있다. 당초 2020년은 암호화폐 투자의 절정기였다. 그러나 이러한 이면에는 사이버 공격과 위험한 해킹 또한 증가 추세에 있다. 암호화폐 전체 도난 건수의 20% 이상이 디파이 업체에서 발생했다. 2021년에도 유사한 사기 행위가 목격될 수 있는데, 여기에는 사기성 가짜 암호화폐 투자 플랫폼, 가짜 암호화폐 지갑 사기, 덜 알려진 암호화폐에 대한 악성 코드 공격 등이 포함될 수 있다. 그러므로 사기를 당하지 않으려면 항상 그러한 활동들을 주시하고 조심해야 하며 기업에서는 이런 사기를 포착하여 방지할 수 있는 프로그램을 개발하여 감시해야 한다.

② CBDC 프로젝트

CBDC란 중앙은행 디지털 통화의 줄임말이다. 최근 BIS 보고서는 "전 세계 중앙은행의 80%가 그러한 통화의 장단점을 조사하고 있다. 그리고 이는 현금 사용 감소, 경제 디지털화, Libra와 같은 새로운 민간 통화 출시 등이 증가할 것으로 예상된다."고 기술한다. 그래서 중앙은행들은 그들 자신의 CBDC를 출범시키기 위한 다양한 방법들을 모색하고 있고, 중국 정부는 이러한 과정을 활발히 수행 중이다. 그들은 전 세계적으로도 수십 개의 실험을 수행하고 있다. 또한 유럽중앙은행(ECB) 또한 2021년 중반에 디지털 유로 프로젝트에 대한 명확한 결정을 내리기 위해 노력하고 있다.

③ 핀테크 관련 규제를 강화하는 정부

핀테크 산업과 관련된 최종 동향이나 예측은 정부가 규제를 강화해 엄격하고 경직되게 만들 것이라고 한다. 향후 몇 년 동안 우리는 COVID−19 디지털화 기간으로 인해 엄격한 규제를 시행하는 정부들을 주목하게 될 것이다.

■ 기술 동향

① 디지털 본원 통화를 저장 및 관리하는 기술

블록체인에서 본원 통화란 비트코인, 이더리움 등 블록체인 프로토콜에서 거래 검증에 대한 보상으로 채굴자들에게 지급하는 프로토콜 자체의 가상자산을 의미한다. 현실 세계에서는 중앙은행에서 발행하는 법정 화폐(Fiat money)를 의미한다. 법정 화폐와 연동되어 발행하는 USDT 등의 스테이블 코인도 가상자산 산업에서는 본원 통화의 범주로 볼 수 있다. 이 같은 이른바 '디지털 본원 통화'를 만들어 내는 기술을 디파이 범주에 포함시킬 수 있는지에 대해서는 다소 이견이 존재할 수 있다. 그럼에도 불구하고 디지털 기반의 본원 통화가 존재하지 않으면 디파이 자체가 존재할 수 없다는 측면에서 이들 디지털 본원 통화들은 디파이의 가장 위에 있는 계층(Layer 0)에 해당하는 역할을 한다고 볼 수 있다.

② 디지털 본원 통화를 유동화하는 기술

디파이의 또 다른 유형은 비트코인과 같이 이미 시장 가치를 가지고 있는 가상자산을 다른 블록체인 플랫폼에 예치하고, 예치된 가상자산의 시장 가치에 상응하는 별도의 가상자산을 발행하는 것이다. 그렇게 함으로써 현재 존재하는 자산을 그대로 묶어둔 채 그만큼의 시장 가치를 깃는 화폐를 추가 발행해 유동성을 만들어 내는 모델이다. 즉 이더리움이라는 본원 통화에 기반을 두어 본원 통화 가치만큼의 추가 가치를 시장에 공급하는 방식으로 자산을 유동화한 것이다.

또한 이더리움의 스마트 계약을 활용해 비트코인을 유동화하는 모델도 등장했다. 이 모델은 비트코인을 다량 보유한 이들이 제법 있지만, 비트코인을 단지 보유만 하고 있을 뿐 해당 가치를 시장이 활용하지 못하고 있다는 점에 착안해 만들었다. 이 방법은 비트코인이 가지고 있는 보안과 가치를 그대로 유지하면서도 해당 가치에 준하는 만큼의 가치를 추가로 창출할 수 있고, 이를 통해 비트코인 네트워크에서는 구현하기 어려운 '프로그램 가능한 화폐(Programmable Money)'를 구현할 수 있는 장점이 있다. 즉 비트코인의 가치를 이더리움 네트워크상으로 가져와 스마트 계약 기반의 유동성 자산으로 활용할 수 있는 것이다. 이런 방식으로 유동화된 가상자산을 합성 자산(Synthetic Asset)이라고 부른다. 흥미롭게도 비트코인 라이트닝 네트워크(Lightning Network)에 있는 비트코인보다 이더리움 네트워크 위에 10배나 많은 비트코인이 존재한다. 라이트닝 네트워크(Lightning Network)는 신뢰할 수

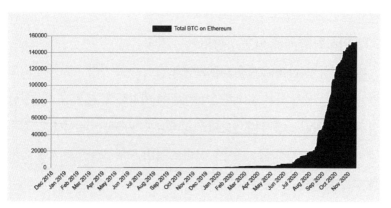

그림 9 2020년 11월 18일 자 https://btconethereum.com 그래프 〉
(이날 기준 총 152,230BTC가 이더리움 상에 존재)

있는 제삼자에게 위탁 자금을 위임함으로써 위험을 제거하는 즉각적이고 커다란 크기의 소액 결제 시스템이다. 현재까지 이더리움상에서 토큰화된 비트코인의 전체 수량은 https://btconethereum.com에서 확인할 수 있다.

이더리움에 비트코인을 예치해놓고 예치된 만큼의 유동성을 활용하는 모델은 디지털 자산 수탁 및 보안 전문 업체인 빗고(BitGo)가 출시한 WBTC로부터 시작되었다.

WBTC는 Wrapped Bitcoin의 줄임말로, 2018년 10월에 프로젝트가 공식 발표된 후 2020년 1월 1일 첫 코인을 발행했다. WBTC는 비트코인을 이더리움 네트워크 위에서 활용할 수 있도록 하겠다는 목표를 가지고 있다. 비트코인을 맡기고 발행된 WBTC는 컴파운드를 통해 대출을 받거나 메이커다오에서 DAI를 발행하거나 신세틱스에 예치해서 이자 보상을 받을 수 있다. WBTC는 아토믹스왑 기술을 활용하는데, 실제 발행과 수탁은 중앙화된 수탁업체 빗고가 담당하고 있다. 이 때문에 WBTC는 완전한 디파이가 아니라는 평가를 받았다.

WBTC가 탈중앙화되지 못했다는 비판을 받자 탈중앙성을 강화한 renBTC, tBTC, pBTC 등이 출시되었다. renBTC는 렌브이엠(renVM)이라는 합의 네트워크가, tBTC는 여러 명이 공동으로 만든 멀티시그(Multi Signiture) 지갑에 BTC를 예치하고 멀티시그 지갑에 참여한 어떤 개인이 잘못하거나 문제를 일으키는 경우 페널티를 주는 방식으로 비트코인 수탁과 발행에 있어서 탈중앙성을 강화했다. pBTC는 MPC(Multi-Party Computation) 기술을 이용해 탈중앙성을 강화하고자 했다.(pBTC는 이더리움 이외에 EOS에서도 작동한다. 이 외에도 mBTC,sBTC,BTC++ 등 다양한 모델들이 존재한다.)

③ 유동화 가상자산으로 금융 서비스를 작동시키는 기술

디파이 구조의 가상자산 대출 모델은 메이커다오로부터 시작되었다. 담보를 기반으로 대출을 해주는, 금융의 가장 기본적인 모델을 제시한 것이다. 메이커다오는 개인들이 메이커다오 플랫폼에서 CDP(Collateralized Debt Position)를 개설하여 가상자산을 담보로 넣은 후 USD에 연동해 가치를 유지하는 스테이블 코인 DAI를 발행하는 구조로 작동한다. CDP는 가상자산을 담보로 맡긴 사용자에게 DAI를 제공하는 스마트 계약으로, 가상자산을 예치하면 누구나 DAI를 발행할 수 있다.(가상자산 지갑을 통해 예치하기 때문에 대출을 받는 과정에 고객 신원 확인(KYC) 등의 과정은 존재하지 않는다.) 담보로 잡힌 가상자산들은 대출된 DAI가 상환될 때까지 에스크로를 통해 보관되며, 대략 담보 가치의 60% 정도까지 DAI를 발행할 수 있다.

만약 담보로 맡긴 가상자산의 가치 변동으로 담보 가치가 줄어들면 CDP가 담보를 자동으로 청산하여 자산 가치를 보호한다. DAI는 현재 디파이 산업 내에서 여러 스테이블 코인들 사이의 기축 통화 같은 역할을 하고 있다. 이후 담보 풀에 담보를 제공하고 타인에게 대출을 해준 후 대출 이자를 나눠 갖는 모델, 거래를 촉진하는 유동성을 제공하고 대가를 받는 모델, 다양한 디파이 상품들의 대출 이자, 여러 스테이블 코인들의 가격 차이 등을 비교하고 자동으로 차익 거래를 실행하는 모델 등 다양한 금융 기법과 모델들을 구현한 기술들이 등장했다.

④ 탈중앙화 기반의 가상자산 거래 관련 기술

··탈중앙화 거래소 구축 관련 기술

디파이가 등장하기 전까지 토큰을 거래하려면 대부분 중앙화 가상자산 거래소(CEX, Centralized Exchange)를 거쳐야 했다. 어느 정도 규모 있는 중앙화 거래소는 사용자들이 많기 때문에 그 자체로 유동성을 어느 정도 확보해주었고, 또한 의도적으로 유동성을 공급해주는 시장 조성자(Market Maker) 기능을 수행하면서 사용자들이 원할 때 바로 매매할 수 있는 환경을 제공해주었다. 이러한 시장 조성 행위를 유동성 공급이라고도 한다. 반면 2018년 즈음까지만 해도 탈중앙화 거래소는 사용자가 적었고 유동성을 공급해줄 방법도 제시되지 않았기 때문에 탈중앙화 거래소에서 거래한다는 것 자체가 쉽지 않았다. 즉 원하는 시점에 거래할 수 있도록 환경을 제공해주는 '시장'의 역할을 제대로 하지 못한 것이다.

그런데 유니스왑이 탈중앙화 거래소(DEX, Decentralized Exchange)에 유동성을 제공하는 모델을 제시함으로써 탈중앙화 거래소에서 거래할 수 있는 환경이 구축되기 시작했다. 중앙화된 거래소는 통상 살 사람과 팔 사람이 서로 가격을 제시하는 호가창과 그런 호가들을 모아놓은 오더북을 기본으로 작동한다.(호가창/오더북 구조는 살 사람과 팔 사람이 서로 가격을 제시하고 매수자와 매도자를 매칭하는 방법이다.) 그러나 매수자와 매도자 숫자가 많지 않고 거래 물량이 많지 않으면, 즉 유동성이 풍부하지 않으면 매도 가격과 매수 가격이 근접하지 않아 거래가 잘 발생하지 않는 단점이 존재한다.

이러한 단점을 극복하기 위해 유니스왑이 제시한 방법은 기존 중앙화 거래소와 달리 호가창/오더북을 없앤 것이다. 유니스왑이 제시한 방법은 유동성 공급자들이 거래가 될 A와 B 두 개의 코인에 대해 현재 시점 기준 가격으로 같은 값어치의 토큰 양을 유니스왑의 유동성 풀에 넣어놓고, 누군가 거래를 요청하면 유동성 풀에 있는 토큰을 즉시 지급하는 방식으로 바로 거래가 체결될 수 있도록 한 것이다. 즉 거래 수량이 유동성 풀에 저장되어 있는 토큰 수보다 적다면 사용자가 매수를 하든 매도를 하든 교환(swap) 버튼을 누르자마자 거래가 체결된다.

유동성 공급자는 유동성을 공급한 대가로 거래 수수료와 이자(UNI 토큰)를 받게 된다. 이 과정은 유동성 공급자가 풀에 코인을 넣은 시점부터 자동으로 작동한다. 그래서 유니스왑은 Automated liquidity protocol(자동화된 유동성 공급 프로토콜)이라 불리고, 이와 같은 유동성 공급 방법을 AMM(Automated Market Maker)이라고 한다.

유니스왑과 같은 모델에서는 누구나 유동성 공급자가 될 수 있다. 유니스왑은 유동성을 공급하기 위해 자본을 투입한 것이 아니라 게임이론과 인센티브 구조를 활용해서 다수의 개인이 유동성 풀을 만드는 작업에 자발적으로 참여하도록 유도하는 구조를 제시했다. 즉 유니스왑은 탈중앙화된 상태로 존재하는 다수의 개인이 탈중앙화 거래소에 참여할 수 있는 인센티브 구조를 제공함으로써, 탈중앙화 거래소가 원활하게 작동할 수 있는 유동성을 공급하는 구조를 만든 것이다. 유니스왑이 등장한 이후로 스시스왑[11]부터 수십 개의 유사한 스왑 서비스가 등장했다. 유니스왑은 그동안 기술적 가능성만을 증명하는 프로토타입 수준으로 남아 있던 탈중앙화 거래소를 산업 영역으로 끌어올리는 역할을 했다고 평가할 수 있다.

··자동화된 시장 조성자(AMM, Automated Market Maker)[12]

유니스왑은 기존의 분산거래소(DEX)와 여러 면에서 다르다. 기존 거래소에서 흔히 볼 수 있는 오더북(order book)이 없다. 소위 말하는 AMM(Automated Market Maker)으로 거래를 완결시킨다. 그 핵심 엔진은 CPMM(Constant Product Market Maker)이다. 암호 자산들 사이의 스왑이 이루어지더라도 유니스왑은 거래 수수료를 받지 않는다. AMM은 스마트 계약이며 유동성 풀에서 거래를 성사시킨다. 유동성 풀에 유동성 공급자 LP(Liquidity Provider)들이 자금을 공급한다. 누구든지 풀에 등가의 자산 쌍을 예치하면 LP가 될 수 있다. 거래가 성사되면 거래자는 0.3%의 수수료를 내고 그 수수료는 LP들에 지분 비율대로 분배된다. 유니스왑이 거래 수수료를 챙기지 않는다는 게 모두가 LP에게 돌아가기 때문이다. LP는 자산 쌍을 예치하여 시장을 만든다. 예를 들어, ETH와 DAI의 쌍을 제공할 수 있다. ETH의 가격이 100달러라면 ETH 하나와 100DAI가 한 쌍이 되며 그 비율을 유지해야 한다. 만일 ETH 2개를 맡기려면 DAI도 비율에 맞게 200개를 함께 예탁해야 한다. 이게 CPMM의 기본이다. 자산의 쌍은 ETH와 ERC-20 토큰 또는 두 종류의 ERC-20 토큰으로 구성할 수 있다. 이러한 풀은 일반적으로 DAI, USDC 또는 USDT와 같은 스테이블 코인으로 구성한다. 그 대가로 유동성 공급자(LP)는 전체 유동성 풀에서 자신의 몫을 나타내는 유동성 토큰을 받는다. 이 유동성 토큰은 언제든지 원할 때 즉시 상환된다.

거래소는 익명의 공간에서 다수의 개인이 원할 때 상시 거래할 수 있는 환경을 만들어 주어야 한다. 즉 거래 의사를 가진 개인이 거래할 때마다 매번 가격 협상을 하는 것이 아니라 납득할 수 있는 어떤 기준에 의해 시장 가격이 제시되어야 한다. 그래서 탈중앙화 거래소가 작동하려면 언제든 원하는 코인을 거래할 수 있도록 토큰 A와 토큰 B가 일정 수준 이상의 물량이 쌓여 있어야 하고(유동성 확보), 이 둘을 거래할 때의 기준 가격도 신뢰성 있는 수준으로 마련(거래 기준가 확보)되어 있어야 한다. 기존의 탈중앙화 거래소는 이것을 만들지 못했기 때문에 활성화되지 못했다.

중앙화 거래소(CEX)에서는 이 문제를 토큰 발행사가 자금을 동원해 유동성을 공급하는 등 여러 가지 방법으로 해결하는데, 탈중앙화 거래소(DEX)는 중앙화 거래소가 사용하는 방법으로 문제를 해결할 수 없다. 그래서 유니스왑은 유동성을 만드는 방법으로 유동성 풀에 거래될 토큰 쌍(A와 B)을 해당 시점 기준 동일한 가치만큼의 수량으로 예치하도록 하고, 예치한 이들에게 인센티브(거래 수수료 및 일정 기간 UNI 토큰 지급)를 제공하는 방법을 도입한 것이다. 그리고 거래 기준가를 확보하는 방법으로 탈중앙화 거래소가 흔히 채택하는 방법론인 AMM을 도입하는 것이다. AMM에는 CSMM(Constant Sum Market Maker), CCMM(Constant Mean Market Maker), advanced Hybrid CFMM 등 여러 가지 유형이 존재한다. 초기에 제시된 AMM 모델은 유니스왑에서 채택한 CPMM(Constant Product Market Maker)이다. CPMM은 $x^*y=k$ 공식(k는 상수)을 바탕으로 각 토큰의 수량(유동성)에 따라 두 토큰의 기준 가격을 형성하는 것이다.

이 로직의 핵심은 x의 수요가 늘어나면 x의 가격이 올라가고 y의 수요가 늘어나면 y의 가격이 올라가는 구조이다. 거래가 발생하는 순간 x의 가격은 일시적으로 올라가지만, 다른 거래소와의 가격 차이가 크면 그 차익을 노리고 외부에서 x 물량이 유입된다. 반대로 y의 가격이 상대적으로 하락하게 되면 y에 대한 매수세를 불러오게 된다. 따라서 장기적으로 보면 모든 거래 대상이 외부 거래소의 평균 가격에 수렴하게 된다고 볼 수 있다. CPMM은 이러한 방식으로 탈중앙화 거래소에 유동성과 시장 가격을 제공한다. 그런데 여기 몇 가지 허점이 존재한다.

첫째, CPMM 로직으로는 현재 화면에 제시된 가격으로 거래할 수 없다. 주식 시장에 비유하자면 내가 원하는 가격을 제시하고 거래가 되기를 기다리는 '고정가' 거래는 불가능하고 오로지 '시장가' 거래만 가능하다. CPMM에서 거래 가격(시장가)은 거래가 발생하는 순간에 자동으로 결정되기 때문에 거래 당사자는 정확한 거래 가격도 알 수 없다. 이것을 슬리피지(Slippage)라고 부른다. 슬리피지란 사용자가 매도할 때 유동성이 부족한 이유로 시장 가격보다 다소 낮은 금액으로 팔리거나 매수할 때 예상보다 높은 금액대로 구매가 체결되는 것을 의미한다.

둘째, 단위 거래당 구매 물량이 많을수록 가격 변화율이 커진다. 즉 일시적으로 큰 가격 변동이 발생하는 것이다. 예를 들어 시장 가격이 1ETH=100DAI에 형성되어 있고, 유동성 풀에 100ETH와 10,000DAI가 예치되어 있다고 가정했을 때 누군가 한 번 거래로 1ETH(예치량의 1%)를 사려면 101.01DAI를 지급(교환 비율:101.01)해야 하는데, 만약 한 번 거래로 2ETH(예치 량의 2%)를 사려면 104.08DAI(교환 비율:102.04)를 지불해야 한다. 만약 한 번 거래로 10ETH(예치량의 10%)를 사려 한다면 1ETH 당 111.11DAI를 지급해야 한다. 거래가 발생하는 순간 시장 가격 대비 무려 11% 이상의 가격 차이가 발생하는 것이다. 그래서 CPMM 구조에서 거래하려면 작은 물량으로 여러 번 쪼개서 거래하는 것이 보다 저렴하고, 가능하다면 한 번 거래 후 기다렸다가 유동성이 어느 정도 다시 찼을 때 거래하는 것이 더 효율적이다. 그렇다 보니 CPMM의 한계를 극복하기 위해 위에서 언급한 CSMM, CMMM, advanced Hybrid CFMM 등의 알고리즘들이 제시되고 있다.

셋째, 거래소에 예치된 물량이 적을 경우, 즉 유동성이 풍부하지 못하면 가격 변동이 가파르게 일어난다. 1백만 ETH가 예치된 시장에서 10ETH(예치량의 0.001%)를 움직이는 것과 1천ETH가 예치된 시장에서 10ETH(예치량의 1%)를 움직이는 것을 비교해보면 전자의 경우 100.01DAI의 가격에 거래할 수 있는 반면 후자는 101.01DAI의 가격에 거래가 체결된다.

넷째, 바로 위와 같은 특성 때문에 슬리피지를 노린 금융 공격에 취약하다. 플래시론 공격의 핵심은 바로 이 급격한 가격 변화율을 이용하는 것이다. 플래시론에서 대량의 토큰을 빌린 후 이를 다른 디파이 서비스에서 팔아 일시적으로 해당 토큰 가격을 떨어뜨리고, 즉시 가격이 떨어진 토큰을 대량 구매한 후 플래시론에서 빌린 토큰을 갚고 차익을 얻는 방식이다. 이런 측면에서 '개별 디파이 서비스 내부에서 일시적으로, 또는 순간적으로 발생하는 가격 변동을 어떻게 관리할 것인가'가 디파이 생태계의 중요한 이슈로 자리 잡았다. 탈중앙화 거래소 Mesa는 일정 시간 동안 주문을 모아 구매자들끼리 서로 연결하는 방식으로 모든 구매자가 최적의 구매 가격으로 토큰을 구매할 수 있는 기능을 구현하였다. 신세틱스는 탈중앙화 파생 상품 거래소 퀀타(Kwenta)를 오픈했는데, 퀀타는 신세틱스가 제공하는 유동성의 크기만큼 적은 물량에 대해선 현재 시장 가격으로 거래하는 방식으로 문제에 대응하고 있다. 또 다른 방법으로는 오라클 서비스인 체인링크(ChainLink)를 활용하여 데이터 신뢰성을 확보하는 방식이 있다.

⑤ 사용자들에게 접점을 제공하는 기술 및 서비스

가상자산 거래소와 지갑은 사용자들에게 디파이 서비스의 접점을 제공하는 역할을 한다. 가상자산 거래소는 중앙화된 거래소와 탈중앙화된 거래소의 두 가지 유형이 존재한다. 중앙화된 거래소의 가장 중요한 역할은 달러나 원화와 같은 법정 화폐(Fiat money)와 가상자산 생태계를 연결하는 것이고, 탈중앙화 거래소는 사용자들에게 이더리움이나 또 다른 디파이 서비스 토큰을 교환하고 사거나 파는 공간을 제공한다.

가상자산 지갑 역시 사용자들에게 디파이 서비스와의 접점을 제공하는 중요한 역할을 하고 있다. 지갑은 메타마스크나 트러스트 월렛(Trust Wallet) 등이 많이 사용되고 있다. 통상 디파이 서비스에서 사용자들은 본인이 사용하는 지갑에 계정을 만들고 해당 계정에 자금을 넣은 후 특정 디파이 서비스와 연결하여 계약에 따라 작동하는 구조로 되어있다. 서비스의 특징과 성격에 따라 사용자가 언제든 예치를 풀 수 있는 모델도 있고, 일정 기간 또는 특정한 계약 조건이 만족되면 예치가 자동으로 풀리는 모델도 있다.

⑥ 디파이 자산 손실을 방어하기 위한 모델(리스크 헤지 모델)

디파이 분야에서 다양한 사건 사고들이 발생하면서 이에 대한 대응 모델도 등장하고 있다. 하나의 예로 블록체인 산업에서 논의되는 보험은 두 가지로 구분된다. 하나는 블록체인 기반의 P2P 금융 환경을 이용해 개인들 사이의 상호 부조 성격을 가진 보험을 구현하려는 시도들이고, 다른 하나는 디파이 서비스에 대한 해킹이나 보안 결함 등, 디파이 서비스가 겪게 되는 다양한 리스크에 대한 보험을 구현하려는 시도들이다.

첫 번째 모델은 개인을 대상으로 한 보험을 디파이 환경에서 구현한 것으로, 2017년 블록체인 응용 어플리케이션 보험 모델을 시도한 프로젝트들이 몇 가지 있었다. 이 프로젝트들은 기존 개인 보험과 비슷한 구조로 P2P 형태를 구현하여 기존 보험사를 대체하겠다는 원대한 비전을 가지고 있었는데 대부분의 모델들이 살아남지 못하고 사라졌다.

두 번째 모델은 디파이 산업에서 벌어지고 있는 여러 가지 사건 사고들, 해킹, 보안 결함으로 인한 사고, 금융 로직을 이용한 공격이나 혹은 의도치 않게 발생하는 금융 사고 등에 대한 위험 관리(리스크 헷지) 방안으로 제시되는 모델로, 새로운 서비스들이 속속 등장하고 있다.

대표적인 서비스가 넥서스 뮤추얼(Nexus Mutual)이다. 넥서스 뮤추얼은 2018년 스마트 계약 결함 및 사고와 관련된 보험을 출시했는데, 2020년 들어 디파이 서비스들이 성장하면서 넥서스 뮤추얼에도 관심이 모이고 있다. 넥서스 뮤추얼 사용자들은 다른 서비스의 스마트 계약 결함으로 인한 피해를 커버할 수 있도록 보험 상품을 직접 커스터마이징(주문 제작)할 수 있는 구조로 되어 있다. 스마트 계약에 대한 위험도는 NXM 토큰 보유자들이 판단하고, 보험료는 위험도에 따라 정해지며 자체 토큰인 NXM으로 지불된다. 2020년 2월 bZx에서 가격 조작으로 인한 탈취 사건에 대해 넥서스 뮤추얼이 보상을 지급한 바 있다. 이것이 디파이 프로젝트 대상 피해 보상을 진행한 첫 번째 사례이다.

사고 발생 가능성에 대비해 사용자들이 풋옵션과 콜옵션을 행사할 수 있도록 하는 오핀(Opyn)과 같은 보험 상품도 등장했다. 오핀에서 유니(UNI), 컴파운드(COMP) 등 특정 디파이 가상자산의 풋옵션을 사게 되면 이후 만약에 해킹이나 사기 등 사건 사고가 발생했을 때 가상자산 가격이 떨어지더라도 풋옵션을 행사함으로써 일정 가격에 해당 가상자산을 팔 수 있다. 오핀이 제공하는 보험 서비스는 디파이 서비스에서 일어날 수 있는 기술적, 재정적, 시스템적 문제들, 즉 해킹이나 뱅크런 같은 모든 사고를 포함한다. 이에 따라 오핀에 예치되는 금액도 2020년 7월 초 93만 1,538달러에서 12월 2일 기준 156만 8,600달러(한화 약 18억 3,000만 원)로 크게 증가했다.

이외에도 연 파이낸스, 엄브렐러 프로토콜(Umbrella Protocol) 등 새로운 보험 서비스들이 등장하고 있다. 연 파이낸스에서 만든 탈중앙화 보험인 yinsure.finance는 연 파이낸스를 비롯해 아베, 밸런서, 컴파운드, 커브, 신세틱스를 지원한다. 엄브렐러 프로토콜은 얌 파이낸스가 테스트 중인 보험 프로토콜이다.

⑦ 파생 상품 관련 기술

디파이 구조를 이용해 탈중앙화된 선물, 옵션, 합성 자산 등을 만드는 파생 상품 관련 서비스도 활발하게 출시되고 있다. 디파이에서 만들어지는 파생 상품은 일반적으로 전통 금융에서 사용되는 기법들과 유사하다.

대표적인 파생 상품 서비스로 신세틱스가 있다. 신세틱스는 이더리움을 기반으로 다양한 자산을 발행하기 위한 탈중앙화 프로토콜로, 2017년에 출시되었다. 신세틱스는 전통 금융에서 사용하는 합성 거래 기법(synthetics)을 활용해 '합성자산'(synthetic asset)을 생성하는데 이는 해당 자산(=기초 자산)의 현물을 보유하고 있지 않더라도 자산의 가격 변동에 투자해 수익을 얻는 상품이다.

이더리움 기반의 가상자산에 신세틱스의 s를 붙여 발행된 sBTC, eETH 등 새롭게 발행된 토큰들은 각각에 대응하는 기초 자산의 가치를 따라 움직인다. 신세틱스는 가상자산 외에도 금, 은, 원자재 등의 상품과 달러, 엔화, 유로 등 법정 화폐(Fiat money), 니케이 지수, FTSE(Financial Times Stock Exchange index) 지수 등도 토큰화할 수 있다. 최근에는 컴파운드, 메이커다오, 카이버 네트워크 등 디파이 토큰 바스켓을 추종하는 디파이 인덱스 토큰 sDeFi도 출시했다. 신세틱스에서는 누구나 새로운 파생 상품을 만들 수 있고 누구나 거래에 참여할 수 있다. 또 다른 가상자산 파생 상품 거래소 MCS(MyCoinStory)는 2020년 9월 트론(TRON) 프로토콜 기반 디파이 프로젝트 SUN에 대한 선물 상품을 출시했다. 또한 MCS는 2020년 10월 23일 클레이튼(Klaytn)의 클레이(KLAY) 무기한 계약 상품과 테라(Terra)의 루나(LUNA) 선물 파생 상품도 출시했다.

⑧ 기타 디파이 응용 서비스

그 외에도 예측 결과에 자금을 베팅하는 Augur나 Foundry와 같은 예측 시장 서비스, 지급 결제를 전문으로 하는 서비스, 자산 관리를 전문으로 하는 서비스 등 다양한 응용 모델들이 등장하고 있다.

∴ 분산금융 기술의 발전과 금융

디파이의 매력은 분명하다. 디파이는 국경이 없어 액세스가 자유롭고, 우리가 상상할 수 있는 모든 금융 서비스에 대한 개방적인 대안을 지니고 있다. 저축 계좌, 보험, 대출 거래 등이 그것들이다. 분산형 앱 또는 'dApps'는 블록체인에서 실행되며 전통적인 금융과 같은 중앙 기관의 필요성이 존재하지 않는다. 그 대신 peer-to-peer 네트워크를 통해 수천 대의 컴퓨터에 동일한 레코드가 유지된다. 디파이는 초기에는 암호화폐와 블록체인에 익숙한 사람들에 의해 채택되어 사용되었지만 점차 전통적인 금융 세계에서도 관심을 끌고 있는 상황이다. 2020년 상반기, 피델리티 디지털 에셋에 의하면 조사 대상 기관의 80%가 디지털 자산에 투자하는 데 관심이 있는 것으로 나타났다. 이것은 몇년 전에 비해 두드러진 변화이며 활용 범위와 영향력이 모두 증가하고 있다는 신호이다.

디파이 프로젝트는 시스템이 지닌 비효율성과 문제들을 지속적으로 해결하고 있다. 금융 활용의 범위가 확장되고 유동성은 급증하고 있으며 디파이 이용 시 발생되는 비용 또한 절감되고 있다. 금융을 넘어 디파이에 대한 관심이 증가하고 있다. 이러한 지속적 개선 노력으로 기존 시스템을 개선할 수 있는 잠재력이 충분히 있다고 볼 수 있다.

디파이는 은행 서비스를 민주화할 수 있다. 예를 들어, 달마(Dharma)는 사용자가 USD를 보내고 받을 수 있는 대체 저축 앱으로 자금에 대한 이자도 적립할 수 있다. 이 서비스는 이메일 주소와 인터넷 연결이 가능한 모든 사용자가 사용할 수 있다. 현재 시스템에서는 국경을 넘어 돈을 보내려면 수수료가 너무 비싸다. 이런 면에서 고가의 중개자가 없는 디파이는 더 나은 금리와 비용 절감의 가능성을 열어놓았다.

디파이 저축 앱은 사용자가 전통적인 기관 외부에서 돈을 절약할 수 있는 방법을 제공하고 있다. 예를 들어, Linen App은 비수탁 지갑 [13](Non-custodial wallet)을 제공하며 사용자가 미국 은행 계좌를 연결하여 블록체인의 유동성 풀에 디지털 달러를 공급할 수 있다. 피어 투 피어 대출 및 대출 플랫폼도 부상하고 있다. 콤파운드(Compound)는 알고리즘적으로 금리를 설정하여 머니 마켓을 설정하는 프로토콜이다. '에이브'라는 이더리움 기반 P2P 대출 플랫폼은 또 다른 예로 볼 수 있다. 자금이 즉각적으로 들어오고, 디지털 자산을 담보로 사용할 수 있는 능력 및 신용 조회와 같은 이점을 갖춘 이 디파이 플랫폼은 기존 신용 시스템에 비해 많은 매력을 가지고 있다.

디파이 응용 프로그램의 또 다른 흥미로운 부분은 분산된 교환, 또는 DEXes이다.(DEXes: Decentralized Exchanges란 사용자가 디지털 자산을 개인 대 개인으로 교환할 수 있는 거래소이다.) 이를 사용하면 자금을 보유하기 위해 교환할 필요 없이 디지털 자산을 거래할 수 있다. 대신 스마트 계약을 통해 참가자의 지갑 간에 직접 거래할 수 있다. DEX는 또한 중앙 거래소보다 낮은 거래 수수료를 부과한다.

∵ 분산 통화를 활용한 자금 조달

싱가포르에 본사를 둔 온라인 식료품 배달 플랫폼인 해피프레시(Happy Fresh)는 팬데믹 기간 주문이 폭주했다. 많은 온라인 식료품 배달 플랫폼과 마찬가지로 그들에게도 오더가 몰려 들어왔던 것이다. 당시 플랫폼이 해결해야 할 가장 큰 문제 중 하나는 자본을 유치하는 것이었다. 이 기업은 200명 이상의 직원을 고용하고 가상 선반을 만들어 상품을 비축했다. 그들은 셔틀원(ShuttleOne)을 통해 코로나 바이러스로 전염병이 도는 동안 자금을 조달했다. 셔틀원은 블록체인(blockchain) 기술을 사용하여 모든 시장에서 다양한 범주의 소비자를 위한 금융 서비스를 만들고 디지털 자산과 현지 통화 간의 마찰을 줄이는 것을 목표로 한다. 셔틀원은 송금 서비스를 제공하고 기존 가맹점 포트폴리오에 대한 조기 지불을 진행하기 위한 오퍼링을 구축하고 있다. 여기에는 해피프래시와 같은 플랫폼에 담보 대출을 제공하는 것이 포함된다. 셔틀원은 송장을 통한 보증된 지불을 담보로 사용하여 틴레이크를 통하여 대출을 연장할 수 있다. 틴레이크는 셔틀원을 디파이 유동성에 연결하는 구성 요소가 된다.

셔틀원은 왜 처음에 디파이를 사용하고 싶어할까? 디파이는 월가의 기존 금융 도구를 최적화하고 개선할 수 있다. 더 많은 자동화(=셔틀원의 엔지니어링으로 비용을 절감할 수 있도록 중개)가 모든 금융을 자동화한다. 중개자가 적으면 기존 시스템에 비해 훨씬 빠르고 저렴하며 개방형 시스템으로 이어진다. 빠르고 저렴한 유동성을 통해 해피프레시(HappyFresh)는 비트를 건너뛰지 않고 상품에 대한 수요 증가에 대응할 수 있다.

해피프레시의 성공 후 셔틀원은 틴레이크(Tinlake)를 사용하여 다른 사업가 차우펑에게도 자금을 지원했다. 차우펑은 말레이시아에 본사를 둔 전통적인 제조 사업으로 목재 제품을 취급한다.

이외에도 많은 기업이 디파이에서 실제 자산의 지원을 받는 자체 통화 시스템을 구축하고 있다. 메이커다오(MakerDAO)는 담보 지원 안정 코인인 다이(Dai)를 사용하여 거래하고 있다. 현재 다이(Dai)의 대부분은 ETH에 의해 뒷받침된다. 그러나 이 시스템을 확장하고 ETH가 담보로 부과한 한도를 넘어서기 위해서는 암호화폐의 범위를 넘어 많은 종류의 자산을 포함하도록 할 필요가 있다. 우리는 현재의 팬데믹 비대면 경제 상황에서 디파이 세계를 열기 위해 송장, 모기지, 로열티와 같은 실제 자산을 디파이 안으로 가져와야 한다. 디파이의 출발점은 분산된 블록체인(blockchain) 기반 미래를 위한 금융의 세계를 열어준다. 정확히 무엇을 의미하는가? 국가, 정부, 또는 은행이 아닌 수많은 개인이 지배하는 금융 시스템을 의미한다.

∴ 지분 증명

■ 지분 증명(PoS)이란 무엇인가?

여러분이 비트코인이 어떻게 작동하는지 안다면 아마도 작업 증명(PoW)에 익숙할 것이다. 이는 트랜잭션들이 블록 안에 집결될 수 있게 하는 메커니즘이다. 이후 해당 블록들은 서로 연결되어 블록체인을 형성한다. 보다 구체적으로 말하자면 채굴자는 복잡한 수학 문제를 풀기 위해 경쟁하며, 이를 가장 먼저 푼 채굴자는 다음 블록을 블록체인에 추가할 권한을 얻게 된다.

작업 증명은 탈중앙화된 방식으로 합의를 이룰 수 있게 하는 무척이나 강력한 메커니즘으로 증명되었다. 문제는 여기에는 상당히 많은 임의적 연산이 동반된다는 것이다. 채굴자가 풀기 위해 경쟁하는 문제는 네트워크를 안전하게 보호한다는 것 말고는 아무런 의미가 없다. 누군가는 이 자체만으로도 막대한 연산 능력이 필요한 이유라고 주장할 수도 있다. 여러분은 이쯤에서 막대한 연산 비용 없이 탈중앙화 합의를 유지할 수 있는 다른 방법은 없는지 궁금해하실 수 있다. 그 방법이 지분 증명이다.

지분 증명(Proof-of-stake, PoS)이란 알고리즘의 한 형태로, 이를 통해 암호화폐 블록체인 네트워크가 분산화된 합의를 얻는 것을 목표로 한다. 지분 증명 기반의 암호화폐 시스템에서 다음 블록의 생성자는 블록체인의 관련 암호화폐를 특정량 보유하고 있는 '주주'들 중에서 선출된다.

① 지분 증명은 누가 만들었나?

초기의 지분 증명에 대한 공은 써니 킹(Sunny King)과 스콧 나달(Scott Nadal)의 피어 코인에 대한 2012년 논문에서 기인한다. 이들은 이를 사토시 나카모토의 비드코인에서 파생된 피어 투 피어 암호화폐 디자인이라고 설명하고 있다. 피어코인 네트워크는 하이브리드 작업 증명/지분 증명 메커니즘으로 출시되었으며, 초기 물량을 주조하는 데는 작업 증명이 주로 사용되었다. 그러나 이는 장기적으로 지속 가능한 네트워크에 요구되는 것은 아니었으며 그 중요도는 점차 줄어들었다. 실제로 대부분의 네트워크 보안은 지분 증명에 의존했다.

② 위임 지분 증명(DPoS)이란 무엇인가?

2014년 댄 라리머에 의해 위임 지분 증명(DPoS)이라는 대안적인 메커니즘 버전이 개발되었다. 이는 비트셰어(BitShares) 블록체인의 일부로 처음 사용되었지만, 곧 다른 네트워크들도 해당 모델을 채택했다. 여기에는 라리머가 개발한 스팀(Steem)과 이오스(EOS)도 포함된다. 사용자는 위임 지분 증명에서 자신의 코인 잔고를 통해 투표할 수 있으며, 투표의 영향력은 보유하고 있는 코인의 수에 비례한다. 이러한 투표를 통해 투표자들을 대표해 블록체인을 관리하고 보안과 합의를 보장하는 대표자들을 선출한다. 일반적으로 스테이킹 보상은 선출된 대표자들에게 분배되며, 이후 보상의 일부를 유권자 개인의 기여도에 비례해 분배한다.

위임 지분 증명 모델은 더 적은 수의 검증 노드를 통해 합의를 달성할 수 있게 한다. 즉 위임 지분 증명은 네트워크 성능을 향상시키는 경향이 있다. 반면, 네트워크는 작고 선택된 검증 노드 그룹에 의존하기 때문에 탈중앙화 정도가 낮아질 수도 있다. 이러한 검증 노드들은 블록체인 운영과 전반적인 거버넌스를 담당한다. 이들은 합의를 달성하는 과정에 참여하고, 핵심 거버넌스 요소들을 정의한다. 간단히 말해 위임 지분 증명은 사용자가 네트워크의 다른 참여자를 통해 자신의 영향력을 미칠 수 있게 한다.

∴ 스테이킹

■ 스테이킹(Staking)이란 무엇인가?

스테이킹(Staking)이란 자신이 보유한 암호화폐의 일정한 양을 지분으로 고정시키는 것을 말한다. 즉 자신이 가지고 있는 암호화폐를 블록체인 네트워크에 예치한 뒤 해당 플랫폼의 운영 및 검증에 참여하고 이에 대한 보상으로 암호화폐를 받는 것이다.

우리가 앞서 논의했던 것처럼 작업 증명 블록체인은 채굴에 기반해 새로운 블록을 블록체인에 추가한다. 반면 지분 증명 체인은 스테이킹 과정을 통해 새로운 블록을 생성하고 검증한다. 스테이킹에는 자신의 코인을 동결하고 특정한 간격마다 블록을 생성하기 위해 프로토콜에 의해 임의로 선택되는 검증자가 포함된다. 보통 더 많은 수량을 스테이킹한 참여자가 다음 블록 검증자로 선택될 확률이 더 높다.

이를 통해 ASIC처럼 특화된 마이닝 하드웨어에 의존하지 않고 블록을 생성할 수 있다. ASIC 마이닝에는 하드웨어에 상당한 투자가 필요하지만, 스테이킹은 암호화폐에 직접 투자해야 한다. 따라서 연산 작업을 통해 다음 블록을 위해 경쟁하는 대신 자신이 스테이킹한 코인의 수에 따라 지분 증명 검증자가 선택된다. '지분(stake)'(코인 보유)은 검증자가 네트워크 보안을 유지하도록 장려한다. 이들이 네트워크 보안에 실패할 경우 노는 지분이 위험해질 수도 있다.

각 지분 증명 블록체인은 자체적인 특정 스테이킹 통화를 갖고 있으며 일부 네트워크는 두 가지 토큰 시스템을 차용하여 두 번째 토큰으로 보상을 지급하기도 한다. 실제 상황에서의 스테이킹은 적절한 지갑에 단지 자금을 보유하고 있는 것을 의미한다. 이를 통해 스테이킹 보상에 대한 답례로 누구나 다양한 네트워크 기능을 기본적으로 수행할 수 있다. 여기에는 스테이킹 풀에 자금을 추가하는 것이 포함될 수 있다.

■ 스테이킹(Staking) 보상은 어떻게 계산되나?

간단하게 대답하기는 어렵다. 각 블록체인 네트워크는 스테이킹 보상을 계산하는 다른 방식을 사용할 수 있기 때문이다. 일부 스테이킹 보상은 많은 요소를 고려하여 블록 단위로 조정된다. 다음과 같은 요소들이 포함될 수 있다.

① 검증자가 스테이킹한 코인의 양
② 검증자가 스테이킹을 활성화한 기간
③ 네트워크 전체에 스테이크된 코인의 양
④ 인플레이션 비율
⑤ 기타 요소들

일부 네트워크에서는 스테이킹 보상이 비율이 고정되어 있다. 이러한 보상은 검증자에게 분배되는 일종의 인플레이션 보상이다. 인플레이션은 사용자가 코인을 보유하기보다는 이를 사용하도록 장려하며, 이를 통해 암호화폐 사용이 증가할 수 있다. 이러한 모델에서 검증자는 자신이 받게 될 스테이킹 보상을 정확하게 계산할 수 있다.

누군가는 블록 보상을 받을 확률적 기회가 아닌 예측 가능한 보상 일정을 선호할 수 있다. 또한 이는 공개된 정보이기 때문에 더 많은 참가자가 스테이킹에 참여하도록 장려할 수 있다.

■ 풀(Pool)이란 무엇인가?

스테이킹 풀(Staking Pool)은 블록을 검증하고 보상을 받을 확률을 높이기 위해 자원을 결합하는 코인 보유자들의 그룹이다. 이들은 자신들의 스테이킹 영향력을 결집시키고, 각자의 풀 기여도에 따라 최종 블록 보상을 공유한다. 스테이킹 풀을 설정하고 유지하는 데는 많은 시간과 전문적인 지식이 필요하다. 스테이킹 풀은 진입 장벽(기술적 또는 금융적)이 상대적으로 높은 네트워크에서 가장 효과적이다. 따라서 여러 풀 제공 업체는 참가자들에게 분배되는 스테이킹 보상에 수수료를 부과한다. 그뿐만 아니라 풀은 개별 스테이킹 참여자에게 추가적인 유연성을 제공할 수 있다. 일반적으로 지분은 정해진 기간 동안 동결되며 프로토콜이 정한 출금 또는 해제 기간이 존재한다. 또한 악의적인 행동을 억제하기 위해 상당한 양의 최소 잔고가 요구된다.

대부분의 스테이킹 풀에서 요구되는 최소 잔고는 낮으며 추가적인 인출 시간이 더해지지 않는다. 따라서 신규 사용자들은 홀로 스테이킹에 참여하는 대신 스테이킹 풀에 참여하는 것이 좋을 수도 있다.

■ 콜드 스테이킹(Cold Staking)이란 무엇인가?

콜드 스테이킹은 인터넷에 연결되지 않은 지갑에 스테이킹을 하는 과정을 의미한다. 이를 위해 하드웨어 지갑을 사용할 수 있지만, 에어

갭(air-gapped) 소프트웨어 지갑을 통해서도 할 수 있다. 콜드 스테이킹을 지원하는 네트워크를 통해 사용자는 자금을 오프라인에 안전하게 보유하며 스테이크를 할 수 있다. 지분 보유자가 콜드 스토리지 밖으로 코인을 이동할 경우 보상이 중지된다는 점을 알아둘 필요가 있다. 콜드 스테이킹은 특별히 네트워크를 지원하며 자금을 최대한으로 보호하고자 하는 대규모 지분 보유자에게 특별히 유용하다.

■ 바이낸스에서 스테이킹(Staking)하는 방법

투자자들은 바이낸스(Binance)에 코인을 보유하는 것을 스테이킹 풀에 코인을 추가하는 것처럼 생각할 수 있다. 그러나 바이낸스(Binance)에서는 수수료가 없으며, 바이낸스에 코인을 보유하며 누릴 수 있는 모든 혜택을 누릴 수도 있다.

투자자들은 그저 지분 증명 코인을 바이낸스에 보유하고 있기만 하면 되며 모든 기술적인 요구 사항들은 알아서 처리될 것이다. 스테이킹 보상은 보통 매월 초에 분배된다. 지원하는 코인에는 이오스(EOS), 테조스(XTZ), 코스모스(ATOM), 트론(TRON), 네오(NEO), 알고랜드(ALGO), 비체인(VET), 온톨로지(ONT), 코모도(KMD), 트로이(TROY), 페치에이아이(Fetch.ai), 큐텀(QTUM) 등이 포함된다. 또한, 각 프로젝트 스테이킹 페이지의 수익률 기록 탭에서 이미 분배된 코인 보상을 확인할 수 있다.

∴ 분산금융 시장의 가능성과 전망

시장의 초기 형태는 물물 교환이라고도 하는 피어 투 피어(peer-to-peer)였다. 수요자와 공급자가 정확히 일치해야 했기 때문에 물물 교환은 매우 비효율적이었다. 매칭 문제를 해결하기 위해 화폐는 교환 및 가치 저장 매체로 도입되었다.

초기 유형의 화폐는 중앙 집중화되지 않았다. 에이전트는 상품에 대한 대가로 돌이나 껍질과 같은 품목을 허용했다. 결국, 소위 '스펙 머니'가 나타났는데, 이는 통화가 가시적인 가치를 지니고 있는 형태이다. 오늘날 우리는 중앙은행이 통제하는 화폐를 가지고 있다. 돈의 형태는 시간이 지남에 따라 변경된 반면, 금융 기관의 기본 인프라는 변하지 않았다. 우리는 현재 디지털 시대에 있지만, 우리의 금융 인프라는 20년 전과 거의 다르지 않다. 최근에 전신 송금한 적이 있는가? 이 기술은 20년 전과 별로 다르지 않음을 알 수 있다.

디파이는 중앙 집중식 제어, 제한된 액세스, 비효율성, 상호 운용성 부족 및 불투명성 등 다섯 가지 주요 문제에 대한 솔루션을 제공한다. 분산금융은 새로운 기회를 제공한다. 이 기술이 현재는 비록 초기 단계지만 향후에는 아주 유망할 것이다. 디파이는 오픈 소스 재무 프로젝트 블록을 맞추어 놓은 정교한 제품으로 구축 및 결합하여 마찰을 최소화하고 사용자에게 가치를 극대화할 것이다. 디파이 지지자들은 100달러 또는 1억 달러의 자산을 보유한 고객에게 서비스를 제공하는 데 현재의 은행만큼 비용이 들지 않으므로 모든 의미 있는 금융 인프라는 더 큰 사용자 그룹에 더 많은 가치를 제공할 수 있는 스마트 계약으로 대체될 것이라고 믿는다.

∴ 분산금융 시장의 향후 과제

COVID-19의 대유행 속에서 세계 경제 이야기는 하나의 중심 과제이다. 이를 극복하기 위한 가장 광범위한 계획 중 하나는 바이든 행정부에 의해 3월에 제정되었다. 1조 9천억 달러를 분배하는 이 역사적인 법안은 새로운 돈을 발행하여 연방준비제도이사회가 자금을 조달하는 것이다. COVID-19 경제 충격으로 막대한 돈이 풀리면서 미국 내 자산 가격은 급등했다. 주가는 지난 1년 새 S&P 500을 기준으로 45%나 뛰었다. 다우존스산업평균지수가 23차례나 사상 최고치를 경신하며 커진 미국 주식 가치는 지난 한 해에만 22%나 불어났다. 넘치는 유동성은 가상화폐 시장으로 몰려들어 '거품 투기' 열풍까지 이는 판이다.

미국 연방준비제도(Fed)가 자산 가치 폭락을 경고하고 나섰다. 2021년 5월 첫 주에 내놓은 '금융 안정 보고서'를 통해 "몇몇 자산 가격이 역사적인 정상치를 벗어나 높은 수준으로 상승했다."며 "부풀었던 자산 가격이 꺼지면 미국 금융 시스템 전반으로 위험이 확대될 수 있다."고 경고했다. 보수적인 미 연준이 이처럼 직설적인 경고를 하는 건 대단히 드문 일이다. 그만큼 자산 시장의 거품 현상이 심각하다는 뜻이다. 이러한 기록적 성장은 현재의 경제 환경과 코비드의 강타로 더욱더 인상적이다. 그러나 2020년 3월 이후 가장 폭발적인 성장을 보인

금융 부문은 의심의 여지없이 암호화폐이다.

암호화폐는 많은 용도를 가지고 있다. 대표적인 것이 비트코인이다, 2,100만 개의 비트코인은 공급의 한도로 인해 인플레이션에 대한 안전한 피난처 자산으로 볼 수 있다. 이런 덕분에 지난 몇 개월 동안 비트코인 가격은 기하급수적인 성장을 유지했다. 비트코인은 모든 피아트 화폐가 인플레이션을 끝없이 겪을 수 있는 상황에서 가치의 저장소로서 관심이 높아지고 있다. 이러한 암호화폐의 발전과 더불어 급속도로 발전하고 있는 디파이 또한 다음과 같이 극복해야 하는 과제들이 남아 있다.

오늘날 거의 모든 디파이 거래는 이더리움 블록체인에서 작동된다. 이러한 각 거래는 블록체인에 정착하기 위해 일정 금액의 이더리움을 요구한다. 2020년 디파이의 인기가 높아짐에 따라 지난 몇 개월 동안 거래 비용이 크게 증가하였다. 현재 블록체인(blockchain)의 사용에 따라 최대 200달러의 스마트 계약과의 복잡한 상호 작용이 소요될 수 있다.

블록체인(blockchain) 기술은 모든 거래를 공개적으로 만들고 블록체인에 등록해야 한다. 이렇게 하면 언제든지 할 수 있는 트랜잭션 수가 제한된다. 이 경우 네트워크의 보안이 보장되지만 비용이 소요된다. 최근의 프로젝트는 디파이의 두 가지 주요 과제인 접근성과 확장성에 대한 큰 약속과 해답을 보여주고 있다.

리라이트 파이낸스(Relite Finance)는 암호화폐 폴카도트(Polkadot)에 기반을 둔 크로스 체인(Cross chain) 대출 프로젝트이다. 폴카도트는 별도의 블록체인으로 데이터 또는 자산의 상호 사슬 전송을 허용하는 프로그램이 내장되어 있다. 이 액세스는 디파이의 사용자와 자본의 대다수가 이더리움 블록체인을 사용하고 있다. 리라이트(Relite)는 폴카도트 블록체인을 사용하고 이더리움과의 원활한 의사 소통을 허용함으로써 본질적으로 확장성 문제를 해결한다.

폴카도트의 구축과 관련하여 적절한 비유는 교통량이 지속적으로 증가하는 가상의 고속도로 건설이다. 리라이트가 하고 있는 일은 첫 번째로 고속도로에 정기적으로 접근할 수 있는 또 다른 병렬 고속도로를 건설하는 것과 같은 금융 서비스망을 구축하는 것이다. 이 전략의 주요 목표는 사용자의 수수료를 줄이는 것이다.

각개의 디파이는 또한 매우 복잡하다. 디파이 사용자 환경은 매우 복잡하여 다른 디파이 프로토콜과 상호 작용하는 방법을 이해하는 것은 모든 사람이 마스터할 수 있는 기술이 아니다. 리라이트는 디파이의 마지막 문제인 복잡성을 해결하려고 한다. 이들의 목표는 일상에서 많은 사람에게 복잡성 없이 대출 및 차입에 널리 사용할 수 있는 분산 응용 프로그램을 제공하는 것이다. 한마디로 말하면 이 프로젝트의 첫 번째 과제는 디파이에 참여하기 위해 지불해야 하는 수수료를 줄이는 것이지만 두 번째 과제는 대중이 이해하기 쉽고 사용하기 쉬워야 한다는 것이다.

무엇보다도 금융 분권화의 목적은 모든 시장 참여자들에게 동등한 기회를 제공하는 것이다. 이런 변화의 중심에 디파이가 있으며 이런 기적은 한 번의 클릭으로 일어나고 있다.

02

분산금융 서비스가 갖추어야 할 요소 및 관련 기술[14]

∴ 메인넷

메인넷(Mainnet)이란 블록체인 프로토콜이라고도 부르며, 디파이 서비스나 애플리케이션이 동작할 기반이자 터전이 될 플랫폼을 말한다. 보다 정확히는 디파이 스마트 계약의 거래를 검증할 기반 네트워크를 의미한다. 디파이는 그 이름 자체가 표상하듯이 탈중앙화된 네트워크가 아니면 그 의미가 충분히 발현되지 않는다.

이런 이유로 디파이 프로젝트들은 이미 탈중앙화되어 있거나 혹은 지금은 다소 불완전하더라도 향후 탈중앙화될 가능성이나 전망이 있는 블록체인 메인넷을 선호한다. 또한 블록체인상에서 프로그램을 작동시킬 수 있어야 하기 때문에 스마트 계약 개발, 또는 그와 유사한 기능을 제공하는 개발 환경이 제공되는 메인넷이어야 한다.

비트코인 블록체인 네트워크는 멀티시그(Multisig, 다중 서명 기능) 정도의 아주 간단한 스크립트 정도만 실행할 수 있고, 그보다 복잡한 계약을 담은 디파이 서비스는 수용하기 어렵기 때문에 비트코인을 제외한 2세대 또는 3세대 블록체인에서 디파이 서비스들이 시도되고 있다. 이 중에서 특히 이더리움 네트워크가 압도적으로 많이 사용되고 있다.

만약 탈중앙화되지 않은 네트워크, 특정 조직이 관할하는 네트워크 위에서 블록체인 금융 서비스를 제공할 경우, 이 네트워크는 잠재적으로 특정 조직이 해당 서비스에 개입할 여지를 항상 가지고 있기 때문에 온전한 의미의 디파이라고 말할 수 없다. 이것은 단지 명명의 문제만이 아니다. 만약 어떤 국가의 권력 기관, 혹은 글로벌 규제 기관이 중앙화된 블록체인 네트워크를 운영하는 조직에게 특정 디파이 서비스를 중단시키라고 명령할 경우 해당 조직은 조직 자체의 해산이나 해체 위험을 감수하지 않는 한 서비스를 중단시킬 수밖에 없기 때문이다. 이런 측면에서 탈중앙화되지 않은 네트워크는 디파이 서비스를 작동시키기에 신뢰가 부족할 수밖에 없다.

∴ 스마트 계약

스마트 계약(smart contract) 또는 스마트 컨트랙트란 블록체인 기반으로 금융 거래, 부동산 계약, 공증 등 다양한 형태의 계약을 체결하고 이행하는 것을 말하며 블록체인 2.0이라고도 한다. 이는 1994년 닉 자보(Nick Szabo)가 처음 제안했다. 2013년 비탈릭 부테린(Vitalik Buterin)이 비트코인의 블록체인 기술을 이용하여 대금 결제, 송금 등 금융 거래뿐 아니라 모든 종류의 계약을 처리할 수 있도록 기능을 확장하면서 널리 확산되었다.

부테린은 기존 비트코인의 소스 코드를 일부 수정하여 스마트 계약 기능을 구현하고자 하였으나 비트코인 커뮤니티에서 자신의 요구가 받아들여지지 않자 비트코인을 포크(fork)하여 새로 이더리움이라는 가상화폐를 만들고 스마트 계약 기능을 구현하였다. 이 기능을 사용하면 개발자가 직접 계약 조건과 내용을 코딩할 수 있기 때문에 원칙적으로 인간이 상상할 수 있는 모든 종류의 계약을 이더리움 플랫폼을 이용해 구현할 수 있다. 다만, 솔리디티(Solidity)라는 자바 기반의 독립적인 프로그래밍 언어를 알아야 하기 때문에 프로그래머가 아닌 일반인들이 직접 스마트 계약의 조건과 내용을 코딩하기는 어렵다.

2017년 4월 삼성SDS㈜는 이더리움의 스마트 계약 기능을 참고하여 기존 비트코인의 블록체인 안에 이더리움 가상머신(Ethereum Virtual Machine)을 구현하는 방식으로 자체 스마트 계약 기능을 갖춘 넥스레저(NexLedger) 플랫폼을 개발하기도 했다.

스마트 계약은 정해진 계약 내용에 따라 블록체인 내부의 데이터를 변경하고 조작하는 기능을 수행하기 때문에 블록체인은 안전하더라도 스마트 계약에서 문제가 생기면 바로 대형 사고로 이어진다. 즉 스마트 계약이 불안하면 블록체인을 도입한 것이 아무런 의미가 없는 것이다. 따라서 스마트 계약도 블록체인 코드만큼이나 정밀하고 엄격하게 구성되어야 하며, 스마트 계약으로 개발된 어플리케이션도 메인넷 수준의 보안성을 확보해야 한다. 그런 측면에서 스마트 계약의 문제를 해결하려는 이들의 개발 내용에 주목할 필요가 있다.

⠇⠇ 가상자산 지갑

　가상자산 지갑은 개인들이 디파이 서비스에 접근하는 직접적인 통로 역할을 한다. 통상 디파이는 개인들의 자금을 특정 계좌로 이체하지 않고 개인 지갑에서 바로 디파이 서비스에 연결되도록 하고, 출금과 같은 자금 통제도 개인이 직접 할 수 있도록 해놓는 경우가 많다. 그리고 많은 디파이 서비스들은 특정 지갑을 자신의 서비스에서 사용할 수 있도록 지원해주는 것이 일반적이다. 디파이 서비스들은 대개 한 개 이상의 지갑을 지원하는데, 그중에서 메타마스크가 가장 광범위하게 사용되고 있다.

■ 메타마스크(MetaMask)

　이더리움에서 가장 대중적으로 사용되는 지갑 중 하나다. 디파이 덕분에 메타마스크 사용자들도 급증하고 있다. 메타마스크는 2020년 10월 19일 기준 월간 이용자 수(MAU, Monthly Active Users)가 1백만 명에 이른다. 메타마스크는 크롬 웹브라우저 플러그인으로 웹브라우저에서 지갑에 바로 접근할 수 있어서 접근성이 우수하고, 웹브라우저 내에 개인 키 등이 저장 및 보관되고 본인이 기억하는 비밀번호로 계좌에 접근할 수 있기 때문에 다소 편리하게 사용할 수 있다. 주의 사항은 메타마스크를 인스톨하면 12개의 영단어가 나오게 된다. 이 영단어는 절대 분실하면 안 된다. 지갑의 핵심 코드로써 만약 앞에 나온 비밀번호를 분실하였다 하더라도 12개의 영단어를 정확히 알고 있다면 지갑은 언제든지 복구할 수 있다. 반대로 12개의 영단어가 분실되거나 해킹되어 남에게 넘어간다면 누구나 내 지갑에 접근할 수 있다.

■ **트러스트 월렛**(Trust Wallet)

트러스트 월렛(Trust Wallet)은 홍콩의 세계적인 암호화폐 거래소인 바이낸스(Binance)가 제공하는 암호화폐 지갑이다. 트러스트 월렛은 2017년 11월 출시하여 사용자들을 모집하였으며, 2018년 8월 바이낸스(Binance)에 인수되었다. 트러스트 월렛을 인수한 바이낸스(Binance) 거래소의 창업자 겸 대표이사인 창펑 자오(Changpend Zhao)는 "월렛은 암호경제(crypto economy)에 있어서 가장 기초적인 인터페이스가 되며 안전하면서도 사용하기 쉬운 월렛을 만드는 일은 암호화폐 채택을 확산되도록 하는 데 있어서 중요한 키(key)가 될 것"이라고 말했다. 트러스트 월렛은 애초 이더리움과 ERC-20 토큰용 지갑으로 개발되었으나 지금은 약 40개 이상의 코인을 지원한다.

∷ 거버넌스 장치

거버넌스 장치의 사전적 의미는 통치, 관리, 통치 방식을 의미한다. 블록체인 프로젝트가 장기 지속하기 위해서는 이들 다양한 이해관계자들이 서로 이해관계를 조율하고, 조율된 이해관계를 기반으로 의사 결정을 하며 최종적으로 그 의사 결정을 집행하는 거버넌스 장치가 있어야 한다.

■ 거버넌스 장치의 필요성 및 역할

디파이 프로젝트, 더 나아가 블록체인 프로젝트에서 개발 그룹은 독특한 위치를 차지한다. 이들은 자신의 비전과 철학, 정치·경제·사회를 보는 관점에 따라 블록체인을 기반으로 어떤 서비스를 제안하고 (대부분은) 이를 직접 구현하는 개발팀들이다. 이들은 특정 국가에 법적인 근거지를 등록한 재단 또는 회사의 형태를 많이 띠지만, 아예 법적인 조직 없이 개인들만의 연대로 프로젝트를 진행하는 경우도 있다. 이들이 없으면 프로젝트가 존재할 수 없다.

그렇다고 이들이 프로젝트의 전체 혹은 전부가 아니다. 이들이 프로젝트 전체에 대한 의사 결정권을 갖는 것도 아니다. 통상적인 회사에서는 설립자 및 창업자 그룹이 회사에 대한 의사 결정권과 자금 집행권을 가진다. 즉 프로젝트 리더와 해당 프로젝트에 대한 거버넌스 구조가 거의 일치한다. 그런데 블록체인 산업은 프로젝트 리더 그룹과 실질적인 거버넌스 구조가 정확히 일치하지 않는 경우가 많다.

단적인 예로 최근 파일코인이 메인넷을 오픈하면서 채굴자들(노드 운영자들)에게 상당히 불리한 정책을 실행하자 파일코인 채굴자들이 이에 항의하기 위해 일제히 노드 운영을 중단시킨 바 있다. 이후 파일코인은 채굴자들에게 보상으로 일일 채굴량의 25%를 즉시 지급하는 안을 제시하면서 이 사태는 일단락되었다. 이 사례에서 우리는 파일코인의 핵심 그룹은 개발을 담당한 프로토콜 랩스(Protocol Labs)지만 궁극적인 의사 결정권은 노드 운영자들에게 있다는 사실을 극적으로 확인할 수 있다. 통상 블록체인 프로젝트들에서 지지 그룹은 프로젝트 리더 그룹의 판단과 의사 결정을 대부분 존중한다. 그러나 심각한 이해관계가 걸려 있거나 중대한 정책을 결정할 때 (파일코인이 보여준 바와 같이) 양자의 판단이 극명하게 갈리는 경우가 존재한다. 그리고 그 최종 의사 결정권은 파일코인의 개발팀 프로토콜 랩스에 귀속되어 있지 않다.

■ 거버넌스 장치의 구성 요소

거버넌스 장치를 구성하는 요소는 크게 의사 결정 영역과 실행 영역으로 구분할 수 있다. 의사 결정의 주체는 해당 프로젝트에 이해관계를 가지고 있으며 또한 의사 결정 권한을 가진 개인(들) 또는 조직(들)이다. 의사 결정의 실행은 두 가지 방식으로 나눌 수 있는데, 하나는 개인이나 (기업, 재단과 같은) 법인체와 같은 인격체가 직접 실행하는 것이고, 다른 하나는 코드화한 프로그램으로 조건에 따라 자동으로 실행하는 것이다. 즉 거버넌스 장치의 실행은 사람들이 직접 실행하는 것과 코드로 작동하는 것, 그리고 두 가지가 결합되어 작동하는 방식이

의사 결정 장치의 구성 요소와 실행 방법		
	수동	**자동**
오프체인 **(블록체인** **외부)**	개인 또는 조직, 이해관계자들이 사전에 합의된 어떤 방식으로 의사 결정하고, 이를 개발자에게 전달해서 기능을 구현하고 구현된 기능을 시스템에 반영(예컨대 오프라인 투표, 거수 등)	오프체인에서 의사 결정하는 경우 누군가가 결정된 코드를 적용하는 행위를 해야 하기 때문에 자동화 불가능
온체인 **(블록체인 내부)**	거버넌스 토큰 등을 통해 의사 결정된 사항을 수동으로 반영	시스템상(온체인)에서 의사 결정할 사항을 사전에 정의된 계약 및 절차에 의해 자동으로 시스템에 반영

표 3 https://www.kisa.or.kr/public/library/etc_View.jsp?regno=0224

존재한다. 의사 결정된 사항을 기계적으로 자동 실행하는 것은 기술적으로 아직 충분히 발달되지 않았기에 현재로서는 자동 실행보다는 두 가지가 결합되어 작동하는 것이 일반적이다. 의사 결정 장치의 구성 요소와 의사 결정의 실행 방법은 크게 다음과 같은 4가지로 나누어볼 수 있다.

∴ 가상화폐 거래소

가상자산 거래소는 두 가지가 있다. 중앙화 거래소와 탈중앙화 거래소가 그것이다. 중앙화 거래소는 블록체인 네트워크에 연결돼 있지만, 암호화폐 거래자의 매수·매도 주문을 직접 보유한 컴퓨터를 통해 중앙에서 매칭한다. 사용자가 중앙화 거래소에서 암호화폐를 구매해서 보유하면 코인은 거래소가 제공하는 중앙화된 주소에 저장된다. 거래가 정산되면 바뀌는 건 거래소 자체 원장의 잔고뿐이다.

"당신의 키가 아닌 한 코인도 당신의 것이 아니다."라는 말이 있다. 프라이빗키를 가지고 있지 않은 한 궁극적인 통제권이 거래소에 있다는 점을 지적한 말이다. 2014년 마운트 곡스(Mt. Gox)에서 거래한 사람들은 기레소가 해킹당했을 때 거래소의 핫 월렛(Hot Wallet)에서 비트코인 수만 개가 증발해 버린 사건을 통해 큰 대가를 치르고 교훈을 얻었다.

중앙화 거래소와 비교했을 때 탈중앙화 거래소는 이론상 사용자에게 더 많은 자유를 제공한다. 탈중앙화 거래소는 블록체인 네트워크상에 개발되는 경우가 많다. 자동화된 마켓메이커(AMM)가 중앙화 거래소 같은 제삼자에 의존하지 않고 스마트 계약을 통해 자동으로 주문을 체결하고 거래를 집행한다. 거래자는 자신의 자금과 암호화폐에 관한 전권을 지닌다. 고객 신원 확인(KYC) 검증을 거칠 필요도 없다.

탈중앙화와 중앙화 거래소 모두 비트코인 초창기부터 존재했지만, 지금까지는 암호화폐 거래소 대부분은 중앙화 거래소였고 경쟁도 자연히 중앙화 거래소 사이의 일이었다. 그러나 최근 갑자기 디파이 붐이 일면서 탈중앙화 거래소는 중앙화 거래소보다 빠르게 성장하고 있다. 2020년 9월 초에 거래자들이 암호화폐나 기타 디지털 자산을 사고팔 수 있는 반자동화 플랫폼 유니스왑(Uniswap)이 중앙화 거래소 코인베이스 프로(Coinbase Pro)의 일일 거래량을 뛰어넘으며 일일 거래량 기준 미국 최대 암호화폐 거래소가 되었을 때 탈중앙화 거래소에서도 월간 거래량이 10배 이상 증가했다.

2020년 8월에 탈중앙화 거래소는 암호화폐 거래량의 5%를 차지했다. 암호화폐 분석 기업 메사리(Messari) 보고서에 따르면 유니스왑, 커브(Curve), 밸런서(Balancer) 같은 AMM이 탈중앙화 거래소의 총거래량 중 90% 이상을 차지했다. 디파이 서비스 및 탈중앙화 거래소의 급격한 성장은 기존 중앙화된 거래소들을 긴장시키기에 충분한 것이다. 바이낸스(Binance)의 창펑자오 대표는 약 10년 후면 탈중앙화 거래소가 대세가 될 것이라 주장하기도 했다.

∵ 솔루션

디파이 서비스가 활성화되면서 이더리움 네트워크의 성능 문제가 또다시 이슈로 등장하고 있다. 현재 이더리움을 플랫폼으로 사용하는 디파이 서비스 숫자가 절대적으로 많기 때문이다. 2017년 말 크립토키티(Crypto Kitty) 서비스가 이더리움 사용자들의 주목을 받으며 사용자들이 조금 늘어나자 바로 이더리움 네트워크가 포화 상태가 되면서 네트워크 전체가 느려지고 불안해진 사례가 있다. 2020년 10월에도 디파이 서비스들이 주목을 받자 이와 비슷한 사례들이 발생했다. 이더리움의 평균 거래 수수료는 작년 평상시의 200배 이상으로 치솟았고 높은 거래 수수료를 지불하지 못하는 거래들은 수십 시간을 기다려도 처리되지 못했다. 이와 같은 단점을 극복하기 위해 이더리움(ETH)의 차세대 블록체인 '이더리움 2.0'의 핵심에 해당하는 비콘체인(Beacon Chain)이 한국 시간으로 2020년 12월 1일 정상 가동을 시작했다. 이더리움 2.0 세레니티(Serenity)는 합의 알고리즘을 기존 작업 증명(PoW)에서 지분 증명(PoS) 방식으로 변경하고 분산 저장 기법인 샤딩(Sharding), 새로운 가상 머신(eWASM) 등을 제공한다.

특히 디파이 시장 급성장에 필요한 네트워크 처리 속도 향상과 확장성 문제를 크게 개선할 수 있다는 점에서 차세대 이더리움의 주요 개발 방향으로 인정받고 있다. 이더리움 2.0 전환은 한 번에 완료되는 것은 아니며 수년에 걸쳐 단계적으로 진행된다. 1단계는 2021년까지 사용자가 이용하는 샤드 체인 구현을 완료한다는 계획이다. 이후 PoS 전환이 이어지며 2022년 무렵 샤드 체인 완전 가동을 목표로 하고 있다.

이더리움 기반의 확장성 솔루션은 크게 세 가지 플라즈마, 롤업, 사이드체인으로 구분해볼 수 있다.

이더리움 확장성 솔루션의 분류			
Name	Plasma	Rollup	Sidechain
Consensus 보장 방법	플라즈마 블록의 머클 루트를 부모 체인에 기록	롤업 블록을 통째로 부모 체인에 기록	단순 블록 채굴
Security 수준	부모 체인의 합의 안정성에 비례	부모 체인의 합의 안정성이 비례	자체 합의 알고리즘 안정성 비례
Examples	LeapDAO, Plasma Group, Tokamak Network	Optimistic Rollups, zk-Rollup 등	Polkadot, Loom Network, Matic Network, Skale

표 4 https://www.kisa.or.kr/public/library/etc_View.jsp?regno=0224

스테이블 코인

스테이블 코인(Stable coin)은 달러화 등 기존 화폐에 고정 가치로 발행되는 암호화폐를 말한다. 스타트업 리저브(Reserve)가 40개 암호화폐 관련 업체 의견을 정리한 '2019 스테이블 코인 현황: 안정적, 글로벌, 디지털 화폐를 위한 경쟁에서의 과장 대 현실'이라는 보고서를 발표했다. 보고서는 "스테이블 코인은 잠재적으로 수조 달러(약 수천조 원) 규모 시장이 될 것"이라며 "미국 달러가 앞으로 1~2년 내에 암호화폐 공간에서 토큰화된 가장 유동성이 높은 자산(tokenized liquid asset)이 될 것"이라고 전망했다.

스테이블 코인은 일반 암호화폐보다 훨씬 더 고정적이다. 그 이유는 그 값이 다음과 같은 달러, 금과 같은 비교적 안전 자산과 연결되어 있기 때문이다. 스테이블 코인은 트랜잭션의 수단으로 사용하기 위해 만들어졌다. 단순하고 안정적이며 확장 가능하고 안전한 목적으로 사용된다.

전 세계에 또한 두 개의 USD 지원 스테이블 코인인 Paxos 표준(PAX) 및 제미니 달러(GUSD)가 승인되었으며 미국 뉴욕주 재무부에 의해 규제되고 있다. 기존 금융 서비스업체들도 이 기회를 주시하고 있다. 스테이블 코인은 원화, 미국 달러, 유럽 유로화, 일본 엔화 등과 연계된 코인들이 있다. 이들 코인은 변화가 거의 없는 것이 특징이다.

① 스테이블 코인의 종류

첫째, 정부가 발행한 화폐에 기반한 코인으로 가장 인기 있는 스테이블 코인은 현재 테더(USDT)이다. 시가 총액 기준 세 번째로 큰 암호화폐를 보유하고 있으며, 비트코인을 포함한 모든 암호화폐의 일일 거래량이 가장 많다. 하지만 테더가 발행한 USDT에 대한 의혹이 제기되었다. 즉, 실제로 이 회사가 보유한 달러의 양과 USDT가 동일해야 함에도 불구하고, 이 회사가 보유하고 있는 달러의 양에 비해 더 많은 USDT를 보유하고 있다는 것이다. 미국 법무부가 이 문제를 거론한 것이다. 이러한 이유로 새로운 스테이블 코인인 USD Coin(USDC)이 발행되었다. 이 코인의 기초 자산은 미국 달러이며 암호화폐 금융을 포함한 컨소시엄에 의해 관리되고 있다. USDC의 시장 점유율은 15%를 돌파한 가운데 2021년 1월 테더 시장은 75% 아래로 떨어졌다.

USDC는 정기적으로 감사를 받고 있어 안정적인 자산이라는 평판을 얻었다. USDC는 분산형 금융에서 중요한 구성 요소가 될 수 있도록 지원하고 있고, 2020년 12월, 비자카드가 USDC와의 제휴를 발표했다.

스탠더드(PAX)와 제미니 달러(GUSD)는 세계 최고의 안전 코인이며 2018년 9월에 최초로 발행한 암호화폐이다. 최근 싱가포르의 결제 프로세서 Xfers가 XSGD를 출시했다. 싱가포르 달러화에 의해 1:1로 뒷받침되는 스테이블 코인이다. 유럽에서는 토큰화 플랫폼 Stasis의 EURS 토큰이 있고, 유로, 심지어 몽골에는 '캔디'라고 불리는 스테이블 코인이 있다.

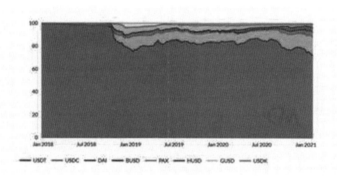

그림 10 〈스테이블 코인의 지분율〉 https://www.cbinsights.com/

둘째, 상품 담보 스테이블 코인으로 상호 교환이 가능한 자산(예: 귀금속)을 사용한다. 담보할 수 있는 가장 좋은 공통 재화는 금이다. 금 이외에도 또한 석유, 부동산, 그리고 다양한 것들에 의해 뒷받침되는 안정적인 코인들이 있다. 상품 담보부 안정 주화의 경우 누구나 금과 같은 귀금속들에 투자할 수 있을 것이다. 스위스의 부동산도 마찬가지이다. 안정 코인의 출시로 새로운 투자 가능성이 높아지고 있다. 예를 들어 DGX(Digix Gold)는 ERC-20 토큰(기본 제공)이다. 금을 기반으로 하는 이더리움 네트워크에서 1DGX는 1그램의 금을 나타내며 이 금은 금고에 저장되어 있다. 싱가포르에서 3개월마다 감사를 받아야 한다. Tiberius Coin(TCX)은 하나의 상품이 아니라 일반적으로 사용되는 7가지 귀금속의 조합을 하나의 상품으로 뒷받침했다. 이들 귀금속들은 태양 전지판과 전기 자동차 등에 점점 더 많이 사용되면서 값이 오를 것으로 기대한다.

셋째, SRC(Swiss RealCoin)는 스위스 부동산의 포트폴리오로 만든 안전 코인이다. SRC 가치는 스위스 상업용 부동산 포트폴리오와 연결되어 있다. 스위스 부동산은 지난 10년 동안 세계에서 가장 안정적인 부동산 시장 중 하나였다. SRC 토큰은 일일 유동성을 위해 허가된 거래소에서 거래되며, 또한 모든 토큰 보유자는 포트폴리오 청산 투표에 참여할 권리가 있다. 포트폴리오 가치는 순임대 수익 및 IP 라이센싱 수익의 재투자를 통해 지속적으로 증가하고 있다.

넷째, 암호화폐 담보형 스테이블 코인은 다른 암호화폐가 뒷받침하는 안정적인 코인들이다. 암호화폐 담보형 안전 코인은 가격 변동성 위험을 줄이기 위해 과잉 담보화를 요구한다. 예를 들어, 500달러 상당의 스테이블 코인을 구해야 할 경우 에테르(ETH) 1,000달러어치를 예치해야 한다. 이 시나리오에서는 안전 코인은 현재 200% 담보화되어 있어 해당 자산의 변동 가격에도 견딜 수 있다. 예를 들어 가격이 25% 하락해도 안전 코인의 가치는 750달러이므로 여전히 500달러의 가치를 담보할 수 있다.

그림 11 https://www.cbinsights.com/

만약 기반 암호화폐의 가격이 충분히 낮게 떨어진다면 스테이블 코인은 자동으로 청산된다. 암호화폐로 담보된 스테이블 코인의 가장 인기 있고 유망한 예는 다이(Dai)이다. 메이커다오(MakerDAO)가 만든 다이(Dai)는 액면가가 있는 스테이블 코인으로 USD에 고정되어 있지만 실제로 ETH에 의해 백업된다. USDC와 마찬가지로 다이는 많은 디파이 애플리케이션에 매우 중요해졌다.

∴ 자동화된 시장 조정자

자동화된 시장 메이커(AMM)는 탈중앙 거래소(DEX) 프로토콜의 일종으로 자산 가격을 산출하기 위해 수학적 공식을 사용한다. 기존 거래소처럼 오더북을 사용하는 대신 자산 가격은 가격 계산 알고리즘을 따른다. 해당 공식은 각 프로토콜마다 다를 수 있다. 예를 들어, 유니스왑은 x*y=k 를 사용한다. 여기서 x는 유동성 풀 안의 한 토큰의 수량을 의미하며 y는 다른 토큰의 수량을 의미한다. 이 공식에서 k는 고정상수이다. 즉 풀의 전체 유동성은 언제나 동일하게 유지된다. 이와 다른 자동화된 시장 메이커는 활용 목적에 특화된 또 다른 공식을 사용한다. 그러나 알고리즘적으로 가격을 결정한다는 유사점이 존재한다.

　기존의 시장 조성은 보통 엄청난 자원과 복잡한 전략을 보유한 기업과 함께 진행된다. 시장 참여자는 사용자가 바이낸스(Binance)와 같은 거래소의 오더북에서 좋은 가격과 촘촘한 매수 매도 스프레드를 이용할 수 있도록 도와준다. 자동화된 시장 메이커는 이러한 과정을 탈중앙화시켰으며 기본적으로 누구나 블록체인상에 시장을 생성할 수 있게 한다.

　자동화된 시장 메이커는 ETH/DAI와 같은 거래 쌍이 존재하는 거래소의 오더북과 유사하게 작동한다. 그러나 거래를 위해 반대편에 거래 상대방이 있어야 하는 것은 아니다. 그 대신 시장 참여자는 시장을 '조성'하는 스마트 콘트랙트와 상호작용한다. 바이낸스(Binance) DEX와 같은 탈중앙 거래소의 경우 사용자의 지갑 사이에서 직접 거래가 진행된다. 만약 거래 참여자가 바이낸스(Binance) DEX에서 BNB를 BUSD로 판매할 경우 반대편에는 자신의 BUSD로 BNB를 구매하는 누군가가 존재한다. 우리는 이를 피어투피어(P2P) 거래라 한다.

　반면, 거래 참여자는 자동화된 시장 메이커를 피어-투-컨트랙트

(P2C)라고 생각할 수 있다. 거래는 사용자와 콘트랙트 간에 진행되기 때문에 기존과 같은 거래 상대방은 필요하지 않다. 오더북이 없기 때문에 자동화된 시장 메이커상에는 주문 유형도 존재하지 않는다. 그 대신 시장 참여자가 구매 또는 판매를 원하는 자산의 가격은 공식에 의해 결정된다. 그럼에도 불구하고 한 가지 알아둘 것은 향후 자동화된 시장 메이커 설계에는 한계가 존재할 수 있다는 것이다. 그러니까 거래 상대방 없이도 누군가가 시장을 생성할 수 있다는 것인가? 이는 맞는 말이다. 그러나 스마트 콘트랙트 내의 유동성은 유동성 공급자(LP)라고 하는 사용자에 의해 공급되어야만 한다.

유동성 풀이란 무엇인가? 유동성 공급자(LP)는 유동성 풀에 자금을 추가한다. 여러분은 유동성 풀을 트레이더들의 거래를 가능하게 하는 엄청난 자금이 쌓여 있는 장소라 생각할 수 있다. 프로토콜에 유동성을 공급하는 대가로 유동성 공급자는 자신의 풀에서 발생한 거래 수수료를 획득한다. 유니스왑의 경우 유동성 공급자는 동등한 가치의 두 가지 토큰을 예치한다. 예를 들면, 50% ETH와 50% DAI를 ETH/DAI 풀에 예치한다.

그렇다면 누구나 시장 메이커가 될 수 있다는 것인가?

그렇다. 유동성 풀에 자금을 추가하는 일은 무척이나 간단하다. 보상은 프로토콜에 의해 결정된다. 예를 들어, 유니스왑 v2는 트레이더에게 0.3%의 수수료를 지불하며 이는 유동성 공급자에게 직접 전달된다. 다른 플랫폼 또는 포크의 경우 자신의 풀에 더 많은 유동성 공급자를 끌어오기 위해 더 적은 수수료를 부과할 수 있다.

유동성을 공급하는 것이 중요한 이유는 무엇일까?

자동화된 시장 메이커 작동 방식 때문이다. 풀에 유동성이 많을수록 대량 주문에 대한 더 적은 슬리피지가 발생할 것이다.(슬리피지(Slippage)란 시장가 주문(market order)을 넣었을 때 주문을 넣은 시점의 가격으로 체결되지 않고 유동성이 없어 수요와 공급의 불일치로 더 나쁜 가격으로 체결되는 것을 말한다.)

자동화된 시장 메이커 설계 방식에 따라 슬리피지 문제는 상이할 것이지만, 이는 분명히 염두에 두어야 할 사항이다. 가격은 알고리즘에 의해 결정된다. 간단히 말하자면 가격은 거래 후 유동성 풀 내 토큰 간의 비율을 따라 결정된다. 만약 해당 비율이 크게 변화할 경우 상당한 수준의 슬리피지가 발생할 것이다.

조금 더 자세히 살펴보면 만약 시장 참여자가 유니스왑의 ETH/DAI 풀에서 이더(ETH)를 모두 구매하려 했다고 가정한다. 하지만 그럴 수 없었다. 이더를 추가로 구매할 때마다 기하급수적으로 커지는 프리미엄을 지불하려 했음에도 불구하고 풀의 이더를 절대로 모두 구매할 수 없었다.

그 이유는 무엇이었을까? 이런 이유는 $x*y=k$ 공식으로 설명된다. x 또는 y가 0이라는 것은 풀에 ETH 또는 DAI가 하나도 없다는 의미이며 이런 상황에서는 더 이상 방정식이 성립할 수 없다. 그러나 이것이 자동화된 시장 메이커와 유동성 풀의 전부인 것은 아니다. 시장 참여자는 자동화된 시장 메이커에 유동성을 공급할 때 비영구적 손실과 같은 것을 고려해야 한다. 그렇다면 비영구적 손실은 언제 발생하는가?

비영구적 손실은 여러분이 풀에 토큰을 예치한 후 해당 토큰의 가격 비율이 변화할 때 발생한다. 변화가 클수록 비영구적 손실도 커진다.

이것이 바로 스테이블 코인 또는 랩드 토큰과 같은 토큰 쌍에 자동화된 시장 메이커가 최적화된 이유이다. 두 토큰 간의 가격 비율이 비교적 적은 차이를 보인다면 비영구적 손실 또한 미미할 것이다.

반면 해당 비율이 크게 변화할 경우 유동성 공급자는 풀에 자금을 추가하는 대신 이를 단순히 보유하고 있는 것이 더 좋을 수 있다. 그러나 유니스왑 풀의 ETH/DAI의 경우 상당한 비영구적 손실 가능성이 존재함에도 불구하고 거래 수수료 덕분에 수익을 창출할 수 있다.

그렇기는 하지만 비영구적 손실은 이러한 현상을 지칭하는 좋은 명칭은 아니다. '비영구적'이라는 것은 기존에 예치한 가격으로 자산 가격이 되돌아올 경우 손실이 상쇄된다는 것을 가정하고 있다. 그러나 처음 예치할 때와 다른 가격 비율로 자금을 출금한다면 손실은 영구적일 수 있다. 일부의 경우 거래 수수료가 이러한 손실을 상쇄시키기도 하지만, 그럼에도 여전히 이러한 위험을 고려하는 것이 중요하다. 자동화된 시장 메이커에 자금을 넣을 때는 주의를 기울여야 하며 비영구적 손실의 영향을 이해하고 있어야 한다.

⠂⠒ 디지털 본원 통화

본원 통화란 현실 세계에서는 중앙은행에서 발행하는 법정 화폐(Fiat money)를 의미한다. 블록체인에서는 비트코인, 이더리움 등 블록체인 프로토콜에서 거래 검증에 대한 보상으로 채굴자들에게 지급되는 프로토콜 자체의 가상자산을 의미한다. 또한 법정 화폐(Fiat money)와 연동되어 발행하는 USDT 등의 스테이블 코인도 가상자산 산업에서는 본원 통화의 범주로 볼 수 있다. 이 같은 이른바 '디지털 본원 통화'를 만들어내는 기술을 디파이 범주에 포함시킬 수 있는지에 대해서는 다소이견이 존재할 수 있다. 그럼에도 불구하고 디지털 기반의 본원 통화가 존재하지 않으면 디파이 자체가 존재할 수 없다는 측면에서 이들디지털 본원 통화들은 디파이의 가장 위층(Layer 0)에 해당하는 역할을한다고 볼 수 있다.

⦂ 디지털 본원 통화의 유동화 기술

디파이의 또 다른 유형은 비트코인과 같이 이미 시장 가치를 가지고있는 가상자산을 다른 블록체인 플랫폼에 예치하고, 예치된 가상자산의 시장 가치에 상응하는 별도의 가상자산을 발행함으로써 현재 존재하는 자산을 그대로 묶어둔 채 유동성을 만들어내는 모델이다. 즉 이더리움이라는 본원 통화에 기반을 두어 본원 통화 가치만큼의 추가 가치를 시장에 공급하는 방식으로 자산을 유동화한 것이다.

또한 이더리움의 스마트 계약을 활용해 비트코인을 유동화하는 모델도 등장했다. 이 모델은 비트코인을 다량 보유한 이들이 제법 있지만, 비트코인을 단지 보유만 하고 있을 뿐 해당 가치를 시장이 활용하지 못하고 있다는 점에 착안한 것이다. 이 방법은 비트코인이 가지고 있는 보안과 가치를 그대로 유지하면서도 해당 가치에 준하는 만큼의 가치를 추가로 창출할 수 있고 이를 통해 비트코인 네트워크에서는 구현하기 어려운 '프로그램 가능한 화폐(Programmable Money)'를 구현할 수 있는 장점이 있다. 즉 비트코인의 가치를 이더리움 네트워크 상으로 가져와 스마트 계약 기반의 유동성 자산으로 활용할 수 있는 것이다. 이런 방식으로 유동화된 가상자산을 합성 자산(Synthetic Asset)이라고 부른다.

∵ 유동화 가상자산으로 금융 서비스를 작동시키는 기술

디파이 구조의 가상자산 대출 모델은 메이커다오로부터 시작되었다. 담보를 기반으로 대출을 해주는 금융의 가장 기본적인 모델을 제시한 것이다. 메이커다오는 개인들이 메이커다오 플랫폼에서 CDP(Collateralized Debt Position)를 개설하여 가상자산을 담보로 넣은 후 USD에 연동되어 가치를 유지하는 스테이블 코인 DAI를 발행하는 구조로 작동한다. CDP는 가상자산을 담보로 건 사용자에게 DAI를 제공하는 스마트 계약으로, 가상자산을 예치하면 누구나 DAI를 발행할 수 있다.(가상자산 지갑을 통해 예치하기 때문에 대출을 받는 과정에 고객 신원 확인(KYC) 등 신원을 확인하는 과정은 존재하지 않는다.) 담보로 잡힌 가상자산들은 대출된 DAI가 상환될 때까지 에스크로를 통해 보관되며 대략 담보 가치의 60% 정도까지 DAI를 발행할 수 있다. 만약 담보로 맡긴 가상자산의 가치 변동으로 담보 가치가 줄어들면 CDP가 담보를 자동으로 청산하여 자산 가치를 보호한다.

DAI는 현재 디파이 산업 내에서 여러 스테이블 코인들 사이의 기축 통화 같은 역할을 하고 있다. 이후 담보 풀에 담보를 제공하고 타인에게 대출을 해준 후 대출 이자를 나눠 갖는 모델, 거래를 촉진하는 유동성을 제공하고 대가를 받는 모델, 다양한 디파이 상품들의 대출 이자, 여러 스테이블 코인들의 가격 차이 등을 비교하고 자동으로 차익 거래를 실행하는 모델 등 다양한 금융 기법과 모델들을 구현한 기술들이 등장했다.

∴ 유동화 기반의 가상자산 거래 관련 기술

디파이가 등장하기 전까지 토큰을 거래하려면 대부분 중앙화 가상자산 거래소(CEX, Centralized Exchange)를 거쳐야 했다. 어느 정도 규모 있는 중앙화 거래소는 사용자들이 많기 때문에 그 자체로 유동성을 어느 정도 확보해주었고, 또한 의도적으로 유동성을 공급해주는 시장 조성자(Market Maker) 기능을 수행하면서 사용자들이 원할 때 바로 매매할 수 있는 환경을 제공해주었다. 이러한 시장 조성 행위를 유동성 공급이라고도 한다. 반면 2018년 즈음까지만 해도 탈중앙화 거래소는 사용자가 적었고 유동성을 공급해줄 방법도 제시되지 않았기 때문에 탈중앙화 거래소에서 거래한다는 것 자체가 쉽지 않았다. 즉 원하는 시점에 거래할 수 있도록 환경을 제공해주는 '시장'의 역할을 제대로 하지 못한 것이다.

그런데 유니스왑(Uni swap)이 탈중앙화 거래소(DEX, Decentralized Exchange)에 유동성을 제공하는 모델을 제시함으로써 탈중앙화 거래소에서 거래할 수 있는 환경이 구축되기 시작했다. 중앙화된 거래소는 통상 살 사람과 팔 사람이 서로 가격을 제시하는 호가창과 그런 호가들을 모아놓은 오더북을 기본으로 작동한다.(호가창/오더북 구조는 살 사람과 팔 사람이 서로 가격을 제시하고 매수자와 매도자를 매칭하는 방법이다.) 그러나 매수자와 매도자 숫자가 많지 않고 거래 물량이 많지 않으면, 즉 유동성이 풍부하지 않으면 매도 가격과 매수 가격이 근접하지 않아 거래가 잘 발생하지 않는 단점이 존재한다.

이러한 단점을 극복하기 위해 유니스왑이 제시한 방법은 기존 중앙화 거래소와 달리 호가창/오더북이 없는 것이 특징이다. 유니스왑이 제시한 방법은 유동성 공급자들이 거래가 될 A와 B 두 개의 코인에 대해 현재 시점 기준 가격으로 같은 값어치의 토큰 양을 유니스왑의 유동성 풀에 넣어놓고 누군가 거래를 요청하면 유동성 풀에 있는 토큰을 즉시 지급하는 방식으로 바로 거래가 체결될 수 있도록 한 것이다. 즉 거래 수량이 유동성 풀에 저장되어 있는 토큰 수보다 적다면 사용자가 매수를 하든 매도를 하든 교환(swap) 버튼을 누르자마자 거래가 체결된다. 유동성 공급자는 유동성을 공급한 대가로 거래 수수료와 이자(UNI 토큰)를 받게 된다. 이 과정은 유동성 공급자가 풀에 코인을 넣은 시점부터 자동으로 작동한다. 그래서 유니스왑은 자동화된 유동성 공급 프로토콜(Automated liquidity protocol)이라 칭하고 이와 같은 유동성 공급 방법을 AMM(Automated Market Maker)이라고 한다.

03

암호화폐의 예금, 대출과 차입

∵ 분산금융 예금

최근 몇 년 동안의 낮은 금리 환경은 돈을 저축하기에는 매력적이지 않은 금융 환경을 제공하여 왔다. 각국의 중앙은행들이 2020년 초에 금리를 0에 가깝게 인하했기 때문에 가장 매력적인 저축 계좌조차도 더 이상 인플레이션을 보상할 수 없게 되었다. 유로존에서는 많은 은행이 마이너스 금리를 도입했다. 따라서 오늘날 은행에 저축하는 사람들은 은행에 돈을 보관하기 위해 오히려 보관료를 지불해야 한다.

그러나 요즘 들어 이러한 대안으로 돌풍을 일으키고 있는 또 다른 금융이 디파이이다. 디파이 시스템 안에서의 예금은 투자자가 암호화폐의 예금 계좌를 개설하면 비트코인이나 이더리움 같은 디지털 화폐에 자금을 투자한다. 그런 다음 예금 계좌 공급자가 투자자의 암호화폐를 대출해 주고 당사자에게 교환 이자율을 제공한다. 이것이 탈중앙화 예금의 개념이다.

분산된 저축 계좌는 또 다른 대안이 될 수 있다. 금리는 주식 시장과 같이 높은 위험을 감수하지 않고 인플레이션을 보상할 만큼 높다. 수차례 언급하지만, 분산금융은 블록체인 업계에서 가장 빠르게 성장하는 분야 중 하나이다. 여기에는 분산형 투자 플랫폼, 대출 토큰 및 분산 저축 계좌가 포함된다.

분산 저축 계좌에 대한 이자는 보통 중앙 집중식 저축 계좌에 비해 상당히 높다. 분산 저축 계좌 소유자는 비트코인이나 이더리움과 같은 변동성 위험을 감수할 필요가 없다. 대신 그들은 안정 코인에 저축할 수 있다. 즉 USD 또는 EUR과 같은 피아트 통화에 직접 연결된 암호화폐(Cryptocurrency), 그리고 대가로 이자를 받을 수 있다.

∴ 분산금융 대출과 차입

전통적인 암호화 금융의 영역에서 대출 및 차입은 꾸준한 소득 흐름을 대가로 다른 사람에게 명목 통화, 또는 디지털 통화와 같은 통화 자산을 제공하고 대여받는 행위를 수반한다. 이러한 '대출 및 대출의 개념'은 오랜 세월 동안 주변에 있었으며 전혀 새로운 개념이 아니다.

이 아이디어는 매우 간단하다. 대출을 해준 당사자는 대출금에 대해 미리 정해진 이자율로 이자를 받는다. 또한 대출을 받은 사람은 미리 정해진 이자율로 이자를 지급한다. 거래는 일반적으로 은행과 같은 금융 기관이나 피어 투 피어 대출과 같은 독립적인 기관에 의해 이루어진다.

가상화폐의 맥락에서의 대출 및 차입은 바이낸스, 빗썸, 업비트 같은 중앙화 거래소 혹은 에이브(Aave), 메이커(Maker) 같은 분산금융의 기반 위에서 촉진될 수 있다. 첫 번째의 경우는 중간에 매개를 동반한다는 점에서 명목 화폐가 암호화폐로 바뀌었을 뿐 형식은 동일하여 1세대형, 즉 전통적인 대출과 차입의 범위를 벗어나지 못하고 있다. 그러나 후자의 경우는 암호화폐의 대출과 차입 시에 중간의 매개자가 없이 대출과 차입이 이루어진다는 점에서 2세대형 대출과 차입의 형태라고 칭할 수 있다.

1세대형 세파이 플랫폼은 어느 정도 분산되어 있지만 대부분의 은행과 거의 동일한 방식으로 작동하므로 예금 자산을 보관하여 결국 시장 제조업체, 헤지 펀드 또는 플랫폼의 다른 사용자와 같은 제삼자에게 대출하면서 원래 예금자에게 꾸준한 수익을 제공한다. 그러나 세파이 프로토콜은 효율적으로 작동하지만 도난, 해킹, 내부자 작업 등과 같은 여러 가지 문제가 발생하기 쉽다.

반면 디파이 프로토콜은 중간 매개자의 개입이 없이 사용자가 완전히 분산된 방식으로 대출 또는 대여하여 개인이 항상 자금을 완벽하게 통제할 수 있도록 한다. 이는 이더리움과 같은 개방형 블록체인 솔루션에서 작동하는 스마트 계약을 통해 가능하다. 세파이와는 달리 디파이 플랫폼은 개인 데이터를 중앙 기관에 넘겨줄 필요 없이 누구나 사용할 수 있다.

■ 암호화폐 대출(Cryptocurrency Lending)

암호화폐 소유자는 분산 대출 플랫폼에 대출하여 이자 수수료를 얻을 수 있다. 이는 중앙 집중식 서비스에서처럼 개인 키를 위탁하지 않고도 기존 보유 자산에 대해 상대적으로 낮은 위험 이자를 얻을 수 있기 때문에 대출자에게 매력적인 옵션이다. 디파이의 대출 금리는 수요와 공급에 의해 결정된다. 따라서 USDC 대출 수익률이 DAI보다 높으면 대출 기관은 DAI에서 USDC로 이동한다.

하나의 스테이블 코인에서 다른 스테이블 코인으로 이동할 수 있다는 것은 시장에서 수요와 공급 불일치로 인해 발생하는 금리 격차를 조절하는 데 도움이 된다. 이런 과정을 통해 정상 수준으로 다시 금리를 제공하고 사용자가 자신의 이익을 유지하는 데 도움이 된다.

■ 암호화폐 차입(Cryptocurrency Borrowing)

현재 거의 모든 분산 대출 플랫폼은 담보 차입이라는 형태의 차입을 사용한다. 담보 차입금은 대출자가 대출 가치보다 더 큰 가치를 담보로 제공해야 한다는 것을 의미한다. 담보는 대출자가 대출을 상환하지 않더라도 대출자에게 상환되도록 하는 역할을 한다.

예를 들어, ZRX의 100달러 상당을 빌리려면 다른 자산에서 100달러 이상의 담보를 제공, 즉 ETH로 150달러 상당을 제공한다고 가정한다. 만약 투자자가 대출 후 채무를 불이행하는 경우 대출 100달러 ZRX의 대출은 단지 투자자의 ETH를 압류하면 된다. 그러나 ZRX와 ETH의 가격은 시간이 지남에 따라 변경될 수 있다. 만약 ETH의 가격이 떨어지고, 이제 담보는 90달러의 가치가 있다고 가정해 보자. 이제 대출은 더 이상 ETH를 압류하여 돈을 돌려받을 수 없다. 그것은 투자자의 부채만큼 가치 있는 것이 아니기 때문에 이것은 청산의 개념이 발생하게 되는 것이다. 청산은 대출자에게 빚지고 있는 자산을 다시 매입하기 위해 담보의 일부를 매각하여 차입금을 자동으로 상환하는 경우이다. 청산은 보통 대출이 담보의 일부 필요한 수준(일반적으로 115~150% 사이)보다 낮을 때 발생한다.

⠂⠂ 플래시 대출의 사례

■ 플래시론은 무엇이며 어떻게 작동하나[15]?

디파이 플랫폼에서 대출을 요청하려면 일반적으로 다음 작업을 수행해야 한다. 과도한 담보 자산을 예치해야 한다. 그러나 플래시론이라는 새로운 기능이 개발되어 무담보 차입 서비스가 가능해진 것이다. 플래시론의 특징은 차입된 자산이 동일한 트랜잭션의 거래 내에서 대출부터 상환까지 일어난다는 점이다. 그렇지 않으면 플랫폼이 트랜잭션을 즉시 복구하여 처음부터 거래가 없었던 것으로 되돌아간다. 플래시 대출은 디파이 대출과는 다르게 '담보'가 없이 '플래시'가 터지듯 신속한 대출이 가능한 상품이다.

그러나 플래시 대출은 양날의 칼이다. 플래시 대출은 대개가 재거래, 청산 및 자산 스와핑을 위해 이루어진다. 예를 들어 거래자가 분산형 거래소(DEX) 간, 토큰 간 가격 차이를 발견하면 이익을 극대화하기 위해 담보나 중개자 없이 플래시 대출이 이루어진다.

플래시 대출은 이더리움 네트워크를 기반으로 하는 여러 분산금융 프로토콜에서 인기를 끌고 있는 2세대형의 무담보 대출이다. 그러나 이러한 유형의 대출은 최근 여러 가지 취약한 디파이 프로토콜을 악용하는 데 사용되어 수백만 달러의 손실을 초래하기도 했다.

··이더리움은 플래시 대출에 적합한가?

플래시 대출은 블록체인을 확장하는 것을 목표로 하는 이더리움에 의해 활성화된다. 플래시 대출은 중개자 없이 금융 대안을 육성한 이더리움의 분산금융 운동 속에서 인기 있는 실험 중 하나이다. 대신 디파이 앱을 사용하여 사용자는 대출, 파생 상품 및 기타 계약과 같은 금융 상품을 더 많이 제어할 수 있다.

··플래시 대출의 구체적인 사용 예는 무엇인가[16]?

첫 번째는 차익 거래 목적이다. 거래자는 차익 거래를 통하여 수익을 실현할 수 있다고 가정한다. 두 시장이 피자 코인에 다르게 가격을 책정한다고 가정한다. 즉 1달러의 A와 2달러의 B가 있다. 사용자는 플래시 대출을 사용하고 A에서 100개의 피자 코인을 대출한 다음 B에서 200달러에 판매하기 위해 별도의 스마트 계약을 체결할 수 있다. 그런 다음 대출자는 A의 대출을 상환하고 차액을 얻는다.

두 번째가 담보 스왑이다. 디파이 사용자는 담보 스왑을 통해 담보 대출 앱에서 대출을 받을 때 사용한 담보를 전환할 수 있다. 트레이더가 DAI를 생성하기 위해 메이커(Maker)에 ETH를 스테이킹했다고 가정해 본다. 그리고 메이커에서 빌린 것과 동일한 가치로 DAI에서 플래시론을 받을 수 있다. 나음으로 플래시론을 받아 메이커 대출을 상환하고 ETH를 인출한 후 DEX에서 BAT로 거래할 수 있다. 그들은 메이커에서 더 많은 DAI 생성을 하기 위해 BAT를 담보로 내고 이것으로 플래시론을 상환할 수 있다.

⟨사례1⟩

(a) 거래자는(차익 거래 기회) dYDX로부터 12,940 DAI를 담보 없이 빌 렸다.

(b) 거래자는 12,940 DAI를 13,046 USDT로 교환했다.

(c) 13,046 USDT는 자산을 매입하는 데 사용되었다.

(d) 컴파운드(Compound)에서 매입된 자산을 교환함으로써 청산인은 13,450 DAI로 교환했다.

(e) 마지막으로 플래시론을 상환한 후(13,450−12940=510) 510DAI(약 510 USD)는 수수료(가스비)를 제외해도 수익이 발생했다.

이처럼 플래시론은 무담보 대출이다. 왜냐하면 어떠한 담보도 필요하지 않기 때문이다. 더구나 플래시론은 신용 확인과 같은 어떠한 과정도 통과할 필요도 없다. 대출자에게 50,000달러 상당의 ETH를 빌릴 수 있는지 묻기만 하면 "네! 여기 있습니다!" 하며 대출할 수 있다. 이해가 되는가?

그러나 플래시론은 반드시 동일한 트랜잭션 내에서 대출과 상환까지 거의 동시에 이루어져야 한다. 플래시론의 경우 트랜잭션은 크게 다음의 세 가지 부분으로 구성된다고 생각할 수 있다. 대출금 수령, 대출금 사용, 대출금 상환이다. 이 과정은 눈 깜짝할 사이에(flash) 진행된다. 그래서 플래시 대출이라고 명명했다. 구체적인 작동 순서를 보면 (과정은 회사마다 다르지만 전체적인 흐름은 거의 동일하다) 플래시론 트랜잭션의 워크

플로우를 5단계로 일반화한다.

첫째, 플래시론 제공자는 요청된 자산을 사용자에게 전송한다.

둘째, 사용자의 사전 설계된 작업을 호출한다.

셋째, 사용자는 다른 계약과 상호 작용하여 작업을 실행한다.

넷째, 차용 자산으로 실행이 완료되면 사용자는 추가 요금이 부과되지 않고 차입 자산을 반환한다. 이런 결과는 플래시 대출 제공업체를 통해 확인할 수 있다.

다섯째, 마지막으로 플래시론 제공자는 대출자가 자산이 없거나 부족한 경우 사용자가 반환하면 즉시 트랜잭션이 반환된다.

이렇듯 5단계는 모두 한 번의 트랜잭션으로 완료된다. 이는 블록체인 기술의 마법 덕분에 가능한 일이다. 네트워크에 전송된 트랜잭션을 통해 일시적으로 자금을 대출할 수 있다. 여러분은 트랜잭션의 두 번째 단계에서 몇 가지 일을 진행할 수 있다. 세 번째 단계에서 자금이 제시간에 상환되기만 하면 어떤 일이든 할 수 있다. 만약 그렇지 않을 경우 네트워크가 트랜잭션을 거부한다. 이는 대출자가 자금을 회수한다는 의미이다.

〈사례2〉

대출금으로 무언가를 하는 두 번째 단계에 초점을 맞춰본다. 해당 아이디어는 스마트 콘트랙트(또는 콘트랙트의 체인)에 자금을 공급해 재빠르게 이익을 얻고 트랜잭션의 마지막에는 초기 대출금을 상환하는 것이다. 이처럼 플래시론의 핵심은 이익을 얻는 것이다. 유용하게 살펴볼 수 있는 몇 가지 활용 예시가 있다. 분명 그동안 오프체인에서 무언가를 할 수는 없지만, 탈중앙 금융 프로토콜에서 대출을 통해 더 많은 돈을 벌 수 있다. 가장 잘 알려진 경우는 재정 거래이며, 이는 서로 다른 트레이딩 장소에서 가격 차이로 인한 이익을 취하는 것이다.

DEX A에서 10달러에 거래되는 토큰이 있다고 가정한다. 그러나 DEX B에서는 10.5달러에 거래되고 있다. 수수료가 없다고 가정할 경우 DEX A에서 10개의 토큰을 구매하여 DEX B에 판매하면 5달러의 수익을 올릴 수 있다. 이를 통해 여러분이 빠른 시간에 별장을 살 수는 없겠지만, 대량 거래를 통해 어떻게 돈을 벌 수 있는지는 알 수 있다. 10,000개의 토큰을 100,000달러에 구매하고 이를 성공적으로 105,000 달러에 판매한 경우 5,000달러의 수익이 발생한다. 여러분이 플래시 론을 받을 경우(예를 들면, 에이브 프로토콜을 통해) 이러한 탈중앙 거래소 등에서 재정 거래 기회를 포착할 수 있다.

① 10,000달러를 대출받음
② 대출금으로 DEX A에서 토큰을 구매함
③ DEX B에서 토큰을 판매함
④ 대출금을 상환함(이자 포함)
⑤ 수익이 발생함

이는 모두 하나의 트랜잭션 내에서 진행된다. 그러나 현실적으로는 높은 경쟁, 이자율, 슬리피지(Slippage) 때문에 재정 거래 수익은 미미한 수준이다. 수익을 올리기 위해서는 가격 차이 경쟁에서 승리할 방법을 찾아야 한다. 같은 시도를 하는 수천 명의 사용자와 경쟁하게 될 경우 그다지 큰 행운이 따르지는 않을 수도 있기 때문이다.

⠒⠒ 플래시 대출에 대한 공격

암호화폐, 더 나아가 탈중앙 금융은 대단히 혁신적이며 실험적인 분야이다. 상당한 금액이 예치되어 있는 경우 취약성이 발견되는 것은 시간문제이다. 수많은 프로토콜이 경제적 이득을 위해 지속적인 공격을 받고 있다. 좀 더 자세히 살펴보면 공격은 주로 다음의 순서로 진행된다.

디파이에서 플래시론으로 암호화폐를 빌릴 때 실제로 예치해야 하는 담보는 없다. 그러나 형식적으로 담보는 설정하게 된다. 즉 실제로 담보를 제공하지는 않지만 오직 설정만 한다는 의미이다. 이때 일시적으로 담보의 가치를 조작해서 실제 담보의 가치보다 더 많은 대출을 받은 후 대출을 바로 갚아버려서 그 차익만큼의 이익을 공격자가 가져가는 구조이다. 이러한 공격은 단 한 번의 트랜잭션으로 일어난다. 2020년에 두 차례의 플래시론 공격이 있었으며 공격자는 1,000,000달러에 가까운 부당 이득을 취했다. 두 공격 모두 비슷한 패턴을 보였다.

■ 첫 번째 플래시론 공격(etherscan.io)

2020년 2월 14일, 디파이 분야에서는 플래시론 공격으로 떠들썩했다. 블록체인을 이용한 탈중앙 금융 서비스인 디파이는 보통 하나의 암호화폐를 (직접 제공하지는 않고) 담보로만 설정하고 다른 암호화폐를 빌리는 방식을 사용하고 있다. 이는 블록체인의 특성상 신용을 기반으로 대출을 진행할 수 없기 때문에 채용한 방식이다. 설정된 담보를 통해 대출을 진행하려면 담보의 가치를 평가하는 과정이 필요하다. 플래시론 공격은 담보의 가치를 평가하는 단계를 조작함으로써 공격을 시도하였다.

·· 1차 공격 분석

bZx에서 행해진 1차 공격의 트랜잭션은 다음과 같은 순서로 이루어졌다. 참고로 공격 시점에서 ETH와 BTC의 정상적인 교환 비율은 약 38.5wETH/wBTC 정도였다. (참고로 ETH와 wETH, 그리고 BTC와 wBTC는 동일한 가치를 지니고 있다.)

① 먼저 dYdX로부터 10,000ETH를 빌린다.

② 5,500ETH는 컴파운드에 보내 112wBTC를 빌리는 담보로 사용한다.

③ 1,300ETH는 bZx의 Fulcrum에 보내 5배의 레버리지로 예치한다. (이 레버리지는 공격의 이득을 극대화하기 위해 사용되었다.)

④ ③번의 결과로 5,637ETH를 빌려 51wBTC로 교환한다. (이때 교환 비율이 110ETH/BTC로 이더의 가치를 떨어뜨렸다. 공격의 핵심이 되는 단계이다.)

⑤ ②번의 컴파운드에서 빌린 112wBTC를 6871ETH로 교환한다. (이 단계에서 공격자가 ④번에서 조작한 교환 비율을 이용하여 이득을 취한다.)

ⓑ ①번에서 빌린 10,000ETH를 갚고 남은 이득을 취한다.

위에서 언급했다시피 위의 단계는 단 한 번의 트랜잭션으로 이루어졌다. 만약 공격이 실패했다 하더라도 공격자는 약간의 가스 수수료만 지불하면 된다는 뜻이다. 이 공격을 통해 공격자는 1,193ETH의 이익을 얻었다고 한다.

·· 1차 공격에 대한 대응

위의 공격은 bZx의 취약점을 기반으로 발생하였다. bZx 팀에서는 공격을 감지한 즉시 컨트랙트의 트랜잭션을 중단하고 정비에 착수했다. 1차 공격 이후 정비(patch)가 이루어졌지만, 상황이 완전히 종료된 것은 아니었다. 1차 공격 이후 3일 뒤인 2월 18일 2차 공격이 발생했다.

■ 플래시론 2차 공격(etherscan.io)

2차 공격은 다음과 같은 순서로 진행되었다.

① bZx로부터 7,500ETH를 대출한다.

② ①번에서 빌린 ETH 중 3,518ETH를 sUSD로 교환한다.

(sUSD는 1달러 스테이블 코인이다.)

③ Kyber에 900ETH를 가지고 sUSD를 주문한다.

(이때 sUSD의 보통 가격인 1달러보다 높은 2.5달러 정도의 가치로 sUSD를 구매한다.)

④ 신세틱스(Synthetix)에서 6,000ETH를 이용해서 sUSD를 구매한다.

(공격자는 ③번과 ④번으로 거의 1M sUSD를 확보한다.)

⑤ bZx에시 1,099,841sUSD를 담보로 ETH를 대출한다. bZx는 sUSD와 ETH의 교환 비율을 Kyber에 의존하고 있는데, ③번의 결과로 sUSD의 가치가 높아져 있었다. 그 결과, 원래 가치였다면 4,080ETH

를 대출해야 하지만 높아진 가격으로 6,796ETH를 대출받을 수 있었다. 공격자는 이 단계에서 2,716ETH만큼의 이익을 볼 수 있었다.

⑥ 공격자는 ①번에서 빌린 7,500ETH를 갚는다.

이 공격에 대한 단계별 분석은 Peckshield의 아티클에서 확인하실 수 있다. 이 공격의 특이한 점은 이 공격을 통해 이익을 본 사람이 공격자 말고도 존재한다는 것이다. 즉 ③번 단계에서 보통 가격보다 높은 가격으로 sUSD를 판매한 사람들도 결과적으로는 이득을 취했다.

∴ 플래시 대출의 위험성

앞의 예에서 볼 수 있는 플래시 공격은 디파이상에서의 일반 대출의 특성과 플래시론에서의 대출의 특성을 모두 활용한 예이다[17]. 전자는 담보를 예치해야 대출이 가능하다. 그러나 플래시론의 경우는 담보를 설정하기만 하고 실제로 담보를 예치하지는 않는다. 상기의 공격에는 전자와 후자를 오가며 모두 활용했다.

이러한 공격은 무척이나 적은 비용으로도 가능하다. 공격자는 공격을 위해 많은 투자를 하지 않아도 되는 것이다. 공격자가 이러한 일을 진행하지 않도록 하는 아무런 경제적 제지 사항도 존재하지 않는다. 기존에는 시장을 조작하고자 하는 개인 또는 단체가 엄청난 양의 암호화폐를 투자해야 했다. 그러나 플래시론에서는 단 몇 초 만에 누구나 고래(보통 단일 지갑 주소에 1,000BTC 이상이 예치되어 있는 사람)가 될 수 있다. 우리가 살펴본 것처럼 단 몇 초 만에 수십만 달러 상당의 이더(ETH)를 획득할 수 있다.

긍정적인 측면에서는 나머지 탈중앙 금융 생태계가 이러한 두 번의 공격을 통해 교훈을 얻을 것이라는 점이다. 이제 모두가 이를 알고 있는 상황에서 누군가 이러한 일을 다시 한 번 성공적으로 해낼 수 있을까?

그럴 수도 있다. 두 번째 공격에서 목격한 것처럼 오라클에는 여러 취약점이 존재하며 이러한 취약성을 제거하기 위해서는 상당한 작업이 필요하다. 참고로 여기서 말하는 오라클은 미국의 소프트웨어 업체 '오라클'이나 오라클사의 DB 시스템이 아니다[18]. 블록체인의 밖에 있는 외부 데이터를 블록체인 네트워크 안으로 밀어 넣어주는 기술을 말한다. 블록체인의 난제 중 하나인 데이터 신뢰성 문제를 해결할 수 있는 방안으로 꼽히는 기술이다. 블록체인을 흔히 데이터 위변조가 불가능한 기술이라고 말한다. 체인으로 장부가 엮여 있어 개인이 임의로 어느 한 장부의 데이터를 조작하기 어렵기 때문이다.

하지만 블록체인에도 허점은 존재한다. 바로 데이터를 블록체인에 올리기까지의 과정은 신뢰할 수 없다는 점이다. 한번 블록체인상에 올라간 데이터는 삭제도 위변조도 어렵지만, 처음 블록체인에 올리는 정보는 허위로 조작해서 올릴 수 있기 때문이다. 그렇게 되면 처음 입력값부터가 이미 오염된 값이기 때문에 블록체인상에 저장·공유하는 일은 쓸모없는 일이 돼버린다. 오히려 블록체인에 올라온 오염된 데이터는 조작된 결과를 초래할 수도 있다.

이는 전반적으로 플래시론의 문제는 아니다. 보다 명확하게는 다른 프로토콜의 취약성이 악용된 것이며, 플래시론은 공격의 자금을 충당했을 뿐이다. 이러한 유형의 탈중앙 금융 대출은 특별히 대출자와 차용자 모두가 낮은 위험을 감수한다는 점에서 향후 흥미로운 활용 사례를 제시할 수 있다.

04

이자 농사와
담보 대출

∶ 이자 농사란 무엇인가?

이자 농사(Yield Farming)란 무엇인가? 유동성 채굴이라고도 하는 이자 농사는 암호화폐 보유로 보상을 창출하는 방법이다. 간단히 말해서 그것은 암호화폐를 담보로 제공하고 보상을 얻는 것을 의미한다. 이자 농사는 대부분의 경우 유동성 풀에 자금을 추가하는 유동성 공급자(LP, liquidity providers)라는 사용자와 함께 작동한다.

그렇다면 유동성 풀이란 무엇인가? 그것은 기본적으로 자금을 포함하는 스마트 계약으로 풀에 유동성을 제공하는 대가로 LP는 보상을 받는다. 그 보상은 기본 디파이 플랫폼 또는 다른 출처에서 발생하는 수수료에서 비롯될 수 있다. 일부 유동성 풀은 여러 토큰으로 보상을 지불한다. 그런 다음 보상 토큰은 다른 유동성 풀에 입금되어 보상을 받을 수 있다. 투자자는 이미 매우 복잡한 투자 과정이 매우 빠르게 나타날 수 있는 방법을 볼 수 있다. 그러나 기본 아이디어는 유동성 공급자가 유동성 풀에 자금을 예금하고 대가로 보상을 받는 개념이다. 이자 농사는 일반적으로 이더리움에서 ERC-20 토큰을 사용하여 수행되며 보상은 일반적으로 ERC-20 토큰의 유형이기도 하다. 그러나 이것은 미래에 바뀔 수도 있다. 왜냐하면 현재로서는 이더리움 생태계에서 이러한 대부분의 활동이 이루어지고 있으나 향후에는 더 효율적인 다른 블록체인에서 실행될 수도 있기 때문이다.

투자자는 일반적으로 높은 수익률을 찾기 위해 다른 프로토콜로 자금을 이동시킬 수 있다. 그 결과 디파이 플랫폼은 플랫폼에 더 많은 자본을 유치하기 위해 다른 경제적 인센티브를 제공할 수도 있다.

이자 농사가 급부상한 원인

이자 농사에 대한 갑작스러운 관심은 컴파운드 파이낸스 생태계의 거버넌스 토큰인 COMP 토큰의 출시에 기인할 수 있다. 거버넌스 토큰은 토큰 소유자에게 거버넌스 권한을 부여한다. 분산형 블록체인을 시작하는 일반적인 방법은 유동성 인센티브와 함께 이러한 거버넌스 토큰을 알고리즘으로 배포하는 것이다. 이것은 프로토콜에 유동성을 제공함으로써 새로운 토큰을 유동성 공급자로 참여시킨다.

이자 농사의 효과

이자 농사는 자동화된 시장 메이커(AMM)라는 모델과 밀접한 관련이 있다. 일반적으로 유동성 공급자(LP) 및 유동성 풀이 포함된다. 어떻게 작동하는지 살펴보자.

유동성 공급자는 유동성 풀에 자금을 입금한다. 이 풀은 사용자가 토큰을 대여하거나 또는 교환할 수 있는 마켓플레이스에 권한을 부여한다. 이러한 플랫폼의 사용은 수수료를 발생시킨 다음 유동성 풀의 자기 몫에 따라 유동성 공급자에게 지급된다. 이것이 AMM의 기본적인 작동 방식이다.

수수료 이외에도 유동성 풀에 자금을 추가하는 또 다른 인센티브는 새로운 토큰의 분배가 될 수 있다. 예를 들어 소수의 경우 오픈 마켓에서 토큰을 구입할 수 있는 방법이 없을 수 있으나 특정 풀에 유동성을 제공한다면 토큰이 축적될 수 있다. 이러한 토큰의 배포 규칙은 모두 프로토콜의 고유한 구현에 따라 달라진다. 결론은 유동성 공급자가 풀에 제공하는 유동성의 양에 따라 수익을 얻을 수 있다는 것이다.

이렇게 입금된 자금은 일반적으로 한 개의 코인당 미화 1달러에 고정된 안정적 코인이다. 디파이에서 사용되는 가장 일반적인 안전 코인 중 일부는 DAI, USDT, USDC, BUSD 등이다. 일부 프로토콜은 시스템에 입금된 코인을 나타내는 토큰을 주조(mint)한다. 예를 들어 DAI를 콤파운드에 입금하면 cDAI 또는 복합 DAI를 받게 된다. ETH를 콤파운드에 입금하면 cETH를 받게 된다.

투자자들이 상상할 수 있듯이 이것에 복잡한 많은 층(Layer)이 있을 수 있다. 맞는 말이다. 예를 들면 투자자는 CDAI를 대표하는 cDAI를 나타내는 토큰을 주조하는 다른 프로토콜에 돈을 입금할 수 있다. 그러나 이 체인은 정말 복잡하기 때문에 전문가가 아니면 따라 하기가 어려울 수도 있다.

이자 농사의 수익률 계산법

일반적으로 예상되는 이자 농업의 수익률은 연간으로 계산된다. 이렇게 하면 1년 동안 기대할 수 있는 수익이 예상된다. 일반적으로 사용되는 일부 지표는 연간비율(APR) 및 연간 백분율 수익률(APY)이다.

　이자 농사는 일반적으로 경쟁이 치열하고 빠르게 진행되는 시장이며 보상은 빠르게 변동할 수 있다. 이자 농사 전략이 잠시 작동하면 많은 투자자가 기회를 얻어 높은 수익을 얻을 수 있다. 디파이의 빠른 발전 속도로 인해 주간 또는 일일 예상 수익이 연간 수익률보다 더 합리적일 수 있다.

분산금융과 담보

일반적으로 자산을 빌리는 경우 대출을 충당하기 위해 담보를 넣어야 한다. 담보는 본질적으로 대출에 대한 보험 역할을 한다. 분산금융은 이와 어떤 관련이 있을까? 이는 자금을 공급하는 프로토콜에 따라 다르지만 담보 비율을 면밀히 주시해야 할 필요가 있다. 담보의 가치가 프로토콜에서 요구하는 임계값 이하로 떨어지면 공개 시장에서 담보가 청산될 수 있다. 청산을 피하기 위해 무엇을 할 수 있는가? 당연히 더 많은 담보를 추가할 수 있다.

다시 말해서 각 플랫폼은 자체적으로 필요한 담보 비율을 갖게 된다. 또한 일반적으로 과담보화라는 개념으로 작동한다. 즉 대출자는 대출하려는 것보다 더 많은 가치를 입금해야 한다. 왜냐하면 변동이 심한 시장의 위험을 줄이기 위해 시스템에서 많은 양의 담보를 청산한다.

따라서 사용하려는 대출 프로토콜에는 담보 비율이 200%가 필요하다고 가정해보자. 즉 100USD의 가치 중 하나일 때마다 50달러를 빌릴 수 있다. 그러나 청산 위험을 훨씬 더 줄이기 위해 필요한 것보다 더 많은 담보를 추가하는 것이 일반적으로 안전한다. 즉 일반적으로 많은 시스템은 높은 담보 비율을 사용한다. 따라서 전체 플랫폼이 청산 위험으로부터 상대적으로 안전하게 유지된다.

·· 담보 비율 〈사례〉[19]

만약 메이커다오(MakerDAO)에서의 담보를 예를 들어본다. 이 경우 메이커다오에서 발행할 DAI의 가치보다 더 많은 담보를 예치해야 한다. 발행을 원하는 DAI보다 최소한 어느 정도 더 많은 담보물을 넣어야 하는지를 '최소 담보 비율'이라는 수치로 나타낸다. 최소 담보 비율은 메이커다오의 거버넌스 시스템에 의해 투표로 정해진다.

현재 메이커다오 시스템에서 최소 담보 비율은 150%이며 1DAI는 1달러의 가치를 갖도록 고정되어 있다. 따라서 150달러 가치의 ETH를 볼트(Vault)에 예치하면 최대 100개의 DAI를 받을 수 있다. 실질적으로 사용자는 볼트에 150달러의 ETH를 담보로 100DAI를 빌린 것과 같다.

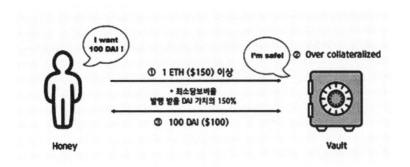

그림 12 https://medium.com/decipher-media/makerdao-a-to-z-9629c7e9ddc7

이처럼 최소 담보 비율이란, 담보 비율은 맡긴 담보의 시장 가치($)/ 발행받은 DAI의 가치×100(%)를 말한다. 최소 담보 비율은 DAI 생성을 위해 만족해야 하는 최소한의 담보 비율이다. 만약 담보의 시장 가치가 최소 담보 비율 아래로 내려가는 경우 자동적으로 청산 절차가 진행된다.

여기에서 이런 의문이 생길 수 있다. ETH의 가격은 시시각각 변하는데, ETH 가치가 크게 떨어지면 담보의 가치가 떨어져서 시스템 자체가 위험해질 수 있는 것이 아닌가?

이 경우 메이커다오에는 최소 담보 비율(예치한 담보 가치($) / 발행받은 DAI 가치($))이 존재한다. 현재 볼트를 통해 DAI를 생성할 때 적용되는 최소 담보 비율은 150%이다. 따라서 담보물의 시장 가격이 하락하여 담보 비율이 150% 이하로 떨어질 경우 해당 볼트의 담보는 강제로 청산 과정에 들어간다. 시스템은 해당 볼트에 예치된 담보를 경매에 등록하고, 해당 경매를 통해 받은 금액으로 부채를 청산하게 된다. 이 과정에서 약간의 추가 페널티 수수료가 부과되며 해당 볼트의 담보는 사라지게 된다. 이렇듯 담보물의 시장 가격 하락으로 인해 예치한 담보 가치가 발행받은 DAI의 가치보다 적어지기 전에 담보를 매매함으로써 시스템의 안정성을 확보한다.

⠒⠂ 이자 농사의 위험

이자 농사는 결코 간단하지 않다. 가장 수익성이 높은 이자 농사 전략은 매우 복잡하고 고급 사용자에게만 권장된다. 또한, 이자 농업사는 일반적으로 투자 자본이 많은 사람에게 더 적합하다. 이자 농사는 우리가 생각하는 것만큼 쉽지 않으며 투자자가 정확하게 이해하지 못하면 돈을 잃을 가능성이 있다. 이자 농사의 명백한 위험은 스마트 계약이다. 디파이의 특성으로 인해 예산이 제한된 소규모 팀에 의해 많은 프로토콜이 구축되고 개발된다. 이를 통해 스마트 계약 버그의 위험이 증가할 수 있기 때문이다.

평판 좋은 회사의 감사가 감사하는 더 큰 프로토콜의 경우에도 취약점과 버그가 항상 발견될 수 있다. 블록체인의 불변성 특성으로 인해 사용자의 자금이 손실될 수도 있다. 스마트 계약에 자금을 예금할 때 항상 이를 고려해야 한다. 또한 역설적으로 디파이의 가장 큰 장점

중 하나가 가장 큰 위험이 될 수도 있다. 그것은 합성의 아이디어인데, 이것이 이자 농사에 미치는 영향을 살펴보자.

전체 디파이 생태계는 빌딩과 비교된다. 빌딩은 각 빌딩 블록에 크게 의존한다. 이것이 위험한 이유는 무엇인가? 건물 블록 중 하나만 의도한 대로 작동하지 않으면 건물이 위험해지듯이 디파이도 하나의 부분이 작동하지 않으면 전체 생태계가 고통받을 수 있다. 따라서 이 것은 투자자들과 유동성 풀을 산출하는 데 가장 큰 위험으로 작용할 수 있다.

05

분산 보험

∷ 분산 보험의 정의

디파이 보험은 기존 금융계의 보험과 마찬가지로 보유 규모와 보유 중인 플랫폼이 무엇인지에 따라 특정 보험료에 대한 대가로 사용자를 손실로부터 보호하는 것을 말한다. 전통적인 보험 증권들은 다국적 보험사에 의해 발행되고 인수될 수 있지만, 디파이 보험 증권들은 대신 보험료를 부과하고 지급을 조정하기 위해 사용자 커뮤니티에 의존한다.

디파이 보험 프로토콜의 주체는 보험이 적용되는 각 프로토콜의 풀에 자본을 제공하고 보험료의 일부를 부담하는 보험 계약자(스테킹), 보험금 청구 및 변경에 대해 투표하는 보험 심사원과 지배 구조 토큰 보유자, 보험료를 사는 보험 청구자이다. 프로토콜에 따라 보험료를 통해 얻을 수 있는 정기적인 소득 흐름 덕분에 언더라이팅(또는 스테이킹)이 상당히 수익성이 높을 수 있다.

∵ 분산 보험의 이점

디파이 사용자들은 가장 흥미롭지만 검증되지 않은 암호화폐 분야 중 하나에 참여한다. 스마트 계약과 분산형 프로토콜의 특성상 공격과 해킹의 대상이 되어 영향을 받는 사용자에게 상당한 손실을 입히는 경우가 있다. 여기에는 취약점이나 프로토콜을 관리하는 스마트 계약의 '허점'을 악용하는 플래시 대출 해킹이 포함되어 있어 협잡 행위자들이 유동성 풀에서 수백만 달러를 빼낼 수 있다. 이와 같이 디파이 사용자들은 이제 이러한 유형의 손실에 대해 스스로 보험을 들 수 있다.

탈중앙화 보험 상품은 디파이 예금에 대한 완벽한 보호, 암호화폐 변동성, 암호화폐 지갑에 대한 도난 및 공격 위험으로부터 보안을 제공한다. 그들은 어떠한 가능한 디파이 위험으로부터도 사용자를 보호하고 기술적, 재정적 위험을 다룬다. 따라서 투자자들에게 안정감을 준다. 그뿐만 아니라 디파이 보험 플랫폼들은 보험 청구 및 처리와 지불의 모든 과정을 매우 안전하고 신뢰할 수 있게 하고 투명하게 한다. 디파이 보험은 아래와 같은 특징 및 장점이 있다.

① 디파이 예금 보호
② 암호화 변동성으로부터의 보호
③ 토큰화된 암호화폐 즉시 환매
④ 암호화폐 지갑 도난 및 공격 위험으로부터 보호
⑤ 교환 플랫폼의 해킹으로부터 자금 보호
⑥ 기술적, 재정적 위험으로부터 보호

⑦ 클레임 즉시 지급

⑧ 3자가 없어 신뢰를 검증할 필요가 없이 클레임 및 위험 평가

∵ 분산 보험의 생태계 요소

디파이 보험의 공급자는 입증된 트랙과 대규모 자본 풀 가용성을 가지고 있기 때문에 수십 년 동안 전통적인 보험 산업에 종사해온 언더라이터와 제휴할 수 있으며, 이는 사용자의 낮은 커버리지 비용으로 직결된다. 전체 시스템을 세분화할 경우 디파이 보험 생태계의 주요 요소는 다음과 같다.

첫째, 보험 계약자는 적용되는 프로토콜 풀에 자본(스테이킹)을 제공한다.

둘째, 클레임 평가자와 거버넌스 토큰 보유자는 클레임과 전반적인 거버넌스에 대한 투표를 담당한다.

셋째, 스트리밍된 커버리지 및 알고리즘적인 스테이킹 관리를 제공하는 분산형 브로커, 커버리지를 구입하고 사고가 발생할 때 클레임을 제기할 수 있는 사용자 및 프로토콜, 규정 등이 필요하다.

넷째, 디파이는 초기의 산업이기 때문에 각국의 규제 법규가 별로 없다. 이는 미국 연방예금보험공사처럼 규제 기관이 관할하는 전통적인 금융과는 큰 차이가 있다. 디파이 보험 프로토콜의 거버넌스 시스템은 기술 문서에 명시되어 있고 스마트 계약에 암호화될 수 있다. 코

드가 곧 법이기 때문이다.

∷ 분산 보험의 과제

디파이 보험의 모델에 상관없이 누군가는 보험료나 보험금을 산정해야 한다. 사실 아무도 디파이에 내재된 위험을 자신 있게 평가할 수 없다. 이 분야는 새로운 분야이고 프로토콜이 예기치 않은 방식으로 중단될 수 있기 때문이다. 또한 언더라이터(Underwriter) 요율은 디파이 요율과 경쟁해야 한다. 전통적인 보험 시장은 안전한 수익 창출 상품에 담보물을 재투자함으로써 대부분의 수익을 얻는다.

디파이 풀의 펀드가 '안전한' 투자로 간주되는 것은 무엇인가?

디파이 프로토콜에 다시 배치하면 해당 프로토콜이 다루어야 할 위험과 동일한 몇 가지 위험이 재도입된다.

보험 상품을 설계하는 방법에는 몇 가지 자연적인 제약이 있다. 보험 시장은 자본 효율적일 필요가 있다. 보험은 담보 풀에서 1달러가 여러 프로토콜에 적용되는 정책에서 1달러 이상을 받을 수 있을 때 가장 효과적이다. 풀링된 부수적 자본에 대한 레버리지를 제공하지 않는 시장은 비효율적인 위험을 안고 있으며 고가의 보험료를 부과할 가능성이 더 높다.

:: 분산 보험의 주요 프로젝트

■ 넥서스 뮤추얼(Nexus Mutual)

넥서스 뮤추얼은 위험 공유 풀을 사용하여 이더리움에 분산 보험을 만들고 있다. 풀은 NXM 토큰으로 표시되며 스마트 계약으로 누구나 이더리움 스마트 계약에 대한 보험을 구입할 수 있다. 즉 디파이 사용자는 이제 컴파운드, 달마, 또는 유니스왑 풀에 빌려주는 자금에 대한 보호를 받을 수 있다. 시간이 지남에 따라 넥서스 뮤추얼은 스마트 계약 보험 이외의 다른 암호화폐 및 기존 보험 상품의 영역까지 계속 확장할 것이다.

■ 이더리스크(Etherisc)

이더리스크(Etherisc)는 지역 사회가 보험 상품을 구축하고 자금을 조달할 수 있는 분산 보험 프로토콜이다. 현재 이더리스크에서 취급하는 디파이 보험은 허리케인으로부터의 피해 보상, 항공기 지연, 작물 피해, 암호화폐 지갑 관련 보험, 사망 또는 질병 등에 관한 보험 상품을 취급한다. 핵심 팀은 누구나 자신의 보험 상품을 만들 수 있도록 몇 가지 일반적인 인프라, 제품 템플릿 및 보험 라이센스를 개발했다.

수조 달러 규모의 보험 산업을 혼란에 빠뜨릴 수 있는 분산 보험은 미래에 가장 유망한 분야 중의 하나이다. 투명성과 민주화는 현재 업계를 선도하는 탐욕스러운 임대료를 추구하는 전통적인 보험 기업에 비해 상당한 개선을 제공할 수 있다. 이 부문이 계속 성숙함에 따라 분산 보험은 제품 범위를 계속 확장할 것으로 전망된다. 특히, 디파이가 제공하는 접근성은 머지않아 개발도상국의 빈곤한 시장을 해결할 수 있는 흥미로운 기회를 제공할 것이다.

■ **오핀**(Opyn)

오핀(Opyn)은 다양한 암호화폐의 가치 하락에 대한 위험 보호를 목적으로 보험을 구입하거나 판매하기 위한 플랫폼이다. 사용자는 특정 조건으로 보호를 제공하는 다른 사용자로부터 다양한 입찰가로 구매할 수 있다. 오핀을 통해 보험을 구입하거나 판매할 수 있는 토큰 중 일부는 ETH, DPI, UNI, WBTC, YFI, USDC 및 DAI를 포함한다.

개발자는 오핀을 사용하여 디파이 프로젝트 사용자를 위한 기본 제공 보호 옵션을 제공할 수도 있다. 이 플랫폼은 주식 시장의 심각한 폭락으로 인한 손해를 커버할 수 있는 보험 상품을 판매한다.

■ **가드타임**(Guardtime)

가드타임(Guardtime)은 다양한 목적으로 블록체인을 배포하며 이러한 목적 중 하나는 상업용 보험의 디지털화 및 자동화이다. Insurwave는 가드타임이 파트너인 Ernst & Young, Microsoft, Willis Towers Watson 등과 함께 2018년에 출시한 제품이다. 그 목적은 틈새시장을 공략하기 위함이었다. 즉 상업 선박에 대한 선체 보장이었다. 더 중요한 것은 Insurwave는 분산 원장과 블록체인(blockchain) 기술이 상업 보험 업계에서 가치를 제공하는 방법에 대한 테스트였다. 가드타임이 처음에는 중앙 집중식 리더십을 가지고 있으며 기술적으로 분산된 운영이 아니지만 가드타임이 결국 2021년 이후에 완전히 분산된 프로젝트를 시작할 수 있을 것이다.

■ 파이덴티아(Fidentia)X

파이덴티아(Fidentia)X는 보험을 위한 또 다른 중앙 집중식 플랫폼이지만, 가드타임과 마찬가지로 블록체인을 운영의 핵심 기능으로 사용하는 플랫폼이다. 이러한 이유로 파이덴티아X는 2021년에 핵심 제품이 완전히 분산된 플랫폼을 제공하기로 결정했는지에 대한 여부를 모니터링할 필요가 있다는 평가가 있다.

현재 파이덴티아X는 사용자에게 기존 보험을 판매하고, 보험 정책의 다각화 수단으로 투자하고 있으며, 기존 정책을 파이덴티아X를 사용하여 단일 원장에 묶을 수 있는 기능을 제공한다. 블록체인을 통해 사용자는 (판매 또는 구매 목적) 정책을 토큰화할 수 있다.

■ 팀브렐러(Teambrella)

팀브렐러(Teambrella)는 서로의 손실을 충당하기 위해 커뮤니티 보험 풀인 '팀'을 가능하게 하는 블록체인 기반 보험 플랫폼이다. 풀에 참여한 참가자 풀은 팀원의 청구 비용을 지불할지 여부를 판단하고 청구 금액을 지불하는 경우 청구 금액을 논의하고 투표한다. 이 모델은 팀원들이 의사 결정을 위해 지역 사회의 참여에 의존한다는 점에서 분산형의 틀에 적합하다.

■ 브릿지 뮤추얼(Bridge Mutual)

브릿지 뮤추얼(Bridge Mutual)은 '분산형 재량형 보험 플랫폼'을 사용하여 사용자에게 안정적인 코인에 대한 보험을 제공한다. 사용자는 또한 보험을 취득하거나 교환할 수 있고, 스마트 계약에 다른 사용자의 지분을 보장할 수 있다. 이것은 분산 보험 플랫폼에 대한 가장 일반적인 프레임 워크인 피어 투 피어 분산 보험 청사진이다. 2020년 11월에 출시된 신제품이므로 향후 브릿지 뮤추얼이 디파이 보험 분야에서 전력을 유지하고 있는지는 눈여겨볼 볼 가치가 있다.

결론적으로 위험이 있는 한 보험이 필요하다. 보험이 없다면 생명은 연속적인 게임이나 룰렛과 비슷해질 수 있다. 그러한 게임을 적극적으로 하려는 사람은 거의 없을 것이다. 분산금융 부문이 계속 성장하고 투자자들이 암호화폐 및 기타 디파이 프로젝트를 지속적으로 연구하고 투자를 진행한다면 실행 가능한 보험 상품 또한 더 많아질 것으로 판단된다. 현재 전통적인 보험 회사는 분산된 대안보다 더 확실성을 제공한다. 그들은 더 많은 자원, 더 큰 유동화 풀, 그리고 지불 클레임에 대한 더 많은 실적을 가지고 있다. 그렇다면 향후 분산 보험은 결국 보험 계약자 및 유동성 제공자에게 전통적인 보험 회사가 제공하는 서비스를 포기할 만큼 충분한 가치를 제공할 수 있을까? 나는 머지않아 그런 날이 올 것으로 믿는다.

06

분산금융 파생 상품과
합성 자산

∷ 분산금융 파생 상품

파생 상품은 합의된 기본 금융 자산(예: 주식) 또는 자산 집합(예: 인덱스)을 기반으로 하는 두 개 이상의 당사자 간의 계약이다. 일반적인 기본 상품에는 채권, 원자재, 통화, 금리, 시장 지수 및 주식이 포함된다. 파생 상품은 본질적으로 보조 유가 증권으로 그 가치는 연결된 기본 증권의 가치에서 파생된다. 파생 상품의 예로는 일반적으로 선물 계약, 옵션, 스왑 등이 포함된다. 스마트 계약의 출현으로 인해 토큰화된 파생 상품은 제삼자 개입이 필요 없이 생성될 수 있다. 계약은 프로그래밍 방식으로 인코딩되어 악의적인 활동에 대한 위험을 크게 줄인다.

∷ 분산금융 합성 자산

디파이 부문의 선도적인 파생 상품 플랫폼인 신세틱스는 실제 자산의 가치와 관련된 합성 자산 생성을 허용한다. 다양한 피아트 통화, 채권, 상품 및 암호화폐 등 광범위한 기초 자산을 바탕으로 합성 자산을 생성한다.

■ 신세틱스(Synthetix)

원래 헤이븐(Havven)으로 설립된 신세틱스(Synthetix)는 초기 코인 제공(ICO)과 시냅스 캐피탈과 같은 주요 암호화폐 펀드에서 네이티브 토큰 SNX의 판매를 통해 2018년 초에 약 USD 30M를 모금했다. 파생 상품 및 기타 전통적인 금융 자산은 총 수백조 달러의 가치를 집계하는 거대한 시장이다. 이를 통해 신세틱스는 이러한 상품이 디파이 안에서 이더리움으로 구매할 수 있는 메커니즘을 제공한다.

신세틱스를 사용하면 투자자가 쉽게 암호 자산의 구매 바구니에 액세스할 수 있는 방법이 있다. 이러한 모든 점을 염두에 두고 신세틱스는 이더리움 생태계 내에서 합성 자산을 채굴하고 수수료를 받기 위해 허가가 필요 없는 분산형 프로토콜을 만든다. 이더리움이 전 세계적으로 접근할 수 있는 플랫폼임을 감안할 때 애플 주식, 금, 또는 피아트 통화의 합성 버전을 구입하는 투자자들로부터 적은 수수료를 적립할 수 있는 능력은 그렇게 할 수 있는 충분한 담보 금액을 가진 모든 디파이 사용자에게는 매우 매력적이다.

■ 신세틱스의 상품

신세틱스(Synthetix)는 사용자가 피아트 통화, 상품 및 주식뿐만 아니라 BTC, MKR 및 LINK와 같은 암호화폐를 포함한 다양한 파생 상품을 채굴, 보유 및 거래할 수 있는 분산 합성 자산 발행 프로토콜이다.

신스(Synths)로 알려진 이 프로토콜의 합성 자산은 신세틱스 네트워크 토큰(SNX)에 의해 담보되어 가치와 유동성을 기본 자산으로 유도한다. 신세틱스는 전통적 금융 자산과 보다 정교한 거래 전략에 대한 접근성을 높이기 때문에 디파이 생태계에 중요한 역할을 한다. 신세틱스는 또한 바이너리 옵션을 제공한다. 미리 정의된 기간 또는 현재 사용 가능한 모든 옵션 목록을 보거나 여기에서 작동이 가능한 방식에 대해 자세히 알아볼 수 있다.

지속적인 유동성 인센티브를 유지하는 가장 좋은 방법은 보상탭에서 민터(Mintr)를 통해서 이루어진다. 신세틱스는 신스(Synths)를 담보로 ERC20 토큰인 SNX를 사용한다. 모든 신스는 750%로 과도하게 담보되어 있으며, 이는 모든 파생 상품이 시가 총액보다 훨씬 더 많은 담보로 뒷받침된다는 것을 의미한다.

신세틱스의 디파이에서의 비수탁형 DEX에 대한 거래 수수료는 SNX 보유자와 신스를 생성자에게로 이동하여 신스 생성을 장려하고 기본 담보에 가치를 부여한다. 신세틱스는 sETH 및 sUSD 풀에 대한 유니스왑 및 커브에 유동성을 제공하는 사람들에게 인센티브를 제공한다.

■ 신세틱스의 작동 방법

신세틱스 네트워크는 SNX(네이티브 토큰) 및 신디(합성 자산)의 두 가지 주요 자산을 특징으로 한다. sUSD와 같은 신스(Synths)를 채굴하기 위해 토큰 소지자는 SNX를 담보로 수탁한다. 모든 신스는 지정된 담보 비율로 수탁된 SNX 값에 비례해 채굴된다. 일단 채굴되면 세계의 모든 사람은 장기 투자, 거래 및 송금을 포함하여 다양한 사례에 사용할 수 있는 신스에 액세스할 수 있다.

SNX 담보에 대한 대가로, SNX를 통해 생성된 수수료를 기준으로 보상을 받는다. 담보 비율은 주어진 시간에 채굴할 수 있는 신스의 수에 영향을 미친다. 신스의 최소 담보 비율은 750%이다. 비율이 750% 이하로 떨어지면 비율이 750% 이상으로 되돌아올 때까지 수수료를 청구할 수 없다. SNX 보유자가 네트워크의 담보 비율을 유지하고 안정적인 신스 가격을 유지할 수 있도록 하는 것이 메커니즘의 목적이다.

① 민터(Mintr)

민터(Mintr)는 신세틱스 네트워크 내의 기본 디앱(dApp)으로 신스를 채굴하고 생태계에 참여할 수 있는 직관적인 사용자 인터페이스를 제공한다. 민터를 사용하면 SNX 소지자는 신스를 채굴하여 담보 비율을 관리하고, 거래소에서 발생하는 수수료를 받는 등 다양한 작업을 수행할 수 있다. 사용자는 web3, MetaMask, Ledger, Trezor, Coinbase 등의 지갑을 통해 민터에 연결할 수 있다. 일단 연결이 되면 사용자는 지갑에 충분한 양의 SNX를 가지고 있다는 가정하에 앞에서 언급한 작업을 수행한다.

② 신세틱스 거래소(Synthetix.Exchange)

Synthetix.Exchange는 사용자가 플랫폼에서 사용할 수 있는 신스를 사고 판매할 수 있는 직관적이고 원활한 인터페이스를 제공한다. 거래소는 위에서 언급한 web3 지갑을 연결하여 사용자가 다른 신스로 쉽게 변환할 수 있도록 액세스한다. ETH 비용을 제외하고 모든 신스 교환에 대한 현재 수수료는 0.30% 정도이다. 수수료는 신스를 뒷받침하기 위한 담보를 제공하는 SNX 소지자에게 분배된다.

③ SNX 토큰

SNX 토큰은 새로운 합성 자산(Synths)을 채굴하기 위해 담보로 스테이킹된다. 스테이킹이란 '보상을 받기 위해 암호화폐를 동결'하는 것을 말한다. 2019년 3월, 신세틱스는 SNX 스태커를 장려하기 위해 인플레이션 통화 정책을 시행했다. 이에 따라 네트워크는 SNX 참여자의 급격한 증가와 코인의 가치가 상승했다. 인플레이션 정책에 따르면 2019년 3월부터 2023년 8월까지 총 SNX 공급량이 100,000,000에서 260,263,816으로 증가할 것이며, 발행률은 매주 −1.25%로 감소할 것이라고 밝혔다. 2023년 8월 SNX 공급이 임계값에 도달하면 발행 금리를 고정된 2.5%의 인플레이션율로 영구적으로 전환할 것이다.

이처럼 신세틱스는 디파이 사용자에게 파생 상품 및 기타 합성 자산을 제공하여 다양한 전문 거래 전략에 효과적으로 접근할 수 있도록 한다. 기존 금융 시장이 수백조 원의 가치를 가지고 있다는 점에서 신세틱스는 이더리움에서 이러한 자산을 토큰화할 수 있는 광범위한 주소 지정 가능한 시장을 가지고 있다.

07

분산 펀드 운용

∴ 분산 펀드

전통적인 금융에서 자산 관리는 당신이 돈을 어떻게 관리하고 투자하느냐로 요약된다. 좀 더 구체적으로 말하면 그 사람이 자신을 브로커, 기관 투자자, 재무 조언자, 또는 그 밖의 다른 사람으로 분류하는지를 불문하고 다른 사람이 투자자의 돈을 관리하는 방법을 나타낸다.

자산 관리자는 시장과 다양한 투자 대상에 대한 깊고 직접적인 지식에서 얻은 조언을 제공할 수 있다. 또한 CAMP(Certified Asset Management Practician)와 같은 인증으로 인해 광범위한 투자 유형에 액세스할 수도 있다. 자산운용사는 일반적으로 고객의 투자 리스크 허용과 욕구를 고려하고 변화하는 시장 상황에 따라 적극적으로 자금을 운용한다. 많은 사람에게 이것들은 매우 귀중한 서비스이다.

디파이 부문의 다양한 자산 관리 서비스는 디파이 자체의 상대적 발현을 고려할 때 일부 사람들에게는 놀라운 것일 수 있다. 자산 관리를 아웃소싱하려는 투자자는 분산형 플랫폼을 통해 자신의 암호화폐를 관리하게 할 수 있다. 또한 시장 지수와 유사한 포트폴리오에 투자하거나 시장 변화에 따라 자신의 위치를 구매하거나 판매하는 자동화된 도구를 사용할 수 있다. 여러 분산형 플랫폼은 투자자들이 스스로 암호화폐와 비암호화폐 자산을 관리할 수 있는 혁신적인 방법을 제공한다.

디파이가 산업으로 도약하면서 분산형 금융 상품에 어느 때보다 많은 돈이 예치되어 있고, 암호화폐 등 토큰화된 자산으로 거래하는 사람들의 자산 관리 서비스에 대한 수요 또한 급증하고 있다.

분산 펀드 프로젝트

■ 베토큰(Betoken)

베토큰(Betoken)은 '크라우드 기반'(즉 분산형) 자산 관리 프로토콜이다. 펀드로 구성돼 있어 암호화폐를 투자하면 베토큰 자산운용사 커뮤니티가 나머지를 처리한다. 베토큰은 다른 플랫폼에 비해 이렇게 단순하며 개별 자산 관리자를 선택할 수 있는 장점이 있지만 일부는 후자의 자산 관리 형식을 선호할 수도 있다.

■ 디파이 세이버(DeFi Saver)

디파이 세이버(DeFi Saver)는 암호화폐 투자자에게 자동화된 자산 관리 서비스를 제공한다. 투자자들은 미리 정해진 비율에 따라 그들의 수익률의 위치를 조절할 수 있다. 시장이 움직이고, 이러한 시장 활용도가 높아짐에 따라 디파이 세이버는 투자자들이 원하는 비율을 유지하기 위해 판매 또는 구매를 한다.

디파이 세이버는 다양한 지갑(Trezor, ImToken, Coinbase), 교환(Kyber, 0x, Uniswap), 프로토콜(Maker, Aave, Complex, dXdy)을 통합한다. 디파이 세이버는 인적 자산 관리자를 분산 방식으로 연결하는 다른 자산 관리 플랫폼과 달리 완전히 자동화된 분산형 자산 관리를 나타낸다.

■ 디헤지(dHEDGE)

디헤지(dHEDGE)는 신세틱스와 통합된 분산형 자산 관리 프로토콜이다. 투자자들은 이더리움 블록체인을 통해 자산운용사(dHEDGE 사이트당 '세계 최고의 투자 매니저')와 연결할 수 있다. 프로토콜과 연결된 플랫폼은 분산형 자산 관리의 중심으로 투명성을 제공한다. 자산운용사의 '투명 이력'은 투자자가 자신의 자본으로 헤지를 신뢰하기 전에 확인할 수 있다.

사용자는 디헤지 플랫폼 리더보드와 수익성 높은 풀에 투자하는 플랫폼 사용자에게 보상을 주는 Performance Mining이라는 기능을 볼 수 있다. DHT 토큰을 보유한 사람들은 프로토콜의 거버넌스에 참여한다.

■ 후루콤보(Furucombo)

후루콤보(Furucombo)는 사용자를 자산 관리자와는 연결하지 않는다. 사용자가 디파이 세이버와 같은 플랫폼에서 받는 것처럼 자동화된 자산 관리 기능도 제공하지 않는다. 그러나 후루콤보는 사용자가 자신의 암호화 자산을 관리할 수 있는 플랫폼이며, 해당 자산을 관리할 수 있는 고유한 방법을 제시한다.

사용자는 후루콤보 플랫폼을 통해 다양한 거래소에서 암호화폐를 구매해 판매하거나 탈중앙화 거래소에 유동성을 더해 이자를 얻을 수 있다. 그것은 모든 거래를 일련의 '큐브'로 만들어 이러한 경험을 사용자에게 매우 친근하게 만드는 것을 목표로 한다. 토큰을 교환, 판매 또는 구입하거나 유동성을 추가 또는 회수하는 후루콤보 플랫폼을 사용하면 자산을 고유하게 관리할 수 있다.

■ 그노시스(Gnosis)

그노시스(Gnosis)는 암호화폐 자산을 한 팀으로 관리하고자 하는 사람들에게만 특별히 제공되는 자산 관리 플랫폼이다. 그것은 또한 개인 투자자들을 포함한다. 그노시스 사용자는 플랫폼을 통해 암호화 자산을 저장, 투자 및 거래할 수 있을 뿐만 아니라 다양한 디파이 디앱(Dapp)에 액세스할 수도 있다.

그노시스는 자산 관리 기능과 함께 급여 관리 등의 서비스를 제공함으로써 비즈니스 마인드를 갖춘 고객에게 적합하다.

■ 멀티스(Multis)

멀티시그니처 보안을 통해 복수의 암호화폐 담당자를 배치하려는 이들을 위한 자산 관리 플랫폼이다. 집단 암호 자산을 감독하는 복수의 당사자가 요구하거나 원하는 기업이 멀티스와 같은 플랫폼을 통해 지분을 관리할 수 있다. 멀티스 플랫폼은 다양한 거래소에 대출하고 결제하며 암호화폐 보험 상품에 접속하는 방식으로 암호화폐를 관리할 수 있도록 했다.

■ 마이비트(MyBit)

마이비트(MyBit)는 투자자와 자산운용사, 거래처 등이 한자리에 모이는 블록체인 기반 투자 시장이다. 마이비트는 비트코인 ATM과 같은 수익 창출 툴의 공급업체가 고객에게 이러한 툴을 제공할 수 있도록 하고, 투자자가 고객의 이러한 툴 구입 자금을 지원할 수 있도록 한다는 점에서 독특하다. 펀딩이 정의된 창에서 완료되면 고객은 ATM을 수령하고 투자자는 ATM이 창출하는 수익의 퍼센트를 받게 된다. 자산 관리자는 마이비트의 파트너 공급업체로부터 고객에게 제품을 공급(이 경우 비트코인 ATM)하는 것을 감독한다.

■ 토큰세트(TokenSets)

토큰세트(TokenSets)는 사용자에게 '프로의 암호화 포트폴리오'에 대한 액세스를 제공한다. 이용자들은 다양한 암호화폐 투자 포트폴리오와 시장 변화에 따른 리스크 관리를 위해 자동 규제되는 '세트'를 이용할 수 있다. 소셜 트레이딩 세트를 사용하면 기존 자산 관리자와 마찬가지로 다른 사람이 귀사의 자산을 관리할 수 있다. 사용자는 토큰세트 플랫폼을 통해 운영되는 개별 거래자에게 자신의 암호화폐 자산을 맡길 수도 있다.

■ 연 파이낸스(Yearn.finance)

연 파이낸스(Yearn.finance)는 분산형 금융 상품 제품군이다. 이러한 제품 중에는 볼트(Vaults)가 있다. 투자자는 자신의 자본을 볼트에 투자하면 '예치된 자산의 수익률을 극대화하고 위험을 최소화하도록 설계된 독특한 전략'을 통해 투자된다. 볼트의 매력 중 하나는 투자자의 자산을 집단화(pooling)함으로써 개인들이 개별적으로 암호화폐를 거래하는 거래 비용을 부담할 필요가 없다는 점이다.

■ 디파이 벤치(DeFi Bench) 자산 관리 플랫폼

디파이 · 비융합토큰(NFT) 애플리케이션 생태계인 디파이 벤치가 2021년 분산형 자산 관리 플랫폼을 제공한다. 디파이 벤치 볼트는 사용자가 다양한 디파이 프로토콜에 대한 투자를 통해 '자동 수익률 최적화'에 접근할 수 있도록 한다. 투자자는 볼트(Vault) 투자에 의해 생성된 수익률에서 관리 수수료 5%, 성과 수수료 5%를 부담한다. 투자자들의 자산은 당시 어떤 프로토콜이 최고의 수익을 제공하고 있는지에 따라 대출 프로토콜에 투자된다.

08

분산 복권

∴ 분산 복권의 개요

분산 복권이란 암호화폐를 이용해 베팅할 수 있는 블록체인 스마트 계약과 인터페이스하는 분산형 애플리케이션이다. 스마트 계약은 이어 암호화폐를 계좌로 이체해 당첨자에게 지급한다. 분산 복권은 디파이 블록체인에서 작동한다. 복권의 사용자는 복권 사이트에 로그인하여 게임과 티켓을 선택하고 사용자의 지갑을 통해 빠르게 클릭 한 번으로 티켓을 결제하면 거의 무한대에 가까운 복권을 구매할 수 있다. 오직 필요한 것은 암호화 지갑과 인터넷 접속뿐이다. 블록체인 기술은 티켓 소지자들로 구성된 대규모 글로벌 풀을 이용할 수 있게 해준다. 티켓 구매는 토큰과 스마트 계약을 통해 이루어진다. 이는 트랜잭션이 익명이고 쉽게 추적할 수 있으며 당연히 상환 가능하다는 것을 의미한다. 세계복권협회는 2015년 기준으로 복권을 통해 직접 좋은 명분을 위해 전 세계적으로 760억 달러 이상이 모금됐다고 보고 있다. 이처럼 큰 시장이 복권 시장이다.

∴ 분산 복권의 이점

블록체인 복권(또는 분산 복권)은 검증 가능한 랜덤 기능(VRF), 안전하고 영구적이며 입증이 가능한 무작위 추첨을 보장하면서 쉽게 유지 관리할 수 있는 장점이 있다. 사용자들은 ETH 유틸리티 토큰을 기반으로 그들이 토큰을 구입하고 하고 싶은 게임을 선택한다. 복권의 경품 풀은 모금액의 70%로 구성되며, 전통 복권처럼 당첨자가 없을 경우 당첨자는 다음 추첨까지 계속 적립된다.

예를 들면 복권 회사 Roger Hills의 경우 플레이어는 최소 USD2의 베팅을 할 수 있으며 게임당 최대 베팅액은 1,000달러이다. 그런 다음 그들은 2배에서 20배 사이의 당첨을 곱하는 데 사용되는 지급 비율을 선택한다. 그러면 플레이어가 디지털 휠(Digital Wheel)을 '회전'한다. 이어 휠이 플레이어가 선택한 비율로 멈추면 시스템이 플레이어의 암호화폐 지갑으로 넘어가는 즉석 당첨금을 지급하게 된다. 평균적으로 베팅 값의 5~6%는 시스템에 의해 보관된다. 숫자는 블록체인이 가능한 코드의 도움을 받아 무작위로 선택된다. 당첨금은 스마트 계약 티켓에 내장된 알고리즘을 통해 당첨 티켓 소유자에게 자동 이체된다. 당첨금은 추첨 후 90초 이내에 지급된다. 디파이 복권은 다음의 특징이 있다.

■ 입증된 무작위

현재 복권은 복권을 실행하는 사람이 정식하게 실행할 것이라고 신뢰해야 한다. 슬프게도 이것은 항상 사실이 아니다. 최근에 복권이 1,400만 달러 이상 조작된 사건이 있었다. 이런 일은 결코 일어나지 않아야 한다. 복권을 구매하는 사람은 복권을 실행하는 사람들이 속일 수 있다는 것을 걱정할 필요가 없어야 한다. 블록체인 복권은 이러한 공정성이 손상되거나 해킹할 수 없는 플랫폼을 제공하여 이 문제를 해결할 수 있다. 즉 숫자가 무작위로 선택되고 모든 사람이 무작위로 선택된다는 것을 증명할 수 있다. 이것은 블록체인 안에서의 복권이 기존의 복권에 비해 크게 더 나은 가장 중요한 이유이다. 복권의 필수적인 사항은 각 참가자가 공정하게 대우받고 있다는 것을 신뢰하는 것이다.

■ 낮은 비용

모든 중앙 집중식 응용 프로그램을 사용하면 아래와 같이 큰 비용을 지불해야 한다.

① 복권 서버를 유지하는 직원
② 티켓 및 포장을 유지하는 직원
③ 텔레비전, 라디오 및 온라인 광고
④ 새로운 게임을 만드는 직원 고용 비용

블록체인 복권이 이 모든 것을 단번에 해결할 수는 없지만 적어도 ①번의 복권 서버를 유지하는 직원과 ④번의 '새로운 게임을 만드는 직원'의 경우, 계약이 이미 이루어지고 안전하다는 것이 입증되면 로또의 휠을 다시 만들 필요가 없다. 동일한 오픈 소스 복권의 스마트 계약 위에 프론트 엔드를 배치할 수 있다. 다음으로 서버가 실행 중인 블록체인으로 완전히 대체된다.

■ 사례: 파이어로또(FIRELOTTO)

임의로 당첨 번호를 수집, 배포하거나 추첨하는 모든 펀드는 이더리움 블록체인 기술을 기반으로 하는 스마트 연락처에 의해 토큰 소지자에게 복권 판매 수수료를 지급한다. 2018년 1월에 출시된 파이어 로또는 이더리움 블록체인 기술을 활용하여 분산형 복권 게임에 혁명을 일으켰다. 파이어 로또는 블록체인 기술을 활용하여 투명한 플랫폼으로 베팅한다. 파이어 로또 복권의 상금 풀은 티켓 판매에서 수집한 자금의 70%에서 형성된다. 디파이 복권은 운영 모드에서 시작되어 구매자가 플레이하고 이길 수 있는 능력을 포함하여 모든 기능을 즐길 수 있음을 의미한다. 이 분야의 전문회사 파이어로또(FIRELOTTO)는 인스턴트 복권 및 추첨 복권의 두 가지 유형을 제공한다.

① 110만 달러의 상금이 보장된다.

② Pooling 금액은 12달러 이상 모금할 수 있다.

③ 상품 pool에 티켓 판매 금액의 70%가 할당된다.

④ 복권이나 당첨 번호는 위조될 수 없다. 이것은 블록체인 기반 복권 시스템의 긍정적인 측면이다.

⑤ 지불의 분배는 투명하고 스마트 계약에 의해 지원된다.

⑥ 구매자는 블록체인 지갑이 필요하며, 인터넷에 액세스할 수 있어야 한다.

⑦ 모바일 플랫폼도 사용할 수 있다.

⑧ 시스템 남용의 가능성은 없다.

⑨ 익명으로 참여가 가능하다.

⑩ 우승자에게 배당금이 즉시 지급된다.

⑪ 당첨 금액에 적용되는 세금은 없다.

⑫ FIRELOTTO.io 플랫폼은 인터넷 및 암호화폐에 의해 운영된다.

09

중앙 집중식 지불과 분산 지불

⋮⋮ 중앙 집중식 지불

은행은 중앙 집중식 클리어링 하우스(Clearing House)로 작동한다. 우리가
같은 은행의 두 고객이라고 가정해 보자. 내가 당신에게 수표를 작성
하거나 가맹점 터미널에서 내 직불 카드를 사용할 경우, 우리의 은행
은 내 계정에서 돈을 이체하여 중앙 법인인 은행은 거래를 처리한다.
실제로 은행 고객 간에 이루어지는 모든 거래가 아래 그림과 같이 단
일 중앙 집중식 노드(즉 은행)를 통과하는 것으로 묘사할 수 있다.

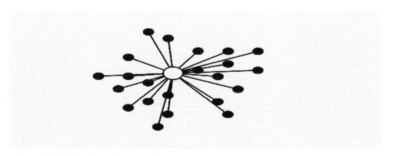

그림 13 중앙집중식 네트워크, https://www.aier.org/article/centralized- decentralized-
and-distributed-payment-mechanisms/

∴ 분산 지불

비트코인과 같은 분산형 결제 시스템은 블록체인으로 알려진 부속 원장의 가명 간의 통화 거래를 기록한다. 원장은 누구나 공개적이고 영구적이며 읽을 수 있기 때문에 사용자의 개인 정보 보호는 가명 트랜잭션을 서로 연결하거나 또는 실제 ID에 연결해야 하는 어려움이 있다. 미래의 어느 시점에서든 사용자의 거래 기록을 다운로드하여 분석할 수 있다. 비트코인은 중앙 집중식이 아니다. 신뢰할 수 있는 타사에서 트랜잭션을 처리하지 않는다. 그러나 비트코인은 분산되지 않으나 비트코인 거래는 분산 네트워크를 통해 처리된다.

내가 당신에게 비트코인을 보낼 때 거래는 거래의 블록에 다른 사람과 함께 그룹화된다. 그런 다음 비트코인 프로토콜을 실행하는 컴퓨터는 새로운 거래 블록을 설명하기 위해 블록체인으로 알려진 공유 원장을 업데이트한다. 업데이트된 블록체인은 내 계정에서 인출되고 계정에 이런 사실을 반영한다. 아래 그림에서와 같이 네트워크에서 이루어지는 모든 비트코인 거래를 묘사할 수 있다. 여기에는 중앙 노드가 없다. 트랜잭션은 네트워크에서 처리되며, 따라서 모든 트랜잭션은 거래 당사자뿐만 아니라 전체 네트워크를 관찰할 수 있다. 따라서 네트워크의 사용자가 모두 연결되어 있다.

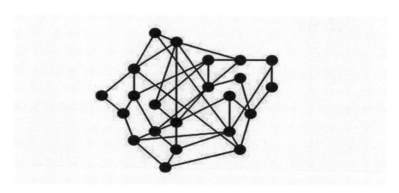

그림 14 분산네트워크, https://www.aier.org/article/centralizeddecentralized –and–
distributed–payment–mechanisms/

∴ 분산 지불의 이점

분산 지불의 가장 중요한 장점 중 하나는 사용자가 자신의 거래를 완전히 통제하고 있다는 것이다. 즉 중앙 집중식 기관에서 트랜잭션을 승인할 필요 없이 원하는 시간에 트랜잭션을 시작할 수 있다. 이외에도 최고 경영진의 부담 감소, 다양한 지불 수단 마련, 제어 및 관리 개선, 빠른 의사 결정 등이 대표적인 장점으로 꼽힌다.

10

분산금융의
위험 관리

금융에서의 위험 관리란 무엇인가? 사전적인 정의는 잠재적 위험을 사전에 파악한 후 분석하여 위험을 줄이거나 억제하기 위한 예방적 조치를 취하는 행위를 의미한다.

만약 기업이 투자 결정을 할 때 기업은 수많은 금융 위험에 노출된다. 그러한 위험의 노출은 금융 상품의 종류에 따라 달라지며, 인플레이션, 자본 시장의 변동성, 불황, 파산 등 여러 가지 형태로 나타날 수 있다.

따라서 그러한 위험에 대한 투자의 노출을 최소화하고 통제하기 위해 펀드 매니저와 투자자들은 위험 관리를 선제적으로 실행해야 한다. 투자 결정을 내리는 동안 리스크 관리에 상당한 중요성을 부여하지 않는 것은 경제에서 금융 혼란의 시기에 경제적으로 큰 피해로 연결될 수 있다.

예를 들어 예금은 덜 위험한 투자로 간주된다. 반면 지분 투자는 위험한 벤처로 간주된다. 수익과 위험은 비례 관계에 있다. 따라서 리스크 관리는 수익은 높이면서 위험은 낮추는 방법을 강구하는 것이다. 리스크 관리를 실천하는 동안, 주식 투자자와 펀드 매니저는 리스크에 대한 노출을 최소화하기 위해 포트폴리오를 다각화하는 경향이 있다.

∴ 분산금융에서의 위험

디파이는 데이터 자동화 및 개방형 액세스를 기반으로 하는 자체 실행 및 자체 조정형 피어-투-피어 금융 시장이다. 소프트웨어는 트랜잭션의 유효성과 자산 저장을 보장하기 위해 분산화되어 있다. 투자자는 항상 은행이 아니라 본인의 자금을 자신이 직접 통제하고 관리한다.

오픈 파이낸스(Open Finance)로 불리는 디파이는 공통 금융을 재현하는 블록체인 기반 애플리케이션 생태계로 미들맨을 제거하고 직접 연결한다. 디파이는 트랙션과 자본의 비효율성을 제거하여 수익률을 높인다. 아울러 디파이 자본 시장은 위험성이 덜하고 더 유동적인 자금 환경을 제공한다.

그러나 디파이 생태계는 많은 위험이 있다. 디파이의 주요 구성 요소는 분산형 대출이며, 프로토콜은 일반적으로 ETH와 같은 토큰으로 담보된 안정적인 코인 대출을 발행한다. 대출자들은 일반적으로 빌리는 것보다 더 많은 지분을 저축해야 하는데, 예를 들면 1,000달러를 저축하고 500달러를 대출할 수 있다. 특히 디파이 프로토콜이 오라클에 의존할 때 위험은 가중되며 이는 오라클이 때때로 가격 데이터를 제공할 때 신뢰성이 떨어질 수 있다. 이와 아울러서 디파이 사용 시에 발생 가능한 위험에는 재정적, 절차적, 기술적 위험 등이 포함된다.

∴ 분산금융에서의 위험 유형

디파이의 세 가지 일반적인 유형의 위험에는 재정적 위험, 절차적 위험 및 기술적 위험이 포함된다.

■ 재정적 위험

재정적 위험은 돈을 잃을 수 있는 가능성으로 정의될 수 있다. 재정적 위험은 다른 사용 가능한 투자 기회에 비해 투자의 잠재적 위험과 보상을 평가하는 것이다. 금융은 개인, 기업 및 공공의 세 가지 맥락에서 위험과 같은 문제를 탐구한다. 개인 금융은 개인과 가족이 돈을 벌고 관리하는 방법을 연구한다. 기업 금융은 기업이 돈을 벌고 관리하는 방법을 조사하며, 공공 금융은 정부가 자금을 조달하고 분배하는 방법을 살펴본다. 디파이 솔루션은 이러한 분야에서 적용될 수 있지만, 여기서는 개인 금융의 맥락에서 디파이에 초점을 맞추어 살펴본다.

그렇다면 전문 트레이더와 투자자들은 위험에 대해 어떻게 생각할까? 기술적이고 근본적인 분석은 우리가 일반적으로 활용하는 두 가지 도구이다. 기술 분석에는 차트를 만드는 작업이 포함되는데, 이 차트는 수학적 지표를 사용하여 투자 기회를 식별하는 데 사용되는 패턴을 노출한다.

근본적인 분석은, 일반적으로 기업의 가치를 결정하는 맥락에서 재무 상태를 평가하는 데 사용되는 투자의 가치 제안, 다양한 지표 및 비율을 검토하는 과정을 말한다. 다양한 기술 및 기본 투자 전략에 의해 정의된 프로토콜 외에도 투자자는 다양한 투자 기회를 비교하기 위한 기준선으로 사용하는 다양한 지표를 가지고 있다.

위험이 없는 수익률은 일반적으로 미국 국채의 장기 수익률을 의미하며 이자 또한 '위험 없는' 투자로 간주된다. 투자자들은 투자 수익률과 '위험 없는' 투자 수익률을 비교하기 위한 기준선으로 투자에서 실현할 수 있다고 생각되는 잠재적 수익에서 '위험 부담률'을 뺀다.

■ 기술적 위험

기술적 위험은 디파이 제품 또는 서비스의 하드웨어 및 소프트웨어 문제와 직접적인 관련이 있다. 디파이의 기술적 위험은 주로 프로토콜, 하드웨어 및 소프트웨어 문제에서 발생한다. 기술적 위험의 위협은 전체 플랫폼의 기능을 손상시킬 수 있기 때문에 이에 대한 대처 능력은 가장 중요하다. 기술적 위험은 API, 사용 사례 및 예외 처리, I/O 처리 및 메모리 안전과 같은 다양한 요인에 따라 달라질 수 있다. 메모리의 안전 위험은 메모리 중단, 액세스 오류, 초기화되지 않은 변수 및 메모리 위험의 요인을 지적한다. 사용 사례 및 예외 처리에 대한 적절한 테스트가 부족하면 사용자 환경을 방해할 수 있다. 마찬가지로 API에 대한 적절한 테스트와 평가가 부족하여 기능도 저해된다. 장치 간의 I/O 처리로 인한 기술적 위험은 입력 및 출력을 취약하게 만드는 적절한 테스트가 부족하여 발생한다.

■ 절차적 위험

위험 중 최종 항목은 절차적 위험이다. 흥미롭게도 절차적 위험은 주로 사용자가 디파이 제품 및 서비스와 관련된 다양한 보안 위험에 중점을 둔다. 디파이에서 가장 일반적인 보안 위험에는 악의적인 에이전트(Agent)가 웹 사이트 또는 서비스를 복제하여 의심하지 않는 사용자가 민감한 정보를 공유하도록 유도하는 피싱[20](phishing) 공격이 포함된다.

피싱 공격은 사용자가 서비스 공급자의 전자 메일을 탐색하는 이메일을 통해 발생할 수도 있다. 사용자가 이메일을 클릭하자마자 악의적인 웹 사이트로 이동한다. 그런 다음 해커는 사용자의 허락 없이 자금을 이체하거나 불법 거래를 수행하기 위해 중요한 정보를 활용할 수 있다. 이러한 피싱 공격은 암호화폐 커뮤니티 전반에 널리 알려져 있으며 해커는 관련 디파이 서비스의 대표자로 자리를 잡고 있다.

디파이의 절차적 위험에는 미끼, 구실, SIM 교환, 스피어 피싱[21](Spear-Phishing), 퀴드 프로 쿼(Quid pro quo, 뭔가에 해당하는 대가) 및 테일게이팅[22](Tailgating)이 포함된다. 구문 처리는 해커가 디파이 서비스의 대표자로 위장하고 사용자에게 중요한 정보를 공유하도록 설득하는 것을 포함한다. 미끼 위험은 웹 페이지의 감염에 대한 '미끼와 스위치' 방법으로 발생한다.

스피어 피싱은 시스템 공격을 위해 조직의 개인을 대상으로 하여 전체 기업에 위협을 표시할 수 있다. 스피어 피싱은 핵심 시스템 기능 및 데이터를 제어하기 위해 모든 사람에게 시스템 액세스를 얻는 것을 포함한다. 퀴드 프로 쿼 위험은 미끼와 다소 동일하다.

SIM-swapping은 디파이에서 발견되는 주요 절차적 위험이다. 특히 관련 모바일 서비스 제공 업체의 새로운 SIM을 만들기 위해 사용자의 개인 정보를 사용한다. 해커는 사용자의 이름으로 불법 활동을 저지르기 위해 위조 SIM을 사용할 수 있다. 테일게이팅은 우수한 위치에 있는 사람을 속여 실제 위치에 액세스할 때 발생하며 디파이의 지배적인 위험 중 하나이다.

∴ 분산금융에서의 위험 관리 전략

의심의 여지없이 디파이(분산금융)는 현재의 금융 시스템에서 이미 유행어가 되었다. 하지만 디파이는 몇 가지의 위험이 있다. 디파이와 관련된 다양한 유형의 위험과 이를 처리하는 방법을 알아보고자 한다.

은행과 같은 중앙 집중식 시스템은 오랫동안 글로벌 금융 산업의 주도권을 쥐고 있다. 그러나 경제 붕괴에 대응한 글로벌 금융 시스템의 불평등은 핀테크 환경에 엄청난 도전을 불러일으켰다. 현재 디파이는 거래의 보안, 투명성 및 금융 서비스의 접근성에 대한 문제를 해결하기 위한 유망한 솔루션 중 하나로 부상했다.

다른 한편으로는, 중립적인 관점에서 그것의 잠재력을 발견하기 위해 디파이에서의 위험을 이해하는 것이 매우 중요하다. 디파이와 관련된 위험에 대한 지식은 핀테크 환경에서 다양한 목표에 대한 효율적인 활용에 대한 신뢰할 수 있는 이점을 제공한다.

■ 신뢰할 수 있는 제품 및 서비스 선택

디파이의 위험을 피하기 위한 가장 중요한 권장 사항은 신뢰할 수 있는 제품 및 서비스의 사용이다. 사용자는 특정 디파이 제품 또는 서비스에 대한 권장 사항 및 리뷰를 확인해야 한다. 특정 디파이 제품 또는 서비스와 신뢰가 미흡한 경우 사용을 보류해야 한다.

■ 다단계 인증의 힘

신뢰할 수 있는 다단계 인증은 다양한 검증 방법을 통해 보안을 보장하기 위한 강력한 도구이다. 예를 들어 전자 메일 확인, 이중 인증 또는 다중 서명 인증은 디파이 위험을 방지하기 위해 입증된 권장 사항 중 일부이다.

■ 디지털 자산에 대한 상세한 공표 금지

사용자는 항상 해커의 관심을 막기 위해 디지털 자산의 세부 정보를 보여주는 것을 삼가야 한다. 개인 데이터를 철저히 보관하고 위험을 피하는 것처럼 디지털 자산을 기밀로 유지해야 한다.

■ 디지털 자산에 대한 보안

디지털 자산의 보안은 디파이의 다양한 위험 위협을 해결하는 데 큰 역할을 할 수 있다. 핫 및 콜드 스토리지(Cold Storage)는 디지털 자산의 보안을 위한 이상적인 선택이다. 핫 스토리지(Hot Storage)는 디파이 서비스에 적극적으로 액세스하기에 이상적인 지갑 솔루션 역할을 한다. 한편, 콜드 스토리지는 악성 에이전트의 관심을 방지하기 위해 디지털 자산의 오프라인 저장을 가능하게 한다.

■ 업데이트 및 백업의 중요성

백업 및 업데이트는 디파이와 관련된 위험을 최소한으로 유지하기 위한 모범 사례도 권장된다. 기업은 보안을 개선하기 위한 디파이 솔루션에 새로운 업데이트 및 패치를 도입한다. 따라서 디파이 소프트웨어의 정기적인 업데이트는 새로운 취약점의 위험을 벗어날 수 있다. 또한 다른 드라이브로 디지털 자산을 백업하면 디지털 자산의 가용성이 높아질 수 있다.

장기적으로 디파이는 금융 서비스에 액세스하는 주류 시스템이 될 것이다. 따라서 개인 투자자, 기업 및 정부는 관련 위험에 대한 철저한 대비를 통해 디파이를 효율적으로 활용할 수 있도록 해야 한다.

11

각국의 규제 동향

∵ 서론

탈중앙화 금융을 둘러싼 열풍은 2020년 중반부터 시작되었다. 이에 따라 탈중앙화 비즈니스 모델 또한 극적인 발전을 거듭하고 있다. 2017년 ICO 붐이 STO, 토큰화 등 보다 성숙한 비즈니스 모델의 길을 닦은 것처럼 디파이도 여기에 머물며 더욱더 성장하고 있다. 디파이 부문은 미국, 중국, 스위스, 그리고 한국을 중심으로 빠르게 성장하고 있다.

비즈니스 세계에서 이러한 변화를 수용하기 위해 법률 및 규제 프레임워크는 새로운 방식에 적응해야 한다. 이러한 정신으로 스위스 의회는 새로운 DLT법(Federal Act on the Adaptation of Federal Law to Developments in Distributed Ledger Technology(DLT−act))에 만장일치로 찬성표를 던졌다. 새로운 스위스의 규제 프레임워크는 기술 중립적인 접근법에 기초하고 있으며 매우 필요한 법적 확실성을 제공한다. 그것의 실질적이고 전반적인 방향에서 DLT에 대한 새로운 규제 프레임워크는 관련 산업에 의해 폭넓게 지지되고 환영받는다.

그럼에도 불구하고 세계는 끊임없이 변화하고 있기 때문에 금융 시장의 감독 및 규제는 결코 쉽게 확정되지 않고 있다. 디파이의 규제 적용 범위는 끊임없이 변화하는 디파이 공간에 맞춰 진화해야 하는 주제 중 하나이다. 따라서 금융 감독의 원칙과 역사에 대해 생각해 보는 것이 매우 유용하다[23].

∴ 규제 동향

■ 규제의 목표

디파이는 어떤 의미에서 핀테크를 넘어서는 다음 단계이다. 그것은 단지 소프트웨어로 기본적으로 금융 서비스를 구축하는 데 그치지 않는다. 하지만 새로운 기술 기초에 금융의 전체 생태계를 재현하는데, 예를 들어 유니스왑과 같은 분산형 거래소는 거래소의 시장 가격 결정을 동적으로 조정하고 사용 가능한 유동성에 따라 거래를 실행하는 강력한 알고리즘으로 대체한다. 신세틱스와 같은 디파이 파생 상품 플랫폼은 상품, 주식, 지수, 또는 금융 상품의 조합을 자동으로 추적하는 합성 자산을 만든다. 다른 디파이 플랫폼은 보험, 자산 관리 및 기타 금융 서비스를 제공한다.

이처럼 디파이 서비스는 프로그래밍이 가능하고 여러 상품으로의 구성이 가능하기 때문에 이러한 예는 시작에 불과하다. 최근까지 블록체인과 핀테크 세계는 평행선을 따라 발전했다. 최근 몇 년 동안 비트코인과 기타 가상화폐의 가격이 급등했음에도 불구하고 이러한 거래를 촉진하는 중개자들은 주로 디파이 플랫폼이 아닌 Coinbase와 같은 전통적인 거래 회사와 중앙 집중식 거래소였다.

그러나 디파이로의 전환은 2020년에 시작되었다. 그해 디파이 서비스와 관련된 사용자 지갑 생성 숫자 및 사용 액수는 급성장했다. 2019년에는 10억 달러 미만에서 2021년 3월 초 400억 달러 이상의 암호화폐가 디파이 담보 풀에 예치되어 있었다. 이런 급성장의 한 가지 원인은 미국 달러와 같은 안정적인 자산의 가치를 추적하도록 설계된 암호화폐인 안정 코인의 성숙 때문이었다. 스테이블 코인은 비트코인과 같은 휘발성 암호화폐를 기반으로 투자할 수 있는 시장 리스크를 해결했다. 두 번째 이유는 참가자들이 디파이 서비스에 유동성을 제공하여 수익을 얻는 수익률 농업 및 거버넌스 토큰과 같은 인센티브 구조의 출현이었다.

이러한 상황에서 규제 관점은 디파이가 여러 가지 유형의 위험을 초래할 수 있다는 데 맞춰져야 한다. 블록체인(blockchain) 네트워크는 분산되고 글로벌하므로 디파이 활동에 참여하면 규제된 금융 시스템 또는 과세, 국가 신원 시스템과 같은 다른 국가 법률 제도와의 상호 작용이 필요하지는 않다.

법인이 디파이 서비스를 위한 소프트웨어를 개발하는 경우, 서비스 자체는 블록체인에서 실행되고, 그 소프트웨어는 인터넷을 통해 모든 액세스할 수 있는 소프트웨어 코드일 뿐이며 집행이 어려워지도록 한다. 암호화폐 및 초기 코인 제공의 세계에서 오랫동안 널리 퍼져온 사기, 자금 세탁 및 불법 활동에 대한 자금 조달의 문제도 디파이에 대한 심각한 우려이다. 게다가 디파이는 폭발적으로 성장세를 지속하고 있어 각국 정부는 독특한 규제에 바빠지고 있는 모습이다.

전통적인 금융에서 은행이나 수탁자와 같은 금융 중개인의 규제와 감독의 목적은 금융 시장의 안정과 투자자의 보호이다. 그러나 이와는 달리 디파이에서의 거래 참여자는 이미 거래할 의사가 있는 자들이며 그 거래에는 규제와 감독을 받아야 하는 중개인이 없고, 누구도 어떤 직책이나 자문 의무도 갖지 않는다.

이런 상황에서 디파이 위험을 해결하기 위해 규제 당국은 이러한 위험에서 투자자 보호, 시장 무결성 및 금융 범죄 예방을 포함한 공공 정책 목표의 매트릭스에 맞춰야 한다. 새로운 시장인 만큼 분류 문제는 어려울 것이다. 기존 규제 범주의 파노라마는 중앙 집중식 금융 서비스를 염두에 두고 설계된 다양한 법적 및 관리 프레임워크에서 발생했기 때문이다. 디파이 내의 거래는 특정의 전문화된 기업이나 사람이 이행하지 않고 모든 참여자에게 분산되기 때문에 규제 활동에 대한 규제는 기존의 주제가 아닌, 다른 주제를 찾아야 한다.

■ 금융 규제의 확대

금융 규제의 확대는 위기 이후 급증하는 규제 활동의 특성상 기존 취약점을 드러내며 새로운 필요성을 부각하기 위함이다. 2008년의 금융 위기 역시 다르지 않다. 새로운 보고 의무, 형태, 관리 의무가 그 이후로 끊임없이 생겨나고 있다.

금융계에 대한 감독 강화의 전체적인 목표는 금융 시장 감독법에 담겨 있다. 스위스 금융 감독의 핵심 목표는 채권자, 투자자, 피보험자(소비자 보호도 포함)의 보호와 금융 시장의 적절한 기능 보장등이며, 둘 다 스위스 금융 센터의 지속적인 명성, 경쟁력 및 지속 가능성에 기여하는 것이다.

2017년 ICO 붐이 없었다면 토큰 분류를 둘러싼 전체 규제 활동이 동일한 방식으로 개발되지 않았을 것이라고 추정할 수 있다. 이는 규제 당국의 강력한 신호였지만, 업계에 필요한 명확성을 제공하기도 했다. 오늘날 이러한 규칙은 운영 프로세스에서 구현되며 실무자들에 의해 더욱 구체화된다. 특히 디파이 공간에서 DLT의 추가 채택과 관련하여 동일한 일이 발생하는 것은 이해할 수 있다.

■ 디파이 규제의 구체적인 측면

① 기술적 복잡성

분산형 디지털 자산에 대한 관리는 본질적으로 매우 어렵다. 영향력을 결정하는 중앙 기관이 없기 때문이다. 또 다른 어려움은 이러한 금융 상품의 기술적 정교함, 예를 들어 디파이에서는 전통적인 은행 장부 대신 스마트 계약에서 발생한다. 따라서 감독 당국은 이에 대한 어떤 법적 규칙이 적용되는지 평가하기 어렵고, 사실상 불균형적인 평가에 직면하고 있다고 언급하고 있다. 이런 정신에서 스위스의 현행 포괄적 조례안은 개별적 차원의 사실 기반 평가가 아니라 스위스 AML 틀에서 다루는 활동과 당사자의 정의를 획기적으로 넓히자는 것이다. (AML은 Anti-Money Laundering의 약자로서 자금 세탁 방지, 테러 지원 여부 등 관련 금융 위험을 방지하고자 자금의 출처 및 최종 수령인에 대해 분석하고 확인하는 절차이다.)

② 중간 활동

디파이 세계에서의 과제는 중앙 중개인을 통해서가 아니라 스마트 계약과 블록체인의 주소와의 개별적 상호 작용을 기반으로 여러 행위 자가 함께 일하는 것이다. 대부분의 경우 누군가가 디파이 프로토콜을 적극적으로 유지하고 있지만, 더 이상 아무도 이를 유지하지 않고 특정 기능을 블록체인에 그냥 배포하는 옵션도 무궁무진하다.

따라서 현재의 규제적 영향 방향은 스위스 AML 프레임워크의 핵심에 있는 '처분 권한'의 법적 요건을 넓히는 것이다. 가상자산의 이전을 지원하는 능력은 있지만 이를 독립적으로 수행할 수 없는 행위자(예: 멀티시그환경(multi-sig)[24]로 감독 활동 및 규제를 확대할 계획이다. 지속적인 비즈니스 관계에 대한 추가 요구 사항과 연계된 프레임워크는 AML 감독하에 목표 범위를 확대함으로써 각 사례의 기술적 현실과 복잡성에 대한 처리를 피하려고 한다.

임시방편적인 해결책이든 실제로 의도된 것이든 간에 디파이의 특정 역할이 전통적으로 감독되고 규제되는 금융 중개인들의 역할과 맞먹는지는 최소한 의문으로 보인다. 그럼에도 불구하고 이러한 플랫폼들이 동등하게 취급되어야 하는지 여부는 디파이 내에서 플랫폼의 역할뿐만 아니라 감독 및 규정의 목적도 염두에 두고 판단해야 한다.

③ 솔루션을 위한 접근 방식

감독 및 규정의 대상이 누가 될 것인지를 결정하기 위해 시도되고 신뢰할 수 있는 하나의 기준은 타인의 자산에 대해 처분할 수 있는 권한이다. AML 규제의 궁극적인 목표를 염두에 두고 오염된 돈을 소지하고 있는 사람들을 재정적으로 격리시키기 위해 필요한 것으로, 디파이 사업 모델에 이러한 처분 능력을 가진 사람이 없다면 이것은 달성될 수 없다. 또한, AML의 잠재적인 감독 대상이 처분권 없이는 자산 차단과 같은 그의 의무 일부를 보장할 수 없고, 이는 어려운 법적 의문과 모든 사람에게 법적인 비확실성으로 이어질 것이다.

∴ 국가별 규제 내용

■ 한국

2020년 3월 24일 국내에서도 처음으로 가상자산의 존재를 규정하는 법제화가 이루어졌다. 그러나 가상자산을 정의한 법제는 '특정금융정보법'이다. 하지만 아직은 가상자산을 새로운 금융 시장이나 자산군(Asset class)의 형태로 인식하려는 취지라기보다 자금 세탁 등에 악용할 가능성이 높은 위협의 대상으로 인식하고 있다고 보는 편이 타당할 것이다. 국내는 물론 해외에서도 가상자산에 관한 법제화는 한창 진행 중에 있다.

금융위원회는 2021년 3월 시행한 특정금융정보법 개정안 시행령 보도 자료에서 P2P로 일어나는 가상자산 거래는 특정금융정보법의 규제 대상이 아니라고 명시하였다. 이에 따라 P2P로 거래가 일어나는 디파이는 특정금융정보법 시행 이후로도 별도 법 개정 전까지는 ISMS 취득과 자금 세탁 방지를 위한 각종 정책 및 시스템 구축이 강요되지 않아 저비용으로 기민하게 세계 시장을 테스트할 수 있는 기회가 유지될 것으로 전망된다.

당초 ISMS는 일정 규모의 매출이 발생하는 대형 인터넷 기업의 보안 수준을 점검하기 위해 도입된 제도이나 특정금융정보법은 매출액과 상관없이 관련 업을 영위하려는 모든 스타트업에도 취득 의무를 부과하고 있어 업계의 신규 진입을 막는 매우 높은 울타리가 되고 있다. 디파이 서비스의 경우 당장은 금융위원회가 특정금융정보법 규제 대상으로 판단하지는 않는다고 하나 가장 안전하게 사업을 영위하는 것은 ISMS를 취득하는 것이다. 특히 KISA는 가상자산업과 관련되어 ISMS의 심사 기준을 더 높인다고 예고한 바 있어 관련 스타트업들의 ISMS 취득은 더욱 어려워질 전망이다.

··특정금융정보법

2020년 3월 24일 개정된 특정금융정보법은 가상자산(Virtual Asset)을 "경제적 가치를 지닌 것으로서 전자적으로 거래 또는 이전될 수 있는 전자적 증표(그에 관한 일체의 권리를 포함)"로(같은 법 제2조 3.목), 그와 같은 '가상 자산을 매도, 매수, 다른 가상자산과 교환, 이전, 보관 또는 관리, 매도, 매수, 교환의 중개, 알선이나 대행 중 어느 하나에 해당하는 행위를 영업으로 하는 자'를 가상자산사업자(Virtual Asset Service Provider, VASP)로 규정하면서(동조 1.목 하.), 가상자산 사업자에게 신고 의무를 부과하고 그 수리의 요건으로 실명 확인 입출금 계정 확보 및 정보 보호 관리 체계(ISMS) 인증 등을 정해 놓았다. 그리고 이들에게 고객 확인 의무(CDD, EDD), 불법 의심 거래 보고 의무 등 여러 의무를 부과하고 있다. 이에 따르면 디파이 프로젝트에서 자체적으로 발행된 스테이블 코인 내지 거버넌스 토큰은 특정금융정보법상 가상자산의 정의에 포함된다고 해석될 가능성이 매우 높고, 담보 대출, 탈중앙화 거래소, 파생 상품, 디지털 자산 등 대부분 유형은 가상자산 사업자에 해당될 수 있다고 봄에 별다른 무리가 없다. 따라서 국내에서 디파이 프로젝트를 추진하거나 그와 관련하여 스테이블 코인 등을 발행하는 주체들은 특정금융정보법에 따라 금융 당국에 등록해야 하고 규정된 여러 의무를 준수해야 할 것으로 보인다. 그러나 이러한 의무들은 대부분 자금 세탁을 방지하기 위한 목적과 관련된 것으로, 그 이상의 특별한 의미를 부여하기는 어렵다고 생각된다.

한편, 개정 특정금융정보법 제6조 제2항은 "가상자산 사업자의 금융 거래 등에 대해서는 국외에서 이루어진 행위로서 그 효과가 국내에 미치는 경우에도 이 법을 적용한다."라고 규정하여 소위 역외 적용을 긍정하고 있다. 이에 따르면 위법이 적용되는 디파이 프로젝트가 반드시 국내에 기반을 둔 것일 필요는 없다. 다만, 국제자금세탁방지기구(FATF)가 확정, 발표한 권고안은 37개 회원국들이 따르는 것으로서 이들 국가들은 저마다 우리나라와 유사한 형태로 위 권고안을 법제화할 것인바, 굳이 위 법이 아니더라도 그 기반을 둔 국가의 유사 법률에 따라 규제를 적용받게 될 것이다.

현재(혹은 근래에) 디파이 프로젝트 혹은 그에 부수적으로 발행되는 스테이블 코인 등과 관련하여 적용 여부가 확실시되는 것은 특정금융정보법 정도에 불과하다. 또한, 디파이 프로젝트 등에는 지금까지 가상자산 관련 행위와 관련하여 활발히 적용되어 온 사기, 유사 수신 행위법 위반 등 형사적 규제가 그대로 적용될 수 있을 것으로 보인다. 이와 같은 상황에서 관련 비즈니스를 수행하는 여러 이해관계자들은 자신이 직면할 수 있는 법적 리스크 등을 예측하기 어렵고 법률 전문가의 입장에서도 추상적인 위험성의 고지 외에 유의미한 의견을 제시하기 곤란할 수밖에 없다. 또한, 이는 위 산업에 종사하는 이해관계자들의 신속한 의사 결정을 방해하거나 때로는 이를 포기하도록 하여 궁극적으로는 관련 기술 및 산업 등의 발전 자체를 저해할 우려가 있어 시급한 개선이 요구된다.

■ 스위스

역사적으로 돈세탁 방지 규제의 대상은 미국이 장악해 왔다. 결과적으로 AML규제가 지속적으로 강화되는 이유는 주로 마약과의 전쟁과 조직 범죄에 있었다. 스위스는 국제 및 미국의 노력에 힘입어 이러한 정책에 따르고 있으며 금융 중개인을 위한 더욱 엄격한 요구 사항을 도입했다. 또한 FATF나 OECD와 같은 국제기구는 국제 협력을 실질적으로 발전시켰지만, 만약 표준이 의도대로 시행되지 않거나 지켜지지 않는다면 공공연히 개별 국가들을 비난하기를 주저하지 않았다.

조직 범죄와 마약, 혹은 불법 금융을 대상으로 하기 위해서는 금융 중개업자들에 대한 더 많은 감시와 견제가 적용되어야 하는 이유가 바로 여기에 있기 때문이다. 불법에 오염된 돈을 가지고 있는 사람들을 재정적으로 격리시키고 오염된 논이 사용되거나 합법적인 사업의 영역으로 다시 유입되지 못하게 만들기 위한 것이었다. 또한 금융 중개인의 보증자 지위는 지난 몇 년 동안 더욱 철저한 방식으로 형성되었다.

<참고>

① 2021년 2월 1일, 스위스 DLT법의 일부가 발효되었다. 이러한 조항은 블록체인에 표시되는 원장 기반 증권을 도입할 수 있다.

② 스위스 의무 강령의 미인증 증권(Registerwertrechte)은 기능 안전 및 무결성에 관한 특정 요구 사항을 충족하는 전자 등록부에 입력하면 생성되며, 관련 당사자에 대한 정보의 투명성을 충족한다. 전자 레지스터의 항목은 동일한 기능을 가지고 있으며 협상 가능한 증권과 동일한 보호를 수반한다.

③ 특히 이러한 민법 변화는 스위스 법률 관점에서 디지털 자산의 이전 및 보유에 대한 법적 확실성을 더욱 높이고, 따라서 금융 상품을 발행하는 새로운 방법으로 기술의 일반적인 채택을 촉진한다.

■ 미국[25]

기존 금융 플랫폼에 적용되는 동일한 규칙도 디파이 플랫폼에 적용된다. 잠재적으로 몇 가지 예외가 있지만 FinCEN 디렉터 케네스 블랑코가 이렇게 말했다.

"FinCEN은 라벨에 관계없이 동일한 수준 또는 위험에서 동일한 기능을 제공하는 모든 활동에 동일한 기술 중립적인 규제 프레임 워크를 적용한다."

그래서 ICO 붐의 여파로 고통스러운 위기가 찾아왔다. 일부 프로젝트들은 막대한 벌금을 부과받았고, 일부는 파산하거나 그들의 프로젝트를 포기했으며 어떤 프로젝트들은 여전히 SEC와 치열한 법적 싸움을 벌이고 있다. 이것은 디파이 프로젝트에서도 같은 방식으로 진행될 가능성이 매우 높다.

금융과 은행 분야의 프로젝트가 아무런 규제 감독 없이 사업을 진행할 수 있다고 생각하는 것은 순진한 생각이다. 규제 당국은 아직 디파이에 완전히 목표를 정하지는 않았지만, 그것은 단지 시간문제일 뿐이다. 미국의 경우 SEC(미국증권거래위원회)를 중심으로 등록 의무 부과 및 기존 증권법의 형식 및 관련 법리를 활용한 규제가 발전해왔다.

규제 당국이 살펴보는 것은 플랫폼에 규제가 필요한지 여부를 결정하기 위해 구매자와 판매자 사이에 일어나는 실제 활동이다. 2018년 11월, SEC는 디지털 자산 증권 발행 및 거래에 대한 공개 성명을 발표했다. 이는 ICO, 브로커-딜러 약정, 암호화폐 거래소, 암호화폐 투자 차량에 대한 SEC의 입장을 다뤘다. 이번 판결의 첫 피해자는 분산형 거래소인 에테르델타(EtherDelta)로 SEC는 38만 8,000달러의 벌금을 부과했다. SEC에 따르면 이 플랫폼은 주문서, 주문을 표시하는 웹사이트, 이더리움 블록체인에 실행되는 스마트 계약 등을 결합해 암호화폐 구매자와 판매자를 하나로 모으는 시장이었다. SEC는 이러한 활동이 거래소의 정의에 명백히 포함되있고 에테르델타는 SEC에 등록하거나 면제를 신청할 의무가 있다는 것을 발견했다. SEC가 분산형 거래소를 증권법에 따라 책임을 물을 수 있었던 것처럼 디파이 앱에서도 똑 같이 할 수 있을 것이다.

■ 영국

영국은 2019년 초경부터 금융 기관 등의 일반 투자자 등에 대한 영업 행위 전반을 감독 관리하고 있는 금융감독청(Financial Conduct Authority, FCA)에서 암호 자산 관련 가이던스 등 여러 권고안을 발표해왔다. 특히, 금융감독청은 2019년 1~4월 암호 자산에 대한 규제 경계 가이던스 초안을 발표하고 이에 대한 공개 의견 수렴 절차를 진행하였고, 이를 토대로 기존 법규상 규제 행위 해당 여부를 기준으로 암호 자산을 규제 대상, 비규제 대상 토큰으로 분류하여 최종 규제 경계 가이던스를 명확히 밝혔다. 이후 영국은 자금세탁방지규정(MLRs)을 개정하여 2020년 1월 10일부터는 자금 세탁 방지 등 목적상 암호 자산 사업자 등록을 의무화하고 그 주무 관청으로 금융감독청을 지정하였다.

한편, 금융감독청은 리스크가 높은 암호 자산을 기초 자산으로 하는 파생 상품과 상장지수채권(ETN)을 일반 소비자에게 판매하는 것을 금지하는 새로운 방침(Policy Statement, PS)을 발표하였다. (2021. 1. 6.부터 시행) 위 방침은 해당 상품에 내재된 여러 위험을 고려할 때 일반 소비자들에게 이를 판매하는 것은 적합하지 않다는 결론을 내리고 있다. 그 구체적인 근거는 기초 자산(암호 자산)의 본질적 특성상 제대로 된 가치 평가가 어렵고, 유통 시장에서 시장 남용 및 금융 범죄가 일어나는 사례가 빈번하다는 것이다. 또한, 암호 자산의 가격 변동성이 매우 높고, 암호 자산에 대한 일반 소비자의 이해가 부족하며, 일반 소비자가 해당 상품에 투자해야 할 명확한 이유를 찾기 어렵다는 점 등이다. 이 방침에 따라 영국 내외에서 발행된 비규제 전송 가능 암호 자산과 연계된 모든 파생 상품 및 ETN 상품은 일반 소비자들을 상대로 판매, 홍보, 유통될 수 없다. 이에 따르면 디파이 프로젝트 중 파생 상품 등과 같은 경우 해당 서비스 또는 그와 관련하여 발행된 스테이블 코인 등은 일반 소비자들에게 판매, 홍보, 유통이 금지된다.

위와 같이 영국은 금융감독청을 중심으로 규제 대상 암호 자산의 경계를 명확히 설정하여 해당 산업 참여자들에게 예측 가능성을 부여하면서도 전문성과 지식이 부족한 일반 소비자의 경우에는 이들에 대한 판매 행위 등을 금지하여 적극적으로 보호하려는 입장을 취하고 있다.

■ 프랑스

프랑스는 2018년 10월경부터 수백여 기업들과 기관들로부터 의견을 수렴하고 각 분야의 이해관계자들로부터 제안을 받아 31개의 안을 마련한 뒤 온라인 공개 의견 수렴 절차까지 거쳐 2019년 5월 22일 기업성장변화법(Loi PACTE)을 도입하였다. 이는 기업 체질을 개선하고 경제 혁신을 모색하는 종합적 프로젝트 법안으로, 범국가적으로 10대 부문의 액션 플랜(Action Plan)을 도출해 반영한 것이다. 여기에는 ICO를 통한 사업 자금 조달, 디지털 자산 사업자 및 투자자 보호와 관련한 구체적인 규제 내용을 통화금융법(Monetary and Financial Code)에 도입하는 내용도 포함되었다.

기업성장변화법 및 개성 통화금융법을 통해 도입된 제도는 ① 공모형 ICO 승인 자율 선택 제도 ② 디지털 자산 사업자 일부 의무 등록 기타 인가 자율 선택 제도 ③ 공모형 ICO 토큰 발행인 및 등록/인가 사업자의 자금 세탁 방지 등 의무화 ④ 디지털 자산 투자 펀드 조건 ⑤ 투자자 보호 장치 등이다.

■ 유럽위원회(European Commission, EC)

유럽위원회는 지난 2020년 9월 24일 공식 사이트를 통해 디지털 금융 패키지를 발표하였는데, 이에는 유럽 최초의 암호 자산 관련 규제 법안의 초안 버전도 포함되어 있다. 위 초안에는 EU 회원국에서 인가받은 운영업체가 유럽 전역에서 서비스를 제공할 수 있도록 허용되는 근거를 제시하면서 자본금 규모, 자산수탁(Custody) 관련 규제, 투자자들의 민원 제기 절차 보장, 투자자 보호 장치 등 여러 내용도 포함하고 있다. 이에 따르면 암호 자산 발행업자는 유럽에 소재지를 두어야 하고 백서는 의무적으로 공개해야 한다.

한편, 위 초안에 따르면 스테이블 코인의 경우 그 발행 주체에게 보다 엄격한 규정 준수가 요구되고, 특히 발행 규모가 500만 유로(약 70억 원) 이상인 경우 사전에 관할 정부 기관의 인허가를 받아야 한다. 또한, 스테이블 코인의 담보 자산이 여러 국가의 법정 화폐(Fiat money)인 경우 유럽은행감독국(EBA)과 해당 국가가 공동으로 이를 감독한다. 유럽위원회는 위와 같은 디지털 금융 패키지를 발표하면서 2022년까지 유럽 전 지역을 대상으로 한 블록체인 규제 샌드박스 제도를 운영할 것이라는 점도 함께 발표했다.

위 법안(초안)은 암호 자산 취급 법인을 명시하고 발행과 거래 등에 관한 포괄적 의무를 부과하여 투자자를 보호하는 것을 목표로 한 것으로 평가되고 있는데, 일각에는 암호 자산 발행 구조가 분산되어 있고 단일 사업 주체가 없는 디파이 프로젝트의 경우 암호 자산 발행업자를 법인 형태로 편입해야 하는 의무를 사실상 충족하기 어려울 것이라는 예측이 존재하는 것으로 보인다. 유럽 연합(EU)은 위 초안에 대해 상당 기간 추가 검토를 거친 후 시행 여부를 최종적으로 결정할 예정이다.

위 법안(초안)은 유럽 최초의 암호 자산 관련 통합적 규제 법안으로 지금까지 발표된 여러 국가의 법률 내지 규제 등과 비교하여 가장 포괄적이고 구체적인 내용을 담고 있고, 특히 스테이블 코인 발행 등과 관련하여 상당히 상세한 내용까지 규정해놓고 있다. 향후 위 법안의 실제 도입 여부나 그 시점 등을 정확히 예측할 수는 없지만 위 초안의 공개 및 향후 2년간 유지될 규제 샌드박스 등의 운영을 통해 한층 더 완성도 높은 법안이 최종적으로 마련될 수 있을 것으로 기대된다.

⋮⋮ 분산형 금융 규제의 미래

탈중앙화 금융의 폭발적 성장은 디파이 프로젝트의 대중적 인지도를 높이고 활동을 증가시켰다. 그러나 이러한 인기는 복잡한 문제를 동반한다. 디파이 생태계에서는 이더리움 블록체인을 사용하는 프로젝트가 많다. 그러나 이로 인해 혼잡도가 증가하고 이더리움 가스 가격(거래 수행 비용)이 상승하여 확장성에 문제가 되고 있다. 디파이 생태계는 이와 같은 과제에 대한 실행 가능한 솔루션을 찾고 있다. 하지만 성장과 관련된 또 다른 과제가 있다. 바로 정부의 규제이다[26].

전통적인 중앙 집중식 금융 암호화 자산 공간에서는 규제에 따라 합법화가 이루어진다는 믿음이 널리 퍼져 있다. 그러나 디파이는 일반적으로 이러한 믿음을 공유하지 않는다. 분산형 금융에서는 사용자들 사이에 중개자 역할을 하는 중앙 기관이 없다. 대신 스마트 계약을 통해 역할이 자동화된다. 그러나 이것이 디파이 생태계의 일부가 규제 기관의 범위를 벗어난다는 것을 의미하는 것은 아니다. 예를 들어 2018년 11월, 미국 증권거래위원회(SEC)는 탈중앙화 거래소(DEX)의 운영자(EtherDelta)에게 등록되지 않은 증권거래소로 운영한 것에 대해 불이익을 준 사례가 있다.

디파이 플랫폼은 향후 자금 세탁업자에게 매력적일 수 있기 때문에 점점 더 많은 규제 관심을 끌 수 있다. 정부의 규제 부과를 기다리지 말고 디파이 프로젝트는 이런 시간 동안 정부로 하여금 규제할 수 있는 빌미를 제공하지 말고 기업 스스로 디파이 생태계에 대한 신뢰를 쌓는 기회로 삼아야 한다.

한마디로 말하면, 스스로 예방책을 강구하여 사전 예방적 접근 방식이 디파이를 활용하는 사업에 도움이 될 것이라는 의미이다. 이렇듯 디파이 프로젝트를 실행하는 사용자는 규정을 준수하기 위해 사전 예방적으로 접근해야 한다. 그들은 당장 그들의 프로젝트에 직면하고 있는 금융 범죄 위험을 확인하는 것으로 시작할 수 있다. 이렇게 함으로써 그들은 위험을 완화하고 법이 정한 테두리 안에서 시장의 질서를 유지함으로써 새로운 금융 범죄에 대한 통제에 나설 수 있기 때문이다. 그런 다음 디파이는 규제 기관과의 긍정적인 관계를 능동적으로 발전시키고 이러한 위험과 통제에 대해 적극적이고도 선제적으로 교육함으로써 신뢰도를 높일 수 있어야 한다.

예를 들어 실행 기준의 일부로 자금 세탁 방지 점검(AML)이 필요한 기본 스마트 계약에 제어 장치를 내장하도록 자율적으로 할 수도 있다. 또한 디파이 프로젝트는 금융 범죄 위험 지표와 지갑 주소 및 거래 당사자와 관련된 점수를 플랫폼에 통합하는 것을 검토할 수 있다. 같은 맥락에서 기본 스마트 계약은 실행 전에 성공적으로 신원 확인과 검증 검사를 필요로 할 수 있다.

또 다른 사전 예방적 조치는 기본 코드의 보안과 무결성을 인증하기 위해 스마트 계약에 대한 감사를 수행하는 것을 포함할 수 있다. 이러한 단계로 프로젝트 자체 내에서 신뢰를 구축할 수 있다. 또한 디파이 프로젝트에 대한 기대감으로 스마트 계약 감사를 정상화하고 전체 디파이 에코 시스템 내에서 표준을 높이는 데 도움이 될 수 있다. 금융 범죄를 방지하기 위한 규제 내용이 오히려 금융시스템 발전의 걸림돌로 여겨져서는 안 된다. 규제가 적절하게 이루어진다면 가치 창출자가 될 수 있다. 이처럼 디파이 프로젝트는 규제 준수를 디파이 에코 시스템 외부의 당사자들과 신뢰를 구축하는 수단으로 고려해야 한다. 신뢰가 없는 투자는 없기 때문이다.

게다가 디파이의 금융 범죄에 대한 규제는 매우 가능성이 높다는 점을 인식해야 한다. 영국의 금융감독원(Financial Conduct Authority, FCA)[27]은 이미 디파이 법인의 등록을 허가했으며 이를 전자 화폐 기관으로 인정하고 있다. 최상의 결과를 보장하는 것은 규제 기관이 규제하고자 하는 사람, 규제 형태, 규제 기관이 따라잡는 데 걸리는 시간 등 많은 문제에 대한 사전 예방적이고 건설적인 참여에 달려 있다. 디파이 프로젝트 및 이해 당사자는 규제 기관과 조기에 협력하여 잠재적인 디파이 금융 범죄 규정의 효과를 극대화해야 한다.

또한 새로운 디파이 프로젝트 설계에 대한 규정 준수를 강화한다면 부과될 수 있는 모든 규제 요건은 최소한의 노력으로 충족될 수 있다. 디파이 생태계는 기존의 중앙 집중식 금융과는 근본적으로 다르다. 그렇기 때문에 금융 범죄 위험을 완화하기 위한 새롭고 창의적인 규정 준수 접근법이 필요하다. 사회가 디파이의 보상을 얻기 전에 우리는 먼저 이 접근법에 대한 신뢰부터 쌓아야 한다.

12

투자자 그룹 및 협의체[28]

∴ 판테라 캐피탈(Pantera Capital)

런던 도이체뱅크에서 글로벌 FX 옵션 헤드를 역임한 댄 모어헤드(Dan Morehead)에 의해 지난 2013년 설립된 판테라 캐피탈은 가상자산 거래로 시작해 가상자산 분야의 세계적인 투자사가 되었다. 판테라는 2013년 비트코인이 BTC당 65달러일 때 미국에서 처음으로 암호화폐 펀드를 출시했다. 이 회사는 이후 최초의 블록체인 중심의 벤처 펀드를 출시했다. 판테라 공동 CIO 조이 크루그는 이더리움을 기반으로 구축된 최초의 분산형 애플리케이션 중 하나인 아우구르를 공동 설립했다. 2017년 판테라가 가장 먼저 초기 단계의 토큰 펀드를 제공했다. 초기 운영 중단에 투자했던 회사의 역사는 디지털 자산을 넘어선다. 비트코인이 나오기 2년 전 판테라의 주요 투자는 테슬라였다.

앰플포스(Ampleforth), 밸런서(Balancer) 등의 디파이 프로토콜, USDC 스테이블 코인 개발사 서클(Circle), 리플(Riple), 지캐시(Zcash), 시빅(CIVIC) 등의 블록체인 프로토콜, 폴리체인 캐피탈(Polychain Capital) 등의 투자사, 코인베이스(Coinbase), 비트스탬프(Bitstamp), FTX, 에리스엑스(ErisX), 백트(Bakt), 코인슈퍼(Coinsuper), Coins.ph, 코빗(Korbit) 등의 가상자산 및 가상자

산 기반 파생 상품 거래소, 더 블록(The Block) 등의 미디어 등 디파이는 물론 가상자산 산업 전반에 활발히 투자해 왔다.

∴ 알라메다 리서치(Alameda Research)

알러메다 리서치는 양적 암호화폐 트레이딩 업체이자 유동성 공급 업체이다. 이 회사는 7천만 달러 이상의 디지털 자산을 관리하고 있으며 매일 약 10억 달러를 수천 개의 제품들, 즉 모든 주요 코인과 알트코인, 그리고 그 파생 상품에서 거래하고 있다. 가상자산 업계의 유명인사인 샘 뱅크먼 프리드(Sam Bankman-Fried)가 CEO로 있다. 2019년 12월 세계 최대 가상자산 거래소 바이낸스(Binance)로부터 수천만 달러 규모의 투자를 유치했다. 알라메다 리서치는 탈중앙화 거래소(DEX)인 밸런서(Balancer), 디파이 분야의 리스크 관리 서비스를 표방하는 유니온(Union) 등 다양한 종류의 디파이 스타트업을 중심으로 지금까지 53개 가상자산 분야 스타트업에 투자한 것으로 알려졌다.

∴ 앤드레센 호로위츠(Andreessen Horowitz)

앤드레센 호로위츠(Andreessen Horowitz)는 2009년 마크 호로위츠(Marc Horowitz)

와 벤 호로위츠(Ben Horowitz)가 설립한 미국의 민간 벤처 캐피털 회사이다. 이 회사는 캘리포니아 멘로 파크에 본사가 있다. 앤드레센 호로위츠는 페이스북(Facebok), 인스타그램(Instagram), 오큘러스 VR(Oculus VR), 슬랙(Slack), 에어비앤비(Airbnb), 징가(Zynga), 리프트(lyft), 깃허브(Github) 등 세계적인 스타트업에 투자한 세계 최대 벤처 캐피탈 중 하나로 가상자산 스타트업, 특히 디파이 분야에 활발하게 투자하고 있다. 디피니티(DFINITY), 오아시스랩스(OASIS Labs), 파일코인(Filecoin) 등 프로토콜 레벨은 물론 유니스왑(Uniswap), 디와이디엑스(dYdX) 등의 탈중앙화거래소(DEX), 페이스북의 가상자산 프로젝트 리브라(Libra, 2020년 12월 Diem으로 이름 변경), 트러스트토큰(TrustToken) 등의 스테이블 코인, 핸드쉐이크(Handshake), 니어(NEAR) 등의 세컨드 레이어 솔루션, 가상자산 전문 투자사인 폴리체인 캐피탈(Polychain Capital)에 이르기까지 전방위적인 디파이 분야 포트폴리오를 구축하고 있다.

⠒⠂ 해시드(Hashed)

해시드는 한국의 김서준 대표에 의해 2017년 설립된 가상자산 전문 투자사로 디파이 분야에 활발히 투자하고 있다. 카카오 계열 블록체인 클레이튼(Klaytn), 라인 계열 블록체인 링크(LINK), 오아시스랩스(OASIS Labs), 테라(Tera) 등 프로토콜 레벨은 물론 카이버네트워크(Kyber Network), 메이커다오, 셋 랩스(Set Labs), 신세틱스(Synthetix), bZx 프로토콜, 리니어

파이낸스(Linear Finance) 등의 디파이 서비스, 인젝티브 프로토콜(Injective Protocol), 인슈어에이스(InsurAce), API3 등의 디파이 유관 서비스에 투자하였다. 해시드는 자회사로 창업 투자 회사인 해시드벤처스를 설립하고, 2020년 12월 순수 민간 자본만으로 120억 원의 첫 펀드를 조성했다.

:∵: 글로벌 디파이 얼라이언스(Global DeFi Alliance)

디파이 얼라이언스(DeFi Alliance)는 분산형 금융 시장 전문가들이 연결, 협업, 소집해 건전한 글로벌 디파이 생태계 도래를 축하하기 위해 만든 협업체이다. 디파이는 이미 존재하는 비유동성 금융 상품에 대한 시장을 용이하게 할 뿐만 아니라 아직 존재하지 않는 새로운 금융 상품과 시장의 생성을 위해 노력하고 있다. 디파이 얼라이언스의 사명은 디파이 기술의 글로벌 채택을 촉진하고 투명하고 저렴한 비용 및 신뢰할 수 있는 공동체를 만드는 것이다.

세계적인 가상자산 거래소 후오비 그룹 계열의 디파이 사업 조직인 후오비 디파이 랩스(Huobi DeFi Labs)는 2020년 8월 메이커재단(Maker Foundation), 컴파운드, 네스트(NEST), dYdX 등 디파이 서비스 운영 업체들과 함께 글로벌 디파이 얼라이언스를 조직했다. 이 연합체는 향후 디파이 사용자 저변 확대를 위한 공동의 교육 노력과 디파이 기술 혁신을 위한 공동 연구, 사용자 편의를 위한 UI/UX의 표준화 보안 개선, 신생 디파이 프로젝트 육성 등의 활동을 진행하고 있다.

:: 시카고 디파이 얼라이언스(Chicago DeFi Alliance)

세계 파생 상품 거래 시장의 20%를 거래하는 시카고의 대표적인 금융사이자 고빈도 매매(HFT, High Frequancy Trading) 회사들인 CMT Group, 볼트 캐피탈(Volt Capital), 점프 트레이딩(Jump Trading), 그리고 DRW 등이 의기투합해 2020년 4월 시카고 디파이 얼라이언스를 창립했다.

이들의 목적은 세계에서 전자 거래로 가장 앞선 기술력과 가장 많은 거래액과 유동성을 보유한 이들 업체들이 유동성과 사용자, 기술력의 부족으로 인해 빠른 성장을 거두지 못하고 있는 디파이 업체들을 지원하며 상호 도움을 주고받기 위함이다. 디파이 업체들은 전통 금융사들로부터의 지원을, 전통 금융사들은 혁신 금융 서비스에 대한 투자 기회를 얻을 수 있을 것으로 전망된다.

13

분산금융 프로젝트

::: 1인치(Inch)

1인치(Inch) 거래소는 분산 교환 또는 DEX 전문 회사이다. 거래소 자체로 작업하기보다는 다른 많은 DEX와 민간 유동성 제공업체 간에 주문을 분할하여 최상의 환율을 찾는다. 1inch Exchange에서는 web3 지갑을 연결하고 ERC-20 토큰을 최상의 속도로 교환한다. 이 거래소는 전체 주문에 대해 최상의 요금을 얻기 위해 필요한 경우 여러 거래소 간에 주문을 분할한다. 또한 1인치에서 한도 주문을 생성하고, 1인치 토큰을 획득하고, 1인치 유동성 풀에 유동성을 공급하여 수익을 올릴 수도 있다.

〈장점〉

① 1inch Exchange는 보안 위반이나 해킹 사고가 없었다.

② 사용자 인터페이스는 매우 사용자 친화적으로 만들어졌다.

③ 1inch Exchange는 거래, 예금 또는 인출 수수료를 부과하지 않는다.

④ 1inch Exchange는 DEX 주문 장부를 집계하여 높은 유동성과 우

수한 금리를 보장하는 동시에 거래 수수료의 수를 제한한다.
⑤ 1인치 유동성 프로토콜을 추가하면 이자 농사가 가능하다.

〈단점〉

① 플랫폼은 피아트 통화의 사용을 지원하지 않는다.

② 플랫폼은 매우 사용자 친화적이지만, 초보자는 1인치 Exchange 를 사용하는 방법에 대한 이해를 얻기 위해 많은 노력이 필요할 수도 있다.

③ '무한잠금 해제' 기능은 잠재적으로 미래에 공격의 지점이 될 수 있다. 트랜잭션 수수료와 시간을 절약하지만 각 트랜잭션의 잠금을 별도로 해제하는 것이 더 안전하다.

그림 15 https://app.1inch.io/#/1/swap/ETH/DAI

⋮⋮ 에이브(Aaves)

이더리움 기반의 오픈 소스 및 비위탁 관리 프로토콜이다. 대출 서비스가 가장 인기가 있다. 여러 디파이 대출 플랫폼처럼 듀얼 디파이 토큰 모델인 aToken 및 LEND를 제공한다. aToken은 ERC-20 토큰으로 대출 이자가 복합적인 반면 LEND는 담보 대출, 금리 전환, 플래시 대출 및 고유 담보 유형과 같은 다양한 대출 및 대출 서비스를 제공한다.

그러나 기본 주의 토큰(BAT), 다이(DAI), 이더리움(Ethereum, ETH), 키버 네트워크(KNC), 체인 링크(LINK), 분산(MANA), 메이커(MKR)를 포함하여 많은 자산을 지원하는 디파이 대출 플랫폼 중 하나이다.

그림 16 https://aave.com/

⋮⋮ 에어스왑(Airswap)

에어스왑(AirSwap)은 에어스왑 분산, 교환뿐만 아니라 이더리움 블록체인에 내장된 에어스왑 분산 교환에 대한 멤버십 토큰의 이름이다. 에어스왑의 설립자, 마이클 오브(Michael Oved)와 돈 모지트(D. Mosites)에 의해 작성된 2017년 5월 백서에 따르면 '스왑' 프로토콜은 당사자가 피어-투-피어 기준으로 토큰을 거래할 수 있는 수단을 제공한다. 당사자가 연결되면 잠재적인 상대방이 가격 및 주문 정보를 전달한 다음 이더리움 스마트 계약을 실행하여 이더리움 블록체인에서 주문한다. 에어스왑은 2018년 2월 1일에 토큰트레이더를 출시했다.

에어스왑 토큰(AST)은 어떻게 작동하나? 에어스왑 토큰은 본질적으로 에어스왑 DEX의 시장 참여자를 위한 토큰이다. 시장 참여자는 지정된 기간 동안 특정 속도로 다른 암호화폐를 교환할 암호화폐를 가지고 있다. 이를 유동성 제공이라고 한다. 따라서 시장 참여자를 유동성 공급자라고도 한다. 투자자가 자산에 대해 지불하는 가격을 입찰 가격이라고 한다. 시장 참여자가 동일한 자산을 판매하려고 내놓는 가격은 요청 가격이라고 한다. 전통적으로 유동성 공급자는 많은 양의 특정 자산을 보유하고 있으며 스프레드, 또는 요청 및 입찰 가격의 차이로 인해 수익을 창출할 수 있다.

누구나 에어스왑 분산 거래소의 유동성 공급자가 될 수 있다. 유동성을 제공하려는 의도를 알려주기만 하면 된다. 거래 의사를 알리기 위해서는 100 AST를 보유해야 하며, 그런 다음 해당 양의 AST가 7일 동안 예치되어 잠겨(locked) 있다. 이 금액과 잠금 기간은 에어스왑 토큰에 내장된 거버넌스 메커니즘에 의해 결정된다. AST 소지자는 언제든지 임계값 및 잠금 기간을 종합적으로 결정할 수 있다.

그림 17 https://www.airswap.io/

⠸ 벤코르(Bancor)

벤코르(Bancor)의 백서는 창립자에 의해 2017년 2월 13일에 처음 도입되었다. 벤코르의 네트워크는 스위스에 등록되어 있다. 이 회사는 존 메이너드 케인즈의 '통화 개념' 국제 청산 연맹(ICU)이라는 통화 개념에서 이름을 지었다. 벤코르는 자동화된 유동성 풀, 분산된 유동성 풀 또는 본딩 곡선이라고도 하는 '스마트 토큰'을 생성하여 블록체인(blockchain) 기반 스마트 계약을 통해 하나 이상의 토큰 또는 디지털 자산을 보유할 수 있다.

벤코르는 2017년 6월 12일 3시간 이내에 'ICO'(초기 코인 오퍼링) 또는 'TGE'(토큰 생성 이벤트)에서 자체 디지털 토큰을 판매하여 396,712Ether(당시 약 1억 5,300만 달러 상당)를 모금했다. BNT는 이더리움 블록체인에서 실행되는 ERC-20 토큰으로 토큰을 채굴할 수 없다. 그러나 전통적인 보조 시장, 기타 분산 거래소 또는 BancorX, BancorX를 통해 다른 블록체인의 다른 ERC-20 토큰 및 기타 토큰과 교환할 수 있다. 팀 드레이퍼는 이 프로젝트에 초기 기여했다.

2018년 4월 3일, 벤코르는 벤코르 네트워크의 토큰 간에 즉시 변환하는 비위탁형 암호화폐 지갑을 출시했다. 2018년 6월, 벤코르는 케냐에서 블록체인(blockchain) 기반 커뮤니티 통화를 활성화하기 위한 파일럿 프로젝트를 시작했다. 2019년 8월, 벤코르는 이더리움과 EOS 블록체인의 사용자가 벤코르 유동성 풀에 유동성을 추가하고 거래 수수료의 일부를 받을 수 있도록 하는 커뮤니티 스터디 메커니즘을 추가했다. 벤코르 Network는 처음부터 2019년까지 암호화폐 거래에서 15억 달러 이상을 처리했다.

벤코르 프로토콜은 거래소를 용이하게 하기 위해 주문 장부 또는 상대방 없이 블록체인을 포함한 다른 토큰으로 암호화폐 토큰을 자동화 변환할 수 있는 데 사용되는 분산 교환 네트워크의 표준이다. 벤코르는 세계 최초의 블록체인 기반 자동화 유동성 풀 또는 자동화된 시장 제조업체(AMM)를 발명하여 임베디드 컨버터(스마트 계약)가 있는 디지털 통화인 스마트 토큰(스마트 계약)을 발명하여 네트워크의 토큰에 대해 자동으로 발행하거나 교환할 수 있다. 벤코르 네트워크는 벤코르 프로토콜을 활용하고 BNT를 통해 연결된 모든 다른 토큰으로 구성되어 있으며, 이는 모든 토큰을 다른 토큰으로 변환할 수 있는 네트워크의 허브 토큰 역할을 한다.

··해킹과 비판

2018년 7월 9일, 벤코르의 네트워크에 있는 암호화폐 지갑이 손상되어 해커가 원래 2,350만 달러를 훔쳤지만 1,000만 달러가 회수되었다. 라이트코인 크리에이터 찰리 리는 벤코르가 진정으로 분산된 경우 고객 자금을 동결할 수 없다고도 주장했다. 벤코르는 네트워크의 초기 개발 기간 동안은 비상사태 상태의 중앙 집중식 제어 상태가 네트워크 및 토큰 소유자를 보호하기 위해 필요하다고 주장했다. 그리고 처음 3년 동안 운영한 후 BNT 토큰이 업그레이드되고 벤코르의 중앙 집중식 제어가 감소했다.

그림 18 https://app.bancor.network/eth/data

⠒ 컴파운드(Compound)

컴파운드 파이낸스는 탈중앙 금융 대출 프로토콜이다. 보다 기술적인 측면에서 이는 알고리즘 자산 마켓 프로토콜이다. 사용자는 암호화폐를 예치하고 이자를 받거나 다른 암호화폐 자산을 대출할 수 있다. 컴파운드 파이낸스는 스마트 콘트랙트를 사용하여 플랫폼에 추가되는 자금을 자동으로 보관 및 관리한다.

누구나 컴파운드에 접속하여 메타마스크와 같은 웹 3.0 지갑을 사용해 이자를 얻을 수 있다. 이것이 컴파운드가 허가가 필요 없는 프로토콜인 이유이다. 이는 암호화폐 지갑과 인터넷 접속이 있다면 누구나 이와 자유롭게 상호작용할 수 있다는 의미이다.

컴파운드가 유용한 이유는 무엇일까? 대출자와 차용자는 보다 전통적인 환경에서처럼 조건을 협상하지 않아도 된다. 양측은 담보와 이자율을 관리하는 프로토콜과 직접 상호작용한다. 어떤 거래 상대방도 자금을 보유하지 않는데, 자산은 유동성 풀이라는 스마트 콘트랙트에 보관되기 때문이다. 컴파운드의 대출 및 차용 이자율은 알고리즘을 따라 조정된다. 이는 컴파운드 프로토콜이 수요와 공급에 기초하여 자동으로 조정한다는 의미이다. 그뿐만 아니라 COMP 토큰 보유자 또한 이자율을 조정할 수 있는 힘을 갖고 있다.

그림 19 https://compound.finance/

컴파운드 파이낸스는 어떻게 작동하나? 컴파운드 내 포지션(공급되는 자산)은 cTokens라 하는 컴파운드의 자체 토큰을 통해 추적된다. cTokens는 ERC-20 토큰으로 컴파운드 풀의 자산 권리 비중을 나타낸다. 예를 들면, 여러분이 컴파운드에 ETH를 입금할 경우 이는 cETH로 전환된다. 여러분이 스테이블 코인 DAI를 입금할 경우 이는 cDAI로 전환된다. 여러분이 또한 여러 코인을 입금할 경우 개별 이자율에 따라 이자가 발생한다. 즉 cDAI에는 cDAI 이자율이, cETH에는 cETH 이자율이 적용된다.

cTokens는 풀에서 차지하는 비중에 따라 청구될 수 있으며, 공급되는 자산을 연결된 지갑에서 사용할 수 있게 한다. 자금 시장에서 이자가 발생하기 때문에(차용이 증가) cTokens에 이자가 발생하고 더 많은 기본 자산으로 전환할 수 있게 된다. 이는 기본적으로 컴파운드에서 단순히 ERC-20 토큰을 보유하고 이자를 받는다는 의미이다. 사용자가 메타마스크와 같은 웹 3.0 지원 지갑을 연결해 해당 과정을 시작할 수 있다. 이후 상호작용할 자산을 선택하여 동결을 해제할 수 있다. 특정 자산의 동결이 해제되면 사용자는 이를 대출 및 차용할 수 있다.

대출은 상당히 직관적이다. 유동성을 공급하고자 하는 자산의 동결을 해제하고, 지갑을 통해 트랜잭션에 서명하여 자금을 공급한다. 해당 자산은 즉시 풀에 추가되며 실시간으로 이자가 발생하기 시작한다. 이때 자산이 cTokens로 전환된다. 차용은 약간 더 복잡하다. 사용자는 대출금을 충당하기 위해 먼저 자산(담보)을 입금해야 한다. 이를 통해 사용자는 컴파운드를 차용하는 데 필요한 '차용 능력(Borrowing Power)'을 받게 된다. 공급할 수 있는 모든 자산은 서로 다른 수준의 차용 능력을 추가한다. 이후 사용자는 보유하고 있는 차용 능력에 따라 자금을 차용할 수 있다. 다른 많은 탈중앙 금융 프로젝트와 유사하게 컴파운드는 초과 담보 개념을 사용한다. 이는 차용자가 청산을 방지하기 위해 차용하고자 하는 것보다 많은 가치를 공급해야 한다는 의미이다. 그러나 한 가지 알아둘 것은 각 자산에는 고유한 대출 및 공급 연이율(ARP)이 존재한다는 것이다. 대출 및 공급 비율은 공급과 수요에 따라 결정되기 때문에 각 자산은 고유한 대출 및 차용 비율을 갖게 된다. 앞서 논의한 것처럼 각 자산에서는 서로 다른 이자율이 적용된다.

컴파운드 파이낸스에서 지원되는 자산은 무엇인가? 2020년 9월 1일 기준, 컴파운드에서 대출 및 차용 가능한 자산은 ETH, WBTC(랩드 비트코인), USDC, DAI, USDT, ZRX, BAT, REP이며 향후 추가적인 토큰이 추가될 것으로 보인다.

컴파운드 거버넌스는 어떻게 작동하나? 컴파운드 파이낸스의 거버넌스는 COMP 토큰 덕분에 점차 탈중앙화되고 있다. 해당 토큰은 토큰 소유자에게 프로토콜에 대한 수수료 및 거버넌스 권한을 부여한다. 이처럼 토큰 보유자는 개선 제안 및 온체인 투표를 통해 프로토콜을 변경할 수 있다. 각 토큰은 한 표를 나타내며, 토큰 보유자는 자신의 토큰을 사용하여 제안에 투표할 수 있다. 향후 프로토콜은 COMP 토큰 보유자에 의해 완전히 관리될 수 있다.

사용자는 컴파운드를 통해 무엇을 할 수 있을까? 이자를 받는 것은 간단한 활용 예시이며, 초보자도 꽤나 쉽게 컴파운드를 사용할 수 있다. 그러나 컴파운드는 또한 숙련된 트레이더들이 포지션 레버리지를 증가시키는 좋은 방법이 될 수 있다. 예를 들어 한 트레이더가 ETH를 매수하고 이를 컴파운드 프로토콜에 공급한다고 가정한다. 이후 제공한 ETH에 대해 USDT를 차용하여 이를 통해 더 많은 ETH를 구매할 수 있다. ETH 가격이 상승하여 차용에 지불한 이자보다 많은 이익이 발생할 경우 수익을 올릴 수 있다. 그러나 위험 또한 증가한다. ETH 가격이 하락해도 여전히 차용한 금액에 대한 이자를 지불해야 하며, 담보로 제시한 ETH가 청산될 수도 있다.

또 어떤 위험들이 있을까? 컴파운드는 트레일 오브 비트(Trail of Bits)와 오픈체펠린(OpenZeppelin)과 같은 기업의 감사를 받았다. 이처럼 명성이 있다고 할 수 있는 기업의 감사를 받았지만, 다른 모든 소프트웨어처럼 버그와 취약성으로 인한 예상치 못한 문제가 발생할 수도 있다. 여러분은 스마트 콘트랙트에 자금을 전송하기 전에 모든 위험을 주의 깊게 고려해야 한다. 그러나 금융 상품의 종류와 무관하게 감당할 수 있는 손실 금액 이상으로 자금을 운용해서는 안 된다.

⠿ 커브 파이낸스(Curve Finance)

커브는 매우 효율적인 안정 코인 거래를 위해 설계된 이더리움의 분산형 거래소 유동성 풀이다. 2020년 1월에 출시된 커브(Curve)는 사용자가 안정적인 코인 및 수익 수수료를 위해 특별히 설계된 낮은 슬리피지와 낮은 수수료 알고리즘으로 안정적인 코인 사이를 거래할 수 있게 해준다. 이러한 이면에는 유동성 풀이 보유한 토큰이 복합 프로토콜이나 연 파이낸스(iearn.finance)에도 공급되어 유동성 제공자들에게 더 많은 수익을 창출한다. 현재 다양한 스테이블 코인과 자산의 스왑을 지원하는 복합, PAX, Y, BUSD, sUSD, 렌, sBTC 등 7개의 커브 풀이 있다.

커브는 2020년 3월에 Trail of Bits에 의해 감사를 받았다.

커브 파이낸스를 사용하는 방법은 무엇일까? 당신은 curve.fi에서 수수료를 받기 위해 안정 코인을 교환하거나 Curve pool에 유동성을 제공할 수 있다.

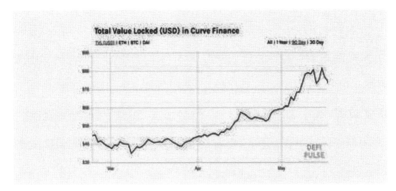

∷ 디디이엑스(DDEX)

DDEX란 무엇인가? DDEX는 2017년에 시작된 분산형 암호화폐 거래소로, 분산형 거래소의 개념이다. DDEX는 출시되었을 때 0x 프로토콜을 사용했다. 그러나 0x 프로토콜의 단점을 경험한 후 2019년 1월 1일 DDEX 거래소에서 생중계된 하이드로 프로토콜을 개발했다.

DDEX는 '간단하고 강력한 분산 교환을 구축하기 위한 혁신적인 오픈 소스 프레임 워크'인 하이드로 프로토콜에 의해 구동된다. 하이드

로는 스마트 계약 설계, 배포 및 보안의 복잡성과 비용을 들이지 않고
도 분산형 교환을 구축하고자 하는 개발자를 위해 설계되었다. 플래
티넘의 Anton Dziatkovskii는 하이드로 프로토콜이 새로운 분산형 거
래소를 구축하거나 기존 디지털 자산 교환을 분산 모드로 전환하기 위
한 플러그 앤 플레이 프로토콜이라고 설명했다.

그렇다면 DDEX 플랫폼에서 수익을 창출하려면 어떻게 해야 할까?
우선은 DDEX에 등록하고 암호화 자산을 대출한다. 1단계는 DDEX
플랫폼의 공식 사이트를 방문한다. 홈페이지에는 '거래 시작'과 '이자
적립'의 두 가지 옵션이 있다. DDEX는 또한 5배 레버리지를 갖춘 마
진 거래 시설을 제공한다. '거래 시작'을 클릭하여 마진 거래 기능을
확인할 수 있다. 이 경우 대출 기능과 발생할 수 있는 수익의 종류를
활용하는 방법을 알아보자. 분산형 거래소는 일반적으로 메타 마스
크 또는 원장과 같은 사용자의 지갑에서 직접 ETH 및 이더리움 기반
ERC-20 토큰에 대한 유동성을 제공한다. DDEX는 오프 체인 매칭과
온 체인 결제를 활용하여 한 걸음 더 나아간다. 이것은 그들이 투자자
들을 위한 이러한 사용자 친화적인 경험을 제공할 수 있는 주요 이유
이다. 2단계는 '이자 적립'을 클릭하면 DDEX 플랫폼이 지갑을 연결하
여 시작하도록 요청한다. 메타 마스크, 원장, 트러스트 월렛, 코인베
이스(Coinbase) 및 트레조르와 같은 다양한 하드웨어 및 모바일 지갑 중
에서 선택할 수 있는 많은 옵션이 있다. 이 경우 여기에서는 메타 마스
크 지갑을 사용한다. 그것은 매우 쉽게 설정할 수 있어 암호화폐 마니
아들에게 가장 인기 있는 지갑 중 하나이다.

3단계는 메타마스크 지갑의 보안 프로토콜에 따라 확인 상자를 통

해 DDEX 플랫폼에 연결할 수 있는 권한을 요청한다. 허가가 나면 지갑을 DDEX 교환기에 연결하여 디지털 자산을 원활하게 이동할 수 있다. DDEX를 이용하면 ERC-20 토큰을 지갑에서 지갑으로 직접 교환할 수 있어 도난 가능성, 입출금 잠금 기간, 인출 수수료 등이 없어진다. 또한 DDEX에서 계정을 만들 필요가 없다는 것을 알 수 있다. 지갑을 연결하기만 하면 즉시 교환, 대출을 받을 수 있다.

4단계는 지갑을 연결하면 인기 암호화폐와 지원되는 암호화폐를 대출할 수 있는 옵션이 나타난다. '공급'과 '인출' 두 가지 옵션이 있다. 'Supply'를 클릭하면 본질적으로 자산을 대여한다는 의미이다. 대출 자산을 회수하고자 할 때 '인출' 옵션을 사용할 수 있다. 예를 들어 1개월 동안 1,000달러어치의 USDT를 대출해 주었으며 그 기간이 끝나면 인출하기를 원한다. '탈퇴' 버튼을 클릭하면 자산이 DDEX 플랫폼에서 메타마스크 지갑으로 이전되고 이자는 적립된다. 이는 9.54 USDT(대출 금액×11.45%/12개월 또는 1,000×11.45/12 = 9.54)이다.

5단계는 만약 당신이 USDT를 빌려주길 원한다고 생각해 보자. USDT 옵션 옆에 있는 '공급' 버튼을 클릭하면 빌려줄 USDT 금액을 선택할 수 있는 옵션이 표시된다. 또한 대출이 선택한 기간에 발생할 예상 이자를 보여준다. '대출'과 '차입' 옵션은 Fulcrum의 경우와 달리 동일한 플랫폼을 통해 사용할 수 있다. 그래서 투자자는 대출을 위해 플랫폼을 떠날 필요가 없다. 동일한 인터페이스에서 그렇게 할 수 있다. 6단계는 성확한 금액을 입력한 후 '공급'을 선택한다. 디지털 자산(이 경우 USDT)은 대출자에게 빌려주며 이자 형태로 수익률을 창출하기 시작한다.

DDEX의 하이브리드 모델이 더 나은 이유는 무엇인가? 이더리움 블록체인에 액세스하고 거래를 실행하려면 '가스' 가격이라고 불리는 비용이 발생한다. 이것은 블록체인을 유지하고 업데이트하는 채굴자에게 지불하는 데 필요한 가격이다. 이 채굴자들이 거래를 인증하는 보상이다. 분산 시스템에서 교환의 모든 측면을 실행하는 것은 비용이 많이 들고 느릴 수 있다. 이러한 문제로 인해 이전(또는 1세대) 분산 거래소는 사용자 경험에 큰 희생을 치렀다. 댄 코멘코는 이것이 중앙 집중식 교류에 매우 만족하는 사용자를 유치하기가 어려웠다고 언급했다. 그러나 오늘날 상황은 변화하고 있으며 더 나은 기술로 확장성이 향상되었으며 DEX는 더 나은 사용자 환경을 제공할 수 있다.

DDEX는 차세대 하이브리드 분산 교환 모델이다. '하이브리드'라는 용어는 오프 체인 매칭 및 온체인 결제를 사용한다는 것을 나타낸다. 하이드로와 0x라는 두 개의 강력한 프로토콜을 활용하여 안전하고 원활한 트랜잭션 처리를 용이하게 할 수 있다. 하이브리드 모델은 이전 분산 거래소보다 약 50배 빠른 트랜잭션을 만들어 낸다. 하이드로 프로토콜은 누구나 훌륭한 사용자 환경을 제공할 뿐만 아니라 더 빠르

그림 21 https://q DeFi.io/en/blog/post/ddex−platform−en

고 저렴한 거래를 수행하는 자체 DEX를 만드는 데 사용할 수 있다.

⠆ 덱스에이지(DEX.AG)

디파이 시스템에서 많은 투자자가 유니스왑, 밸러스, 커브 등과 같은 인기 있는 AMM을 사용했지만, 이러한 모든 유동성 원천에서 유동성을 라우팅할 때 DEX 집계 업체가 더 편리할 수도 있다. DEX 애그리게이터는 유니스왑이든 키버, 밸런스러 또는 스시스왑이든지의 여부에 관계없이 더 적은 슬립페이지로 더 나은 속도를 제공하는 것을 목표로 한다.

DEX 애그리게이터를 디파이 거래의 검색 엔진으로 생각하면 DEX 집계기는 디파이에서 거래할 위치를 정하는 문제가 아니라 더 나은 대안을 찾을 것이다. 거래 경로, 금리, 슬리피지, 그리고 주요 유동성 변동을 실시간으로 거래 경로를 최적화하기 위해 지속적으로 개선된 알고리즘과 경쟁하게 될 것이다.

분산형 Exchange(DEX) Aggregator DEX.AG는 310만 달러를 모금하여 Slingshot으로 리브랜딩(Rebranding)을 진행하고 있다. 탈중앙화금융(DeFi) 랭킹 보드 디파이 펄스를 만든 같은 그룹인 콩코스 오픈 커뮤니티에서 태어난 Slingshot은 사용자가 이더리움에서 주어진 토큰 거래에 가장 적합한 가격을 찾을 수 있도록 돕는 것을 목표로 한다.

슬링샷(Slingshot)은 지금까지 1억 달러 이상의 볼륨으로 증가했다. 슬링샷의 동급 최고의 DEX 애그리게이터는 원활한 사용자들의 경험, 짧은 대기 시간 및 저렴한 거래 비용을 위해 만들어졌다.

∴ 메이커다오(MakerDAO)

메이커다오(MakerDAO)는 중개인 없이 암호화폐를 대출하고 빌릴 수 있도록 이더리움에 기반을 둔 분산금융 조직이다. 메이커다오는 대출을 관리하는 스마트 계약 서비스뿐만 아니라 대출 가치를 규제하기 위한 DAI 및 MKR의 두 통화로 구성된다. 메이커다오는 'DeFi' 운동의 일부로 액세스를 조정하고 제어하기 위해 중앙 집중식 당사자에 의존하지 않는 금융 도구 및 서비스에 대한 포괄 용어이다.

얼마 전까지만 해도 암호화폐를 사용하여 암호화폐를 빌리는 것은 매우 까다로운 일이었다. 대부분의 암호화 자산이 너무 격렬하게 변동하기 때문에 누군가가 암호화에서 빌린 금액과 누군가가 갚아야 했던 금액은 짧은 기간 동안 크게 다를 수 있다. 이런 현상에 효율적으로 대응하기 위해 메이커다오가 만들어졌다. 메이커다오는 대출을 스테이블 코인과 결합하여 누구나 돈을 빌리고 상환해야 할 금액을 안정적으로 관리하기 위해 만들어졌다.

메이커다오는 대출, 저축 및 안정적인 암호화폐를 위한 기술을 개발하는 조직이다. 이더리움 블록체인, ETH와 MetaMask 지갑을 가진 사람에게 DAI라는 안정 코인의 형태로 돈을 빌려줄 수 있도록 만들어진 프로토콜이다. 메이커다오의 스마트 계약에 일부 ETH를 잠그면 사용자는 일정량의 DAI를 만들 수 있다. ETH가 더 많이 갇히면(locked) 더 많은 DAI를 만들 수도 있다. 사용자가 DAI 대출에 대한 담보 역할을 하는 ETH의 잠금을 해제할 준비가 되면 수수료와 함께 대출을 상환할 수 있다.

메이커다오는 이더리움에서 분산금융 시스템의 핵심 계층을 만들었다. 룬 크리스텐슨은 메이커다오의 창립자이자 현재 CEO이다. 2018년 9월, 세계적으로 유명한 벤처 캐피탈 회사인 앤드레센 호로비츠는 메이커다오에 1,500만 달러를 투자하여 총 메이커(MKR) 토큰 공급량의 6%를 매입했다.

볼트(Vault)에서 DAI가 발행되는 과정을 단계별로 알아본다.

① 각 개인은 Vat contract를 통해 담보 유형별 볼트(Vault)를 생성할 수 있다.

② 개별 볼트에 담보로 맡기고자 하는 암호화폐를 전송한다. 현재 담보로 수용되는 암호화폐는 ETH, BAT가 있다.

③ 각 사용자는 최소 담보 비율의 한도 내에서 DAI를 발행할 수 있다.

DAI를 생성할 때 필요한 암호화폐의 가격 정보 또한 최대한 탈중앙화된 방식으로 운영되고 있다. 거래 정보를 어느 특정 개인이 입력하는 것이 아니라 여러 집단에서 입력한 값들의 중간값을 시스템에 반영한다. 그런데 볼트(Vault)를 통해 DAI를 생성할 때 주의할 점이 한 가지있다. 그것은 바로 담보의 가격이 급락해서 담보 비율이 150% 이하로하락하는 경우 해당 볼트(Vault)는 강제로 청산된다는 점이다. 때문에 담보로 맡긴 금액보다 훨씬 적은 금액의 DAI를 생성하여 청산될 가능성을 최대한 낮추는 것을 권장한다.

볼트(Vault)의 청산 과정에서 담보물이 경매에 부쳐진다. 상환해야 할가치가(DAI의 양이) 담보물보다 낮은 경우에는 담보물 차액을 원래 주인에게 돌려준다. 반대로 담보물로 상환해야 할 가치를 충당할 수 없는경우에는 시스템에서 MKR을 발행하고 이를 경매하는 '부채경매'를진행한다. 경매 종료 후 부채경매에서 수취한 DAI를 통해 부족분을충당한다. 위의 강제 청산에 해당하지 않는 경우 진행되는 일반 청산절차는 다음과 같다. 볼트(Vault) 생성자는 자신의 담보로 발행된 DAI와일종의 이용 수수료인 Stability Fee를 상환함으로써 예치했던 담보를돌려받을 수 있다. 시스템에 반환된 DAI는 소각된다.

∴ 달마(Dharma)

달마는 코인베이스(Coinbase)와 구글에서 인턴을 한 소프트웨어 엔지니어인 브렌던 포스터와 나다브 홀랜더에 의해 설립되었다. 이 프로젝트의 첫 번째 백서는 2017년 11월에 출판되었다. 2017년의 많은 프로젝트와는 달리 달마는 ICO를 개최하지 않았다. 이 프로젝트는 대신 전통적인 시드머니 조달 라운드를 선택하여 USD 120,000를 모금했다. 달마 레버(Dharma Lever)라는 마진 제품인 최초의 달마 제품은 2018년 말에 개발을 시작했다. 이 제품은 ETH 및 USDC의 대출 및 차입을 독점적으로 지원하기 위해 출시되었으며 간단한 사용자 경험을 제공하는 데 중점을 두었다.

달마 레버는 일반적인 변동 금리 및 기간과는 달리 고정 금리 및 고정 기간 대출을 제공함으로써 다른 플랫폼과 차별화하였다. 레버는 처음 24시간 내에 100만 달러의 유동성을 돌파하며 초기 성장에 힘입어 강세를 보였다. 가장 최근에 달마는 또한 다른 인기 있는 디파이 프로토콜과 상호 작용뿐만 아니라 사용자가 자신의 피아트 은행 계좌를 연결할 수 있도록 했다.

달마의 특징은 무엇인가? 달마는 암호화폐에 대한 지식이 거의 없는 사람들에게 적합한 플랫폼이지만 여전히 유망한 디파이 시장과 금리를 활용하고자 한다. 사용자의 피아트 은행 계좌와 디파이 프로토콜 사이의 사용자 친화적인 브릿지로 달마는 몇 가지 주요 요소를 통해 디파이 경험에 가치를 추가한다. 달마를 사용하기 위한 액세스는 이메일 계정을 만드는 것만큼 쉽다. 준비해야 할 사항은 이메일 주소, 국가 및 일반 은행 계좌뿐이다. 대부분의 디파이 플랫폼과 달리 기존 지갑, 브라우저 확장 또는 기타 추가 도구가 필요하지 않다. 로그인은 간단한 이메일 주소와 암호를 통해 이루어진다.

달마는 실제로 달마 응용 프로그램을 통해 지갑에 은행 계좌를 연결하여 대부분의 다른 피아트 친화적인 플랫폼보다 한 단계 더 진보

했다. 이를 통해 사용자는 에이브(Aave) 또는 컴파운드(Compound)와 같은 디파이 대출 프로토콜에 빠르고 쉽게 입금할 수 있으며, 모두 단일 앱 내에서 가능하다. 달마는 사용자에게 자신의 비위탁 암호화폐 지갑을 제공한다. 이 지갑은 스마트 계약과 상호 작용할 수 있는 기능을 가지고 있으며, 이는 디파이 프로토콜과 관련이 있는 모든 것에 매우 중요하다. 또한 다른 스마트 계약 호환 지갑을 사용하는 것보다 훨씬 더 능률적이고 간단하므로 일반인에게 더 사용자 친화적이다.

달마는 어떻게 작동하는가?
① https://www.dharma.io/ 방문하여 iOS 또는 안드로이드 기기에서 달마 앱을 다운로드한다.
② 앱을 열고 이메일 주소를 사용하여 지갑을 만든다.
③ '설정' 탭으로 이동하여 은행 계좌를 연결한다.
④ 가운데 '작업' 아이콘을 누른다.
⑤ '은행 계좌로 DeFi'를 누른다.
⑥ 자금을 공급하려는 프로토콜을 선택한다.
⑦ 공급하려는 토큰을 선택한다. 확인하면 은행 계좌를 사용하여 선택한 토큰을 구입하고 프로토콜에 제공한다. 달마는 어떤 토큰을 지원하는가?
달마 앱은 현재 ETH 및 모든 ERC20 토큰을 지원하지만 연결된 은행 계좌를 사용할 때만 USDC를 구입할 수 있다.

:: 디와이디엑스(dydx)

dydx는 개방적이고 안전하며 강력한 금융 상품을 구축하기 위한 미션으로 대표적인 분산 거래소 개발사이다. dydx는 이더리움에서 스마트 계약으로 운영된다. dydx는 거래를 크게 확장하기 위해 dydx와 Stark Ware는 Stark Ware의 Stark Excalability 엔진과 dydx의 영구 스마트 계약을 기반으로 교차 매거진 영속성을 위한 프로토콜을 새롭게 구축했다. 이제 거래자는 가스 비용 제로, 거래 수수료 인하, 최소 거래 규모 감소로 거래할 수 있다. 가까운 시일 안에 시장에 출시될 예정인 BTC-USD, ETH-USD, LINK-USD, UNI-USD, AAV-USD를 거래에 활용할 수 있을 것이다.

YdX를 사용하는 방법은 무엇일까?

우선, 시작하려면 dydx의 인터페이스를 방문하여 이더리움 주소를 dydx 계정에 연결하는 메타마스크를 활성화한다. 지갑에서 직접 일부 기능에 액세스할 수 있지만 모든 거래 옵션을 활성화하려면 dydx 계정에 자금을 조달해야 한다. dYdX의 경우 각 자산에는 대출자와 대출자가 상호 작용하는 대출 풀이 있다. 스마트 계약은 자산을 관리하므로 기다릴 필요 없이 즉시 거래가 발생한다. 자산에 대한 수요와 공급이 이자율을 결정한다.

대출 및 대출 서비스는 이미 많은 인기 있는 디파이 거래소에 존재하지만 dYdX는 고급 거래 도구를 구축하는 데 더 중점을 두고 있다. dydx는 가장 인기 있는 분산 마진 거래 플랫폼이다. dYdX를 사용하려면 메타 마스크와 같은 암호화 지갑, 거래 수수료에 대한 일부 ETH 및 지원되는 암호화 자산 DAI, ETH 또는 USDC가 필요하다. ETH는 이더리움의 기본 토큰이며 DAI와 USDC는 1달러에 고정되어 안정적인 가격을 유지하는 안정적인 코인이다. DAI, ETH 또는 USDC는 각각 '동적'인 이자율을 가지고 있다. '동적'은 자산에 대한 수요와 수요의 변화에 따라 금리가 변경된다는 것을 의미한다.

dYdX에 대한 차입 방법을 알아본다. dYdX에 자산을 입금할 때 사용자의 자금은 자산의 해당 대출 풀로 이동한다. 그런 다음 대출자는 동일한 자산에 대해 빌릴 수 있다. 대출자가 대출 풀에 들어가면 각 자산에 대한 공급과 수요가 변경된다. 이것은 당연히 금리에 영향을 미칠 것이다.

dYdX는 특정 자산에 대한 두 가지 금리를 표시한다. dYdX에서 빌리려면 '대출' 탭으로 이동하여 자산(ETH, DAI 또는 USDC)을 선택한다. 이 경우 대출자는 담보를 입금해야 한다. 사실 dYdX(및 기타 DEX)를 사용하면 대출을 과도하게 담보해야 한다. 즉 대출 금액의 100% 이상을 입금한다.

dYdX에서는 대출 금액의 125%를 담보로 입금해야 한다. 이는 대부분 150% 담보가 필요하나 여기서는 다른 DEX보다는 적다. 또한 115%의 담보 비율이 유지되지 않으면 청산이 발생할 수 있다. 일단 대출이 최소 담보 비율 아래로 떨어지면 풀에서 대출자를 보호하기 위해 청산된다.

dYdX 대시보드에 대해 알아본다. 대여할 자산을 선택하면 대시보드에 지불해야 할 연간 비율(APR)이 표시된다. 그리고 '양(Quantity)' 필드에 빌린 금액을 입력하면 담보 비율이 표시된다. 그리고 125% 미만으로 시작할 수 없으므로 예금 필드에 필요한 '사전 채우기 금액'이 필요하다. 데이터를 입력하면 화면의 다른 필드가 변경되어 대출 거래가 완료되면 계정 잔액이 어떻게 보이는지를 반영한다. 대여 버튼을 클릭하면 dYdX가 빌린 지갑에 인출한다. '계정 잔액'에서 대여한 금액에 해당하는 마이너스 잔액을 볼 수 있어야 한다.

빌린 자금을 언제든지 상환할 수 있다. 대출 잔액을 닫으려면 '미결제 차용' 행위로 마우스를 클릭한다. '상환' 버튼을 클릭하여 빌린 자산의 일부 또는 전부와 이자를 상환한다. 완료되면 담보를 지갑으로 되돌릴 수 있다.

dYdX에서의 대출을 알아보자. 위험에 덜 관대하지만 이자 수입을 얻고 싶다면 대출할 수 있다. 좋은 소식은, 최소 대출 기간이 없으며 dYdX에서 새 블록을 채굴할 때마다 즉시 이자가 발생하기 시작한다. 즉 자금은 그 기간 동안 잠겨 있고, 언제든지 입금하거나 인출할 수 있다. 그래서 만약 당신이 'hodling' DAI 같은 이러한 토큰의 일부를 dYdX 풀에서 작동하도록 넣을 수 있다. dYdX에 대출할 때 자산은 풀로 들어가고 동일한 자산을 빌리는 다른 사람들로부터 이자가 나온다. 다른 디파이 대출 프로토콜과 마찬가지로 당신은 당신이 대출할 토큰, 암호화 지갑 및 거래 수수료를 지불하기 위해 소량의 ETH가 필요하다. '잔액' 탭으로 이동하면 지원되는 토큰에 대한 다른 요금이 표시된다. '입금'을 클릭하면 예상된 APR이 표시되고 대출할 금액을 선택할 수 있다. 당신은 당신의 지갑에 거래를 수락해야 하고 거래는 즉시 발생하기 시작한다. 누적된 이자를 확인하려면 언제든지 잔액 탭을 볼 수 있다.

dYdX의 마진 및 레버리지는 얼마나 될까?

전통적으로 마진 거래는 더 큰 베팅을 하기 위해 사용되고 있다. 마진 거래에 익숙하지 않다면 베팅에 대한 직감을 가진 라스베이거스 도박꾼인 'old school'로 생각하면 된다. 만약 주머니에 1,000달러밖에 없지만 더 많은 베팅을 하고 싶다고 가정해 보자. 그는 카지노에서 4,000달러를 빌릴 수 있다. 그가 5,000달러 내기에서 이길 경우 카지노에 4,000달러 플러스 일부를 상환하고 나머지는 자신의 포켓으로 넣으면 된다. 만일 그가 패배하면? 옛날 같으면 로버트 드 니로와 조 페시와 같은 캐릭터들이 집의 돈을 되찾기 위해 부드러운 설득을 했을 것이다. 전통적인 금융의 마진 거래는 거래할 때 이익을 높이기 위해 거래소에서 돈을 빌리는 것으로 귀결된다. 물론, 그것은 또한 투자자에게 그들이 잘못된 주식에 베팅할 때 훨씬 더 많은 돈을 잃게 한다.

그러나 마진 거래의 장점은 레버리지를 생성한다는 것이다. 트레이더가 더 많이 활용할수록 더 많은 것을 만들거나 잃을 수 있다. dYdX에서 트레이더는 최대 5배까지 활용할 수 있다. 즉 그들은 그들 거래 액수의 5배의 이익 또는 손실을 증가시킬 수 있다. 마진 거래 및 파생상품은 거래자가 자본을 더 잘 할당하고 위험을 관리하도록 권한을 부여하기 때문에 중요하다. 이러한 서비스는 디파이 공간에 더 많은 투자자를 모으는 필수적인 이유이다. dYdX는 단순히 세 가지 자산, ETH, DAI 및 USDC 사이의 기본 거래를 제공하기 때문에 거래 플랫폼으로 제한될 수 있지만 디파이에 대한 큰 움직임이다. 그리고 마진 거래는 dYdX를 다른 DEX와 차별화하는 요소이다.

dYdX에서 마진 거래는?

dYdX는 두 가지 유형의 마진 거래를 활용한다. 격리된 마진과 마진 간 거래이다. 격리된 마진을 통해 사용자는 하나의 자산을 활용할 수 있으며, 교차 마진을 통해 계정의 모든 자산을 사용할 수 있다. 즉 교차 마진은 계정의 모든 자산을 사용한다. 이를 통해 트레이더는 고유한 포지션을 통해 이자를 더 활용할 수 있다. 마진 거래의 예(dYdX)는 현재 세 가지의 마진 거래 쌍을 제공한다.

ETH - DAI

ETH - USDC

USDC - DAI

예를 들면, 400달러 가격으로 1ETH를 사용한다. 그래서 당신은 ETH가 가격이 올라가고 있다고 생각하지만 당신은 단지 400달러가 있다고 가정한다. 당신이 마진에 거래할 수 있다는 것을 알고 있기 때문에 dYdX에 1ETH를 구입할 수 있다. 그래서 당신은 ETH에 4x를 구매하기로 결정한다. 1ETH를 사용하면 마진에 1,600달러 ETH(400달러 ×4)를 구입 가능하다. 3ETH 대출은 보유한 기간에 따라 이자 비용이 소요된다.

이제 ETH의 가격이 올라가면 수익을 활용할 수 있다. ETH가 450달러로 가서 포지션을 닫는다고 가정해 본다. 위의 예제에서 마진을 활용하면 200달러(ETH * $50 이익 = 이자 $200)를 만들 수 있다.

위의 예제를 거래하려는 경우 메타 마스크 지갑을 로드하여 마진 보증금을 충당하기 위해 ETH 하나를 추가로 구입할 수 있다. dYdX 교환에서는 '여백' 탭으로 이동한 다음 4배를 선택한다. 그런 다음 청산 가격을 볼 수 있다. 2x에서 5배 사이를 클릭하면 변경된다. 마진 순서를 정한 후에는 '포지션'에서 추적할 수 있다. 중요한 것은 청산을 피하는 것이다. ETH의 가격이 위험하게 낮아지면 담보 비율이 너무 낮아서 위치가 청산될 수 있다. 그 시점에서 당신의 잔액이 0이 될 때까지 담보는 감소한다. 당신은 그뿐만 아니라 5%의 청산 수수료에 타격을 받을 것이다.

∴ 풀크럼(Fulcrum)

풀크럼은 실제 프로토콜인 bZx를 이용할 수 있는 인터페이스에 불과해 수수료 없이 거래가 가능해 보험금 유지에 따른 이자의 10%를 적립해 준다. Fulcrum/bZx의 일부 기능은 유사한 다른 플랫폼의 기능과 유사하지만, 다른 기능은 다르다. 예를 들어 Complex가 cTokens를 사용하는 것처럼 Fulcrum/bZx도 iTokens를 사용한다.

이 토큰은 컴파운드사의 cTokens와 마찬가지로 다른 플랫폼과 특별히 다르지 않은 방식으로 특정 암호화폐로 대출과 차입을 허용한다. 풀크럼이 지원하는 암호화폐와 토큰은 에테르(ETH), DAI, SAI, 래핑 비트코인(WBTC), USD, USDC, SUSD, 체인링크(LINK), 0x(ZRX), 아우구르(REP), 카이버 네트워크(KNC) 등이다. 이러한 토큰 각각에 대해 해당 iToken은 bZx 생태계 내에서 이를 나타내고, 이 플랫폼의 스마트 계약과 상호 작용한다.

일부 토큰은 ETH 또는 DAI와 같은 분산형 대여 플랫폼 또는 거의 모든 플랫폼에서 지원되지만, 다른 토큰은 일부에 의해서만 통합된다. 또한 풀크럼 뒤에 있는 프로토콜인 bZx는 BZRX라고 불리는 자체적인 네이티브 거버넌스 토큰을 가지고 있는데, 이 토큰은 현재 잠겨 있고 수수료 지불에만 사용되고 있다. 대출을 받기 위해서는 지원되는 토큰 중 하나를 관련 iTokens와 교환하고, 그 대가로 이익을 얻는 것이 충분하기 때문에 다른 유사한 플랫폼의 운영과 매우 유사하다.

풀크럼에 대한 대출은 어떻게 작동하는가? 대출을 받는 것과 관련해서도 다른 분산형 대출 플랫폼과 비슷한 운영이지만, 한 가지 특이한 점이 있다. 이른바 플래시 대출이다. 풀크럼을 통해 정상적인 대출을 받는 사용자는 서비스에 대한 담보로 토큰을 보내고 일정량의 토큰을 교환하여 고정 금리로 무제한으로 획득한다. 즉 이용자가 플랫폼에 담보물을 충분히 예치했기 때문에 대출로 얻은 토큰은 이용자가 담보를 회수해 대출금을 돌려줄 때까지, 또는 담보 가치가 더 이상 대출금 전액을 합한 이자를 감당하기에 부족할 때까지 원하는 만큼 오래 보관할 수 있다. 그러나 bZx는 또한 플래시 대출을 사용하여 담보 없이 대출을 허용한다.

빌린 토큰의 가치보다 훨씬 더 많은 가치를 지닌 담보물을 제공해야 한다는 것은, 비록 한 번의 거래로 지출하고 갚는 대출을 만들어냄으로써 이러한 제한을 초과했지만, 이러한 대출을 받는 것이 그리 쉽지 않다는 것을 의미한다. 즉 플랫폼의 단일 구조화된 트랜잭션 덕분에 플래시 대출이 커지고 사실상 동시에 상환된다. 따라서 담보 없이 대출을 받을 수 있는데, 이는 거래가 실행될 때 그 신용 상태도 폐

쇄되기 때문에 위험이 없거나 드러나지 않은 익스포저가 없다는 것을 의미한다.

플래시 대출은 주로 거래용으로 사용되며, 특히 이른바 레버리지 운용에 활용된다. 풀크럼은 실제로 컴파운드 등 대출에 국한되지 않고 마진 거래도 가능한 플랫폼이다. 마진 거래를 제공하지만 플래시 대출은 하지 않는 dYDX나 마진 거래를 하지 않는 에이브(Aave) 등의 다른 디파이 플랫폼도 마찬가지다. 그러나 플래시 대출과 마진 거래의 결합으로 인해 일부 해커들은 bZx 프로토콜을 목표로 삼았고, 그것의 취약점 중 일부를 이용하여 많은 자금을 훔쳤다.

이러한 일은 두 차례에 걸쳐 발생했는데, 그중 첫 번째는 다른 디파이 플랫폼과 관련된 복잡한 작업을 통해 공격자가 수천 개의 ETH를 횡령할 수 있도록 하는 bZx 프로토콜의 버그를 이용한 것이고, 두 번째 경우는 공격자가 극히 유사한 것을 달성하기 위해 오라클의 취약성을 이용한 것이다.

디파이 대출의 차별점은 무엇인가?

다른 차이점들은 대출의 세부 사항 중 일부와 관련이 있다. 예를 들어 다른 플랫폼에서도 보험 기금 유지에 대한 누적 이자의 일부를 적립하거나 적립금으로 적립하지만 비율이 다르다. 또는 대출을 받기 위해 플랫폼에 잠겨 있어야 하는 담보 금액을 백분율로 변경할 수도 있다. 이러한 금액은 플랫폼마다, 자산마다 다르므로 일반적인 개요를 제공할 수 없고, 오히려 자산별로 데이터 자산을 분석하고 비교할 필요가 있다. 특히 bZx가 다른 플랫폼과 달리 트랜잭션에 부과되는 수수료는 다른 플랫폼과도 다르다.

∴ 해시드(Hashed)

해시드(Hashed)는 서울과 샌프란시스코에 기반을 두고, 전 세계의 블록체인 시장에서 혁신적인 탈중앙화 프로젝트를 발굴하고 지원하는 투자사이다. 해시드는 탈중앙화의 가치와 블록체인 기술의 등장이 인류 문명의 비가역적인 도약을 이끌어낼 거대한 흐름이라고 믿고 있다. 따라서 해시드는 빠르게 발전하고 있는 블록체인 산업에서 투자와 커뮤니티 빌딩, 액셀러레이션 활동을 통해 큰 잠재력을 가진 탈중앙화 프로젝트들이 보다 빠르고 효율적으로 성장할 수 있도록 돕고 있다.

블록체인 기술을 기반으로 하여 게임이나 디앱(Dapp)을 만들어 출시하는 일은 겉으로 보기에는 간단해 보이지만 게임 기획 및 개발뿐 아니라 블록체인 기술, 암호화, 난수생성, 보안, 퍼블리싱, 마케팅, 거래소, 투자 유치, 법률, 재무, 회계 등 수많은 분야에서의 전문 지식과 경험을 요구한다. 해시드 랩스는 블록체인과 암호 자산에 관련된 주요 기업이나 전문가뿐 아니라 전통적인 금융과 스타트업, 기술 분야에 걸친 해시드의 네트워크를 활용하여 창업팀이 필요로 하는 어드바이저를 소개한다. 해시드 랩스 프로그램 참여 팀은 각각의 분야에서 세계적인 수준의 전문가 그룹 강의 및 1:1 멘토링 기회를 얻고, 짧은 기간 안에 게임 개발 및 사업에 필요한 핵심 정보를 습득할 수 있다.

해시드 랩스 프로그램의 참가 팀들에게는 팀 빌딩과 초기 운영을 위한 시드 투자가 이루어진다. 또한, 액셀러레이션 기간뿐만 아니라 이후에도 해시드 포트폴리오의 일원으로 해시드와 협력 관계를 유지하는 데 도움을 주고 있다.

"탈중앙화 게임, 또는 블록체인 기반 게임에 가장 적합한 모델은 무엇일까? 어떤 요소가 핵심일까? 어떤 블록체인이 개발에 가장 적합할까? 이더리움 컨트랙트를 이오스로 포팅하려면 어떻게 해야 할까?"

개발을 시작하면 이런 크고 작은 다양한 질문들과 씨름하게 된다. 해시드 랩스는 창업팀들에게 업무 공간을 무상으로 제공하고 있다. 비슷한 고민을 하고 있는 창업자들이 한 공간에 모여 서로 활발히 교류하고 소통한다면 결과적으로 훨씬 빠르게 더 나은 결과를 낼 수 있다고 믿기 때문이다. 해시드는 2018년부터 2021년 5월 현재까지 총 투자는 42건, 총액수는 338억 원이다.

해시드에서는 블록체인의 가치를 담은 Dapp 생태계 발전을 위해 해시드 랩스 프로그램을 준비했다. 새로운 가치를 창출해내고 유용하게 사용되는 Dapp 서비스를 만들기 위해서는 서비스 기획과 팀 구성에서 시작해서 자본 조달, 디앱(Dapp) 개발, 배포, 마케팅, 커뮤니티 관리, 법률 검토 등 다양한 요소가 조화를 이루어야 한다. 해시드 랩스에서는 좋은 아이디어를 가지고 있으나 아직은 긴 여정을 헤쳐나가야 할 초기 팀들을 대상으로 액셀러레이팅 프로그램을 제공한다.

해시드 랩스에서는 블록체인 기술 기반 게임을 만드는 과정을 돕기 위한 다양한 기회를 준비했다. 특히 전통적인 게임을 개발해왔으나 새로운 기회를 찾아 블록체인의 장점을 접목한 게임을 만들려는 팀에게 해시드가 준비한 프로그램이 좋은 기회로 다가올 것으로 생각된다.

⠂⠂ 키버스왑(KyberSwap)

KyberSwap.com의 활용은 완전히 분산된 방식으로 토큰을 사고 판매하는 가장 빠르고 쉬운 방법이다. 예금, 오더 장부 또는 래핑이 필요하지 않은 간단한 프로세스를 통해 토큰을 교환할 수 있다. 키버스왑(KyberSwap)을 사용하려면 이더리움 지갑과 주소를 직접 사용해야 한다. 또한 해당 주소에 자금을 입금해야 한다. 다음 옵션을 통해 키버스왑(KyberSwap)에 액세스할 수 있다.

키버스왑에 액세스하는 방법은 무엇일까?

① 키스토어 파일 사용

② 키스토어 파일 또는 사용 가능한 옵션 중 키버스왑에 액세스하려면 먼저 KyberSwap.com을 클릭하여 지금 스왑을 클릭

③ KEYSTORE를 클릭한다. 로컬 컴퓨터 디렉토리가 나타나고 UTC/JSON 키스토어 파일을 선택할 수 있다.

④ 개인 키 사용: 개인 키를 클릭한 후 개인 키를 입력하고 가져오기를 클릭

⑤ 메타마스크 사용: 키버스왑(KyberSwap)을 사용하기 전에 먼저 교환할 토큰을 메타마스크 계정으로 전송해야 한다. 메타마스크 섹션에서 지갑 주소와 ETH 잔고를 볼 수 있다. 메타마스크(Metamask)

로 키버스왑(KyberSwap)에 액세스하려면 메타마스크(METMAASK)를 클릭한다.

⑥ 하드웨어 지갑 사용(Ledger/Trezor): 컴퓨터에 Ledger 또는 Trezor 하드웨어 지갑 연결 후 암호를 입력하고 지갑 잠금 해제

⑦ REDER 또는 TREZOR 클릭

⑨ 액세스하려는 지갑 주소를 선택

⑩ 키버스왑(KyberSwap)을 사용하기 전에 먼저 특정 지갑 주소로 자금을 입금

⑪ 하드웨어 지갑이 제대로 연결되어 있지 않으면 이런 메시지가 표시된다. "하드웨어 지갑을 다시 연결해 보십시오."

다음으로 토큰 스왑의 수행에 대해 알아본다.

① 트랜잭션에 대해 허용되는 최저 변환 속도를 설정하여 변동 시간 동안 투자자를 보호한다. 높은 값을 설정하면 거래가 실패할 수 있으며 가스 요금이 부과된다.

② 토큰 스왑 수행: 변환하려는 금액의 키와 스왑을 클릭한다. 확인을 클릭하면 거래가 이더리움 네트워크로 보내지게 된다. 트랜잭션이 성공하면 팝업이 표시된다. 키버스왑(KyberSwap)에서 한 토큰을 다른 토큰으로 성공적으로 교체된다.

③ 주의 사항은 시장에 변동성이 있을 때 '슬리피지'가 있을 수 있으므로 당신이 얻는 환율은 키버스왑(KyberSwap) 페이지에서 보는 것과 약간 다를 수 있다. 만일 거래가 실패하면 이더리움 네트워크 채굴 수수료가 공제되는 가운데 자금이 지갑에 남아 있다.

④ 키버스왑 거래 한도: 각 주소는 일일 거래 한도가 미화 15,000 달러이다. 키버스왑(KyberSwap) 토큰 스왑 전송 한도를 늘리려면 Kyber Network 계정에 등록해야 한다. 등록이 승인된 경우 거래 금액에 제한이 없다.(예약 용량에 따라 달라질 수 있다.)

코인 전송에 대해 알아본다. KyberSwap Transfer 페이지에서 My-EtherWallet에서와 같이 다른 주소로 토큰을 보낼 수 있다. 곧 더 많은 기능이 출시되어 카이버와의 토큰 전송이 더욱 편리하고 원활해질 전망이다.

다음은 전체 키버스왑 토큰 변환 프로세스이다. 로그인/등록하면 키버스왑의 모든 혜택을 경험할 수 있다.

① 1단계: 로그인(등록)

KyberSwap.com을 사용하기 위해 로그인(등록)을 할 필요는 없지만, 더 높은 거래 제한에 액세스하려면 로그인(등록)을 해야 한다.

② 전자 메일로 이동하여 전자 메일 주소 확인

30분 이내에 확인 이메일/잠금 해제 지침을 받지 못한 경우 '여기 클릭' 링크를 클릭한다.

③ 2단계: 1회 등록 완료

이메일이 확인되면 간단한 몇 단계로 일회성 등록을 완료한다. 개인 정보 제공, 필요한 문서 업로드하여 제출

④ 필수 정보가 제출되면 등록이 승인될 때까지 기다린다.

⑤ 3단계: 프로파일 및 보안 설정

등록이 완료되면 로그인한다.

⑥ 오른쪽 상단 사용자 아이콘을 클릭하여 프로파일에 액세스하거

나 현재 연결된 지갑 주소를 확인하거나 로그아웃한다.

⑦ 오른쪽 위 경보 벨 아이콘을 사용, 트랜잭션을 확인할 수 있다.

⑧ 등록 및 제출된 문서가 완전히 승인되면 KYC 프로필이 확인됨으로 표시되어야 한다. 그렇지 않은 경우 '지금 확인'을 클릭한다. 등록된 계정에 최대 4개의 이더리움 지갑을 추가할 수 있다.

⑨ 토큰 전송

키버스왑의 특징은 무엇일까?

키버스왑은 하나의 ERC20 토큰을 다른 토큰으로 변환하기 위한 간단하면서도 안전한 플랫폼이다. 키버스왑은 Kyber의 온 체인 유동성 프로토콜에 의해 구동된다.

Kyber의 온체인 유동성 프로토콜을 통해 분산형 토큰 스왑을 모든 애플리케이션에 통합할 수 있으므로 생태계의 모든 당사자 간에 가치 교환을 원활하게 수행할 수 있다. 개발자는 이 프로토콜을 사용하여 인스턴트 토큰 스왑 서비스, ERC20 결제 및 금융 디앱(DApps)을 포함한 혁신적인 결제 흐름 및 애플리케이션을 구축하여 어디서나 토큰을 사용할 수 있는 세상을 구축할 수 있다.

∴ 마챠(Matcha)

마챠(Matcha)는 0x 프로토콜에 의해 만들어진 소비자 대면 DEX이다. 0x

API와 0x 메쉬를 활용하여 키버, 유니스왑, 오아시스 및 기타 소스의 집계된 유동성 및 가격 정보를 활용한다. 마챠는 스마트 주문 라우팅을 사용하여 최종 사용자에게 거래에 가장 적합한 가격을 자동으로 제공한다. 마챠의 주요 목표는 누구나 체인에서 토큰을 교환할 수 있는 깨끗하고 간단한 인터페이스가 되는 것이다.

0x 프로토콜은 2017년 8월 토큰 ZRX에 대한 ICO로 시작된 이래 이더리움에 기반을 둔 선도적인 유동성 집계 프로젝트로 24시간 이내에 2,400만 달러를 모금했다. ZRX의 주요 기능은 온체인 프로토콜 거버넌스를 용이하게 하는 것이지만 ZRX 소지자는 토큰을 시장 만들기 풀에 위임하여 ETH를 획득할 수 있으며 보상에 대한 비례 분포를 얻을 수 있다. 대부분의 경우 0x는 무대 뒤에서 작동하여 모든 프로젝트가 프로토콜 위에 제품을 빌드할 수 있도록 한다. 마챠는 출시 이후 크게 성장했다.

마챠는 처음부터 단순하고 사용 편의성을 염두에 두고 제작되었다. 홈페이지에는 토큰 바로 가기와 사용자가 원하는 거래 쌍으로 바로 이동할 수 있는 검색 필드가 있다. 마챠는 미래에 수천 개의 거래 쌍으로 수백 개 토큰을 지원하는 것을 목표로 한다.

마챠는 0x 메쉬 및 키버, 오아시스, 커브, 유니스왑 및 기타 독점 유동성 소스를 포함한 기타 디파이 프로토콜의 데이터에 즉시 액세스할 수 있다. 사용자는 자동 가격 비교의 이점을 누릴 수 있으며 마챠는 자동으로 다른 유동성 프로토콜에 걸쳐 거래를 분할하여 사용자가 구매시 최상의 가격을 얻을 수 있도록 한다.

DEX 공간을 처음 접하는 사용자들의 일반적인 불만은 그들이 위협적이고 적절하게 사용하기 위해서는 너무 많은 기술적 지식이 필요하다는 것이다. 사람들은 계속해서 가격 하락이나 거래로 손해를 보는데, 이는 사용자들이 더 이상 거래를 하지 못하게 할 수 있다. 그러나 마챠는 사용자가 처음부터 간단한 언어로 무엇이 진행되는지 설명하고 사용자 자금을 보호하기 위해 노력함으로써 편안하고 통제력을 갖기를 원한다. 마챠는 거래소가 성장함에 따라 교육 투자, 온보드화, 블록체인 기술의 복잡성 해소 등을 지속할 계획이다. 예를 들어 거래 마챠를 실행하기 전에 사용자에게 자세한 주문 검토, 예상 슬리피지(Slippage)및 손실된 값 및 네트워크 혼잡으로 인한 놀라움을 피하기 위한 트랜잭션 시간 추정기가 표시된다.

마챠의 거래 인터페이스는 기술에 관계없이 누구나 깨끗하고 사용하기 쉽다. 그들은 지난 24시간, 1주 또는 1개월로 설정할 수 있는 차트와 함께 지속적으로 업데이트된 가격 정보를 제공한다. 사용자는 또한 사용자 지정 가격 및 만료 날짜로 시장 주문을 하거나 주문을 제한하도록 선택할 수 있다.

그림 23 https://www.steemcoinpan.com/hive-101145/@donekim/ DeFi-0x-matcha

∵ 오아시스(Oasis)

차세대 블록체인을 위해 설계된 오아시스 네트워크는 오픈 파이낸스와 책임 있는 데이터 경제를 위한 최초의 프라이버시 지원 블록체인 플랫폼이다. 오아시스 네트워크는 높은 처리량 및 보안 아키텍처를 결합하여 프라이빗하고 확장 가능한 디파이를 지원하여 Open Finance를 혁신하고 거래자와 얼리 어답터를 넘어 대규모 시장으로 확장할 수 있다. 이 회사의 고유한 개인 정보 보호 기능은 디파이를 재정의할 수 있을 뿐만 아니라 사용자가 생성한 데이터를 제어하고 애플리케이션과 함께 사용하면 보상을 얻을 수 있는 토큰화 데이터라는 새로운 유형의 디지털 자산을 생성하여 사상 최초의 책임 있는 데이터 경제성을 창출할 수 있다.

오아시스 네트워크는 세계 최초의 확장 가능하고 개인 정보 보호를 지원하는 블록체인이다. 오아시스 네트워크의 ParaTimes는 보안 엔클로저와 같은 기밀 컴퓨팅 기술을 활용하여 데이터를 기밀로 유지할 수 있어 블록체인을 위한 새로운 사용 사례와 애플리케이션을 열 수 있다.

오아시스 네트워크의 프라이버시 우선 디자인은 디파이를 트레이더와 얼리 어답터 이상으로 확장하여 새로운 주류 시장을 개척할 수 있다. 또한 혁신적인 확장성 설계를 통해 디파이 트랜잭션에 빠른 속도와 높은 처리량을 제공한다.

먼저 데이터 토큰화를 사용하도록 설정한다. 오아시스 네트워크는 데이터 토큰화를 통해 블록체인의 게임 변경 사용 사례, 네트워크상의 완전히 새로운 애플리케이션 및 프로젝트 에코시스템을 통해 차세대 개인 정보 보호 우선 애플리케이션을 지원할 수 있다.

오아시스 네트워크는 거의 천 명에 가까운 노드 운영자, 개발자, 엔터프라이즈 파트너, 홍보대사 및 글로벌 소셜 채널에 참여하는 거의 만 명의 커뮤니티 구성원으로 이루어진 번창하는 커뮤니티를 가지고 있다.

오아시스 팀은 애플, 구글, 아마존, 골드만 삭스, UC 버클리, 카네기 멜론, 스탠포드, 하버드 등 전 세계 최고의 인재들로 구성되어 있으며, 오아시스 네트워크의 영향력을 확대하고 성장시키기 위해 노력하고 있다.

오아시스 네트워크는 계층 1로 지분 증명, 분산형 네트워크이다. 컨센서스 레이어와 파라타임 레이어의 두 가지 주요 구성 요소가 있다. 컨센서스 레이어는 분산형 검증기 노드 집합에서 실행되는 확장 가능

그림24 https://medium.com/oasis-protocol-project/how-the-oasis-network-can-unlock-a-new- generation -of-privacy-enabled-scalable- DeFi-applications-fba7f633e13b

한 높은 처리량, 안전한 이해 증명 컨센서스이다.

ParaTime Layer에는 많은 병렬 런타임(ParaTimes)이 호스팅되며 각각은 공유 상태의 복제된 컴퓨팅 환경을 나타낸다.

⫶ 오핀(Opyn)

복권 티켓, 온라인 플랫폼 포인트, 피아트 통화 등 Ethereum.org '토큰'은 이더리움에서 거의 모든 것을 나타낼 수 있다. 이러한 토큰은 ECR-20이라는 표준을 따라 다른 토큰의 형식과 값을 동일하게 가지고 있고 ETH와 마찬가지로 행동해야 한다.

플랫폼 오핀(Opyn)은 사용자가 ETH 및 ECR20s에서 분산금융(DeFi) 옵션을 사고 거래할 수 있다. '옵션'은 미리 정의된 가격과 판매할 수 있는 만료 날짜가 있는 기본 자산을 나타낸다. 오핀은 강력하고 효율적인 스마트 계약을 통해 옵션 프로토콜을 제공한다. 옵션을 사용하면 변동성 및 플래시 충돌에 대한 보안을 보장하며 일반적으로 마진 요구 사항이 낮다.

2020년 2월, 오핀은 최초의 라이브 ERC20 옵션 프로토콜로 디파이 옵션의 토대를 마련한v1(볼록티 프로토콜)을 출시했다. 2020년 8월, 오핀은 디파이에 위험 관리를 가속화하고 암호화폐 투자자가 옵션을 통해 이더리움 및 디파이 투자를 헤지할 수 있는 기본 디파이 플랫폼을 출시했다. 오핀은 시드(Seed) 자금을 사용하여 오핀 팀을 성장시키고 주요 연구 및 엔지니어링 고용에 중점을 두고 프로토콜 개발 및 보안을 강화했다. 이 회사의 주요 목표는 가장 안전하고 자본 효율적인 디파이 옵션 프로토콜을 구축하는 것이다.

12월에는 가장 강력하고 자본 효율적인 디파이 옵션 프로토콜인 v2(감마 프로토콜)를 출시했다. 감마 프로토콜은 사용자가 옵션 스프레드 및 콤보를 거래할 수 있도록 하여 보다 자본 효율적인 옵션을 제공한다. 신뢰할 수 없는 옵션 프로토콜은 디파이의 진정한 잠재력을 실현하는 데 중요하며 디파이 커뮤니티와 협력하여 더 나은 포괄적인 금융 시스템을 구축하기 위해 최선을 다하고 있다.

주요 용도는 무엇인가?

① 헤징 목적의 옵션은 디파이 트레이더에게 위험 감소 전략을 제공한다.

② 투기꾼의 경우, 옵션은 short 혹은 long으로 갈 때 다른 암호화폐로 갈 수 있는 저렴한 방법을 제공할 수 있다.

③ Opyn v2 옵션을 사용하면 디파이 트레이더에게 스프레드 및 조합과 같은 보다 유연하고 복잡한 전략을 제공하여 시장 시나리오에서 잠재적으로 수익성이 있을 수 있다.

④ 유동성 옵션 시장은 시장 참가자들에게 헤징, 레버리지 및 금융 보험에 대한 액세스를 제공하여 이러한 시장의 발전은 디파이의 성숙을 위한 전제 조건으로 만든다.

다른 디파이 옵션 프로토콜과 v2의 주요 차별점은 무엇일까?
Opyn v2는 아래와 같은 주요 특성이 있다.

① v2는 스프레드와 같은 보다 자본 효율적인 옵션 거래 전략을 허용한다.

② v2는 시장의 수요 및 공급에 의해 입찰/요청이 설정되기 때문에 경쟁력 있는 가격을 가지고 있다.

③ v2를 사용하면 사용자가 만료되기 전에 옵션을 판매할 수 있다.

④ v2는 플래시 민트를 허용한다.

⑤ v2는 제품이 재상장된 경우 누구나 새로운 옵션을 만들 수 있도록 허용한다.

⑥ v2는 운영자가 사용자를 대신하여 행동하고 거래할 수 있다.

⋮⋮ 레이더 릴레이(Radar Relay)

레이더 릴레이 베타 앱은 2017년 8월에 출시되었다. 앨런 커티스(CEO), 마이크 로스(CTO), 브랜든 아서 로스(CCO), 데빈 엘드리지(COO)가 이 프로젝트를 이끌고 있다. 이 팀은 2017년 12월 블록체인 캐피탈로부터 지원을 받았다.

레이더 릴레이는 암호화폐의 지갑에서 지갑으로의 거래를 위해 설계된 디앱(DApp), 또는 분산 응용 프로그램이다. Coinbase, Bitstamp 및 기타 중앙 집중식 암호화폐 거래소와 달리 레이더 릴레이 분산 거래소는 계정을 설정할 필요가 없다. 레이더 릴레이를 사용하면 이름, 주소 및 기타 개인 정보를 공유하지 않고도 토큰을 안전하게 거래할 수

있다. 또한 예금 및 인출에 대한 잠금 기간이나 수수료가 없다. DDEX
와 마찬가지로 레이더 릴레이 분산 교환은 보안을 개선할 뿐만 아니라
시간과 비용을 절약한다.

레이더 릴레이 분산 교환이란 무엇인가?

레이더 릴레이 분산 교환은 암호화폐의 피어 투 피어 거래를 가능하
게 한다. 기술적으로 그것은 오아시스 DEX, 에테르 델타/포크델타,
IDEX, 그리고 Kyber와 같은 1세대 분산 거래소와 경쟁한다. 그러나
레이더 릴레이는 24시간 거래량을 능가할 뿐만 아니라 이를 능가한다.
또한 영국에 본사를 둔 CEX와 같은 기존 중앙 집중식 거래소와 효과
적으로 경쟁한다. 중앙 집중식 거래소에서 계정을 설정하는 것과 비
교하여 레이더 릴레이로 거래를 시작하는 데 더 적은 단계를 거친다.
레이더 릴레이는 중앙 집중식 거래소만큼 빠르지는 않지만 블록체인
에서 모든 것을 실행하는 부담을 주는 1세대 분산 거래소보다 빠르다.

레이더 릴레이 분산 교환은 어떻게 작동할까?

레이더 릴레이 분산 교환을 사용하려면 웹 사이트와 인터페이스하
거나 API를 사용하여 프로그래밍 방식으로 거래할 수 있다. 어느 쪽
이든 당신은 본질적으로 주문하기 위해 지갑을 사용한다. 모든 레이
더 릴레이는 해당 순서를 브로드캐스트하고, 일치를 찾아 0x 프로토
콜을 통해 이더리움 블록체인에 해당 정보를 전파한다. 그런 다음 0x
프로토콜은 스마트 계약을 사용하여 블록체인에서 주문을 완료한다.

레이더 릴레이는 어떻게 다른가?

레이더 릴레이는 다른 트러스트 모델을 사용한다. 레이더 릴레이 마
케팅 자료에 따르면 레이더 릴레이는 모듈식 거래 네트워크이다. 이

것은 분산된 교환의 첫 번째 반복과 다르다는 것을 말하는 멋진 방법이다. 전통적으로 분산형 거래소는 메타 마스크 또는 원장 지갑을 사용하여 거래를 가능하게 하기 위해 독점 인터페이스와 스마트 계약을 사용한다. 스마트 계약이 블록체인에 주문 정보를 전달하는 이더 델타(EtherDelta), IDEX 및 기타 1세대 분산 거래소에서는 인터페이스가 독점적이었기 때문에 유동성을 공유할 수 있는 방법이 없었다. 레이더 릴레이는 0x 프로토콜을 활용하여 주문 정보의 전파 속도를 높일 수 있다. 더 중요한 것은, 상호 작용 관점에서 그것은 프로그래머와 상인의 글로벌 커뮤니티에 주문 정산 스마트 계약 프로토콜의 개발 및 거버넌스를 떠난다.

레이더 릴레이는 어떻게 수익을 낼 수 있을까?

거래소는 일반적으로 수수료를 부과하여 수익을 창출한다. 2017년 8월, 레이더 릴레이는 0.45%/0.70%의 메이커/테이커 수수료를 부과할 계획을 발표했다. 수수료는 ZRX 토큰의 관점에서 지불했다. 수수료는 호스팅 및 주문 촉진 서비스를 제공하기 위한 이더리움 블록체인에 주문되었을 때 지불된다. 2017년 11월 이후 레이더 릴레이 분산 거래소는 거래 수수료를 부과하는 것을 중단하고 엄청난 성공을 거두었다. 거래량은 레이더 릴레이의 성공을 보여준다. 그러나 거래 수수료가 다시 도입될 때 레이더 릴레이가 이러한 모멘텀을 유지할 수 있을지는 미지수이다. 거래 수수료에 의존하지 않는 비즈니스 모델을 가지고 있는 에어스왑과 같은 경쟁업체가 있기 때문이다.

⠂⠂ 세럼(Serum)

세럼(Serum)은 솔라나 블록체인에 기반을 두고 있으며 디파이에서 실행되는 '순수한' 형태의 디파이라고 주장한다. 세럼은 매우 확장성이 있고 저렴하며 빠르다. 세럼은 시드 프로토콜에 따라 완전히 분산되어 있다. 그것은 크로스 체인(Cross chain) 거래 지원과 비위탁 교환에서 실행되고 KYC가 필요하지 않다. 이것은 사용자에게 중앙 집중식 거래소가 현재 제공할 수 있는 것보다 더 나은 UX 수준을 제공한다. 세럼이 가지고 있는 가격, 속도 및 유용성으로 중앙 집중식 거래소에서 거래하는 데 익숙한 고객이 기회를 주지 않을 이유가 없다.

솔라나 출신임에도 불구하고 세럼은 이더리움과 비트코인과 완전히 상호 운용이 가능하도록 설계되어 있다. 바이넌스 DEX 또는 밸런스와 유니스왑과 같은 다른 DeFi DEX와 비교하면 더 큰 이점을 누릴 수 있다. 대부분의 디파이 플랫폼이 현재 제공하는 ERC-20 토큰 외에 다른 암호화폐를 거래하기를 원하기 때문에 이것은 그들에게 우위를 제공한다. 이 점을 염두에 두고 세럼이 출시될 때 암호화 공간에서 다른 DEX와 비교할 수 있다. 중앙 집중식 교환이 제공할 수 있지만 비위탁형에서 제공할 수 있는 편리함과 친숙함이 있다.

프로젝트 세럼은 암호화폐 거래소이자 파생 상품 플랫폼인 FTX Exchange의 새로운 DEX로 탄생했다. 프로젝트 세럼 설립자도 FTX 거래소의 배후이며 멀티코인 캐피탈, 토모체인, 컴파운드, 카이버 네트워크 설립자 등 성공적인 프로젝트를 가진 업계 티탄들과도 제휴했다.

SRM은 솔라나 블록체인을 기반으로 하는 세럼의 거버넌스 토큰이지만 이더리움이나 ERC-20 버전도 있다. 약 100억 개의 SRM이 초기 최대 공급량으로 투입되었으며, 이 중 약 175만 개의 토큰이 초기 유통되며 IEO 이후 1억 8,100만 개의 토큰으로 증가할 것이다. 이 금액은 연간 약 15%의 성장을 목표로 설정되었다. 그것은 보유자들에게 세럼 생태계에 대한 지배력을 준다. 세럼 대부분의 구성 요소는 불변으로 간주되지만, 향후 수수료와 같은 일부 매개 변수는 SRM 거버넌스 투표를 통해 수정할 수 있다. 순 가격은 SRM 토큰을 구입하고 굽는 데 사용된다.

SRM은 스테이크를 통해 사용할 수 있으며 수수료 지불에도 사용할 수 있다. 따라서 SRM 소유자는 모든 거래 비용을 50%까지 할인받을 수 있다. 또한 모든 SRM 토큰의 90%는 장기 보류 또는 잠금용으로 설계되었다. 이는 그 팀이 장기적으로 여기에 있는지 확인하기 위한 것이다.

세럼은 크로스체인 지원을 통해 서로 다른 블록체인의 신뢰할 수 없는 자산 교환이 가능하다. 이는 신뢰받는 당사자가 교차 체인 스왑을 허용해야 하는 다른 프로토콜과 현저히 대비된다. 세럼 옵션은 100개가 넘는 검증기를 사용하여 완전 분산되어 있다.

세럼 BTC는 가격이 기본 자산이나 BTC 형태로 고정되거나 묶여 있는 포장 유틸리티 토큰이다. 또한 완전히 분산된 Solana 기반 BTC 토큰이다. 한편 세럼 USD는 USD에 ERC-20과 SPL 토큰화를 모두 따르는 탈중앙화 포장 스테이블 코인으로 단일 실패 지점이 없다. 세럼은 전문 트레이더와 디파이의 격차를 해소하기 위한 것이다. 이들의

교차 체인 지원, 주문서, 확장성 및 기타 기능은 전문 트레이더에게 당
근 역할을 할 수 있어 중앙 집중식 거래처에서 DEX로 비즈니스를 옮
긴다. 전반적으로 세럼은 매우 유망한 DEX와 디파이 프로토콜이다.

그러나 세럼이 성공하지 못할 것이라는 여섯 가지의 이유도 있어
주목을 끈다[1].

∵ 스워브 파이낸스(Swerve Finance)

스워브는 커브 파이낸스(Curve Finance)의 복제본이다. 커브 파이낸스는
안정적인 코인의 교환을 강화하는 블록체인(blockchain) 기반 플랫폼이다.
커브는 투표를 통해 분산 거버넌스를 강화하기 위해 분산된 자율 조
직(DAO)을 가지고 있다. 불행히도 플랫폼의 설립자 인 미셸 에고로프
는 투표 권력의 절반 이상을 보유하고 있다. 그러나 스워브 커뮤니티
가 소유한 100% 플랫폼을 제공하기 위해 탄생했다.

스워브는 비구축형 분산형 거래소로 2020년 중반 이후 두각을 나타
내고 있다. 스워브와 커브 파이낸스는 안정적인 코인 스왑 틈새 시장
을 독점적으로 리드한다는 점에서 동종 업계에서 독특하다.

스워브(Swerve)는 자동 시장 제조기(AMM) 기반의 분산형 교환(DEX) 프

---

1) https://medium.com/@maniacbolts/6-reasons-why-serum-wont-
   succeed-234447042984

로토콜 커브 파이낸스(Curve Finance)의 복사품이다. 다른 AMM DEX와 달리 스워브와 커브는 스테이블 코인과 같이 동일한 값의 토큰 간 스왑을 목표로 한다. 스워브는 현재 하나의 풀 안에 4개의 안정적인 코인이 있다. DAI, USDC, USDC, TUSD, SWRV(Swerve DAO Token)는 시간 기반 스테이킹 시스템을 기반으로 스워브 교환 수수료를 적립할 수 있는 기능을 가진 거버넌스 토큰이다. 스워브는 커브 파이낸스의 복제본이지만 다음 사항은 없다.

① 사전 채굴(A pre-mine)

② 주주에게 토큰 할당(token allocation to shareholders)

③ 토큰의 확장된 분포(extended distribution of tokens)

④ 지배 창업자 또는 주주(a controlling founder or shareholder)

스워브에는 DAI, TUSD, USDT 및 USDC와 같은 선도적인 스테이블 코인을 수용할 수 있는 단일 풀이 있다. 새 풀을 만드는 것은 프로토콜의 DAO 함수이다.

따라서 커뮤니티는 추가 풀을 도입하기 위해 투표할 수 있다. 다른 디파이 플랫폼과 달리 스워브는 연 파이낸스(Yeam,Finance) 및 기타 디파이 기반 스마트 계약과 같은 프로젝트가 투표에 참여할 수 있도록 하는 스마트 지갑을 화이트 리스트화하지 않는다.

스워브의 네이티브 토큰은 스워브 토큰(SWRV)이라고 하며 창립자나 팀을 위한 제공이 없이 커뮤니티에 제공된다. SWRV는 연간 3,300만 개의 토큰을 공급하며 모든 코인은 유동성 공급자에게 제공된다. 출시 2주 후 900만 대의 SWRV가 첫 배포되었다. 첫 해에 유동성 공급자가 9백만 개의 SWRV 토큰을 추가로 받게 된다. 나머지 1,500만 개의 토큰은 5년 동안 연간 300만 개의 토큰으로 동등하게 확산된다.

2020년 10월 6일 스워브 팀은 스마트 계약의 증폭 계수가 업데이트될 때 공격자가 토큰 잔액의 큰 부분을 인출할 가능성이 있는 심각한 0xProject의 결과를 게시했다. 또한 이는 커브 파이낸스(Curve Finance)에도 영향을 미친다. 왜냐하면 둘 다 동일한 계약을 사용하기 때문이다. 스워브는 이런 사항을 해결하기 위해 노력하고 있으며 다행히도 취약점을 유발한 요인으로의 변경이 없기 때문에 스워브에 예치한 자금이 위험에 처해 있지 않다는 것을 사용자에게 알렸다. 그러나 스워브가 직면한 큰 장애물 중 하나는 이 공간에서 많은 다른 사기로 부정적인 전환기를 맞은 전반적인 시장 심리이다. 스워브가 이러한 어려운 상황에도 불구하고 생존자로 부상할 수 있는지 기다려야 한다.

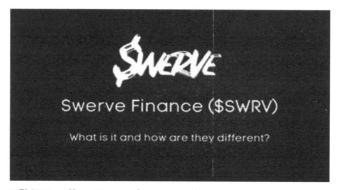

그림 25 https://boxmining.com/swerve-swrv/

∴ 신세틱스(Synthetix)

신세틱스(Synthetix)는 무엇인가? 신세틱스는 합성 자산의 발행을 위한 이더리움 기반 프로토콜이다. 전통적인 파이낸스의 파생 상품과 유사한 합성 자산은 자산 보유를 요구하지 않고도 다른 자산의 수익을 추적하고 제공하는 '신스(Synths)'로 알려진 ERC-20 스마트 계약 형태의 금융 상품이다. 암호화폐, 지수, 금과 같은 실제 자산에 이르기까지 신스를 신세틱스의 분산 거래소(DEX)인 Kwenta에서 거래할 수 있다. 신세틱스의 기본 토큰인 신세틱스 네트워크 토큰(SNX)은 발행된 신디스에 대한 담보를 제공하는 데 사용된다. 신세틱스를 이해하려면 신스의 유용성과 분산금융(DeFi) 생태계에서의 역할을 이해해야 한다.

신세틱스는 어떻게 작동하는가?

신스는 스마트 계약 기반 가격 검색 프로토콜인 분산형 오라클을 사용하여 표시된 자산의 가격을 추적하여 신스를 실제로 기본 자산을 소유한 것처럼 보유하고 교환할 수 있다. 이러한 방식으로 신스는 일반 암호화 투자자인 금과 은에 접근할 수 없는 자산에 대한 노출을 제공하고 빠르고 효율적으로 거래할 수 있다. 신스는 골드바가 뒷받침하는 Paxos'PAX Gold(PAXG)와 같은 토큰화된 상품과 다르다. PAXG를 소유한다는 것은 금을 보유한다는 것을 의미하지만 신세틱스의 sXAU를 소유한다는 것은 기본 자산을 소유하지 않는다는 것을 의미한다. 당신은 단지 금 가격에 노출되어 있다.

신스는 이더리움에서 발행되기 때문에 커브 및 유니스왑과 같은 다른 디파이 플랫폼에 입금하여 유동성을 제공하고 이자를 적립할 수 있다. 합성 및 파생 상품은 변동성에 대한 헤지를 지원함으로써 성숙한 시장(즉 평형에 도달한 시장)을 구축하는 데 중요하다.

예를 들어 자산의 가치가 미래에 상승할 것으로 예상하지만 자산의 가치가 상승하지 못할 가능성에 따른 위험을 받아들이기를 주저하는 경우 옵션 계약을 구입할 수 있다. 옵션 계약이란 장래의 일정 시점 또는 일정 기간 내에 특정 기초 자산을 정한 가격에 팔거나 살 수 있는 권리를 말한다.

투자자는 자산의 가치가 상승하지 않으면 특정 날짜까지 특정 가격으로 판매할 수 있는 계약을 구입할 수 있다. 신세틱스의 작동 방식을 자세히 알아본다.

① 거래소에서 ETH 구매

② Kwenta에 sUSD에 대한 교환 ETH

③ 그런 다음 sBTC와 Synths의 교환

또는 다음을 수행할 수 있다.

① 거래소에서 SNX 토큰 받기

② Mintr에 stake(Mintr: 신세틱스에 의해 만들어진 분산 응용 프로그램(dapp))

③ 신스를 만들고 Kwenta에서 거래를 시작한다.

신세틱스에서 SNX 토큰을 스테이징하여 만든 모든 신스는 커뮤니티 거버넌스를 통해 결정되는 600% 담보 비율에 의해 뒷받침된다. 스테이커(Staker)는 너무 높으면 sUSD를 채굴하고 너무 낮으면 sUSD를 연소하여 민터(Mintr)에서 자신의 비율을 수동으로 관리해야 한다. 스테이킹(Staking)은 암호화폐의 일정량을 지분으로 고정시키는 행위이다. 스테이킹 서비스란 저축과 유사한 개념으로 사용자가 가진 암호화폐를 블록체인 네트워크 운영에 활용할 수 있도록 맡기고 그 대가로 보상을 받는 서비스이다. 반대는 언스테이킹(unstaking)이다.)

SNX와 Mintr SUSD를 stake하면 SNX를 unstake하기 위해 연소해야 하는 sUSD 금액을 반영하는 부채를 감수할 수 있다. 또한 신세틱스의 모든 부채 비율을 나타내는 이 부채는 SUSD로 표시되어 있으며 신스의 공급과 환율에 따라 증가하고 감소한다. 예를 들어 신세틱스의 신스 절반이 합성 에테르(sETH)이고 에테르 가격이 두 배로 증가하면 총 부채와 각 스테이크의 부채가 1분기까지 증가할 것이다.

신스를 교환할 때에는 상대방이 필요하지 않고, 대신 스마트 계약을 통해 직접 변환한다. 이 시스템은 거래 상대방에 대한 리스크와 가격 하락을 완화하고 거래를 위한 충분한 유동성을 확보한다.

토큰의 지분을 보유할 때 담보화 비율이 600%에 머물 경우 두 가지 유형의 보상을 받을 수 있다. 즉 SNX로 표시된 스테이킹 보상과 sUSD 로 표시된 모든 신스 거래의 교환 수수료이다. 환전 수수료는 각 증권 사가 발행한 채무액에 따라 배분된다. 보상을 담보화 비율과 연계하면 신스는 항상 담보물을 충분히 지지할 수 있다.

Kwenta는 신스를 거래할 수 있는 분산형거래소(DEX)이다. 다른 DEX 와 달리 거래소는 주문 장부를 가지고 있지 않고 대신 피어 투 피어 계약 거래를 활용하므로 모든 거래가 스마트 계약에 대해 실행된다. 체인링크(Chainlink) 오라클은 각 자산에 대한 환율을 설정하는 데 사용되는 가격 피드를 제공한다. 각 거래에 0.3%에서 1%의 변동 수수료가 부과되며 SNX 응시자가 청구할 수 있는 풀로 전송된다.

Kwenta 사용자는 13가지 암호화폐 및 역 암호화폐(암호화폐의 가격을 반비례로 추적), 합성(synthetic) 금과 은, 합성 미국 달러, 합성 호주 달러 및 합성 유로를 사고 거래할 수 있다. 신세틱스는 또한 두 개의 합성 암호화폐 인덱스를 제공한다. 디파이 자산의 바스켓을 추적하는 sDeFi와 중앙 집중식 교환 토큰의 바스켓을 추적하는 sCEX이다. 두 자산 바스켓 모두 커뮤니티 거버넌스를 통해 선택된다.

신세틱스는 원래 호주에 본사를 둔 비영리 재단인 Synthetix Foundation의 지배를 받았지만 2020년에는 3개의 분산된 자치 단체(DAOs)로 통제권을 옮겼다. 프로토콜 DAO는 프로토콜 업그레이드와 신세틱스의 스마트 계약을 제어하며 grants DAO는 신세틱스의 공공 상품에 대한 커뮤니티 제안과 네트워크 개발을 진전시키는 신세틱스 DAO 펀드 단체에 자금을 지원한다.

∴ 유니스왑(Uniswap)

유니스왑(Uniswap)은 이더리움 블록체인에서 운영되는 암호화폐 거래소 시스템이다. 유니스왑은 오픈 소스 프로토콜로 누구나 상호 작용하여 작동 방식을 이해할 수 있다. 유니스왑은 이더(ETH)와 이더리움 기반 자산 거래에만 주력한다. 유니스왑은 암호화폐에 대한 인기 있는 분산된 교환이다. 유니스왑은 이더리움과 분산금융 생태계의 초석 프로젝트 중 하나이다.

코인베이스(Coinbase)의 뱅가드 또는 비트코인(BTC)에서 Apple(AAPL)의 지분을 구매할 때 뱅가드와 코인베이스(Coinbase)를 중개인으로 '고용'한다. 그들은 당신의 돈을 가지고 주어진 자산을 구입한다. 전통적인 거래는 일반적으로 다음과 같은 특성을 가지고 있다.

① 당신의 거래를 실행하는 신뢰할 수 있는 중개인이 있다.(뱅가드, 코인베이스)

② 또한 거래 가치를 결정하는 구매자(입찰가)와 판매자(요청)로 채워진 주문 장부가 있다.

③ 당신은 직접 자신의 자산을 보유하지 않는다. 중개인이 당신을 대신한다.

④ 귀하는 개인 정보를 제공해야 하며 귀하가 거래하는 것으로 알려져야 한다.

전통적인 거래 모델에는 많은 장점이 있다. 예를 들면, 전통적 거래소들은 매우 크고 효율적으로 시장을 운영하고 있다. 당신이 주식을 구입한 경우, 또는 주요 거래소(Coinbase, Binance, Kraken 등)에서 암호화폐를 거래한 경우 그것은 당신이 상호 작용한 모델이다.

유니스왑이 전통적인 거래 모델과 다른 점은 무엇인가?

다음은 유니스왑의 차이점을 보여주는 4가지 흥미로운 예이다.

① 중개인이 없다.

거래자는 이더리움 블록체인을 이용해 자신만의 이더리움 자체 보관 지갑(예: 메타마스크)에서 직접 거래한다. 이것이 유니스왑을 분산형 Exchange(DEX)로 만든 이유이다.

② 주문서가 없다.

매수·매도 가격은 이더리움 블록체인의 스마트 계약(나중에 추가)으로 처리하는 자동화된 마켓메이킹을 통해 결정된다.

③ 이더리움 기반 자산을 직접 지갑에 담는다.

④ 유니스왑 또는 이더리움을 직접 사용하기 위해 개인 ID를 알 수 없다.

유니스왑 교환 앱에서 거래하는 방법을 알아본다.

① 자동화된 시장메이커

유니스왑이 주문서를 사용하지 않는다면 어떤 순간에 사고파는 가격이 얼마인지 정확히 어떻게 알 수 있을까?

유니스왑은 주문서 대신 자동화된 시장메이커(AMM)라고 불리는 영리한 메커니즘을 개발하였다. AMM은 구매자와 판매자가 정해진 가격에 주문을 미리 나열하지 않고도 유니스왑 거래소가 항상 가격을 제공할 수 있도록 한다. 유니스왑은 이러한 자동화된 시장 만들기 디자인이 효과를 거두기 위해 주문서를 새로운 개념인 유동성 풀로 대체했다.

② 유동성 풀

유니스왑은 가격에 미리 동의하는 구매자와 판매자에 의존해 주문서를 구성하는 대신, 거래 수수료의 일부를 받는 대가로 투자자(일명 'LP' 또는 '유동성 공급자')가 이더리움 기반 자산을 유니스왑 스마트 계약으로 풀리도록 유인한다.

이렇게 투자한 이더리움 기반 자산은 유니스왑 프로토콜의 규칙에 따라 스마트 계약에 의해 자동으로 거래에 할당된다. 거래가 많아질수록 투자자들은 더 많은 거래 수수료를 받는다. 유니스왑의 모든 거래 쌍은 유동성 풀을 가지고 있다. 세계 어느 누구라도 허가 없이 유니스왑 거래쌍을 만들거나 유동성을 제공할 수 있다. 유니스왑에서 가장 인기 있는 교역 쌍 중 하나는 USDC-ETH이다. 이 쌍은 USDC를 ETH로 교환하거나 그 반대로 교환할 수 있다. USDC-ETH 유동성 풀의 투자자가 되려면 두 자산의 동일한 비율(50%:50%)을 풀에 기여해야 한다. 1,000달러를 투자하려면 USDC에 500달러, ETH에 500달러를 기부해야 한다.

투자자들은 유니스왑에 그들의 자산을 모으려고 한다. 왜냐하면 그들은 금융 인센티브가 있기 때문이다. 그들은 거래 수수료의 몫(현재 모든 거래의 0.30%)을 받는다. 투자자가 자산을 유니스왑에 모을 때 유동성 토큰('LP 토큰')을 다시 받게 된다. 이러한 LP 토큰은 개념적으로 주식이나 주식을 소유하는 것과 유사하다. USDC-ETH 트레이딩 페어의 투자자가 되면 USDC 및 ETH에 동등한 금액으로 기여하고 그 대가로 유니스왑 USDC-ETH LP 토큰을 받는다.

투자자가 주어진 풀에서 현금 인출을 원할 때 그들은 단순히 유니스왑 LP 토큰으로 거래되며 백분율 소유권에 따라 풀에서 자산을 받는다. 수수료가 누적되기 때문에 받는 자산의 양은 귀하가 투입한 것보다 더 커진다. 유니스왑은 이 유동성 풀 시스템을 활용하여 투자자들로부터 수십억 달러(미화) 자본을 유치했다.

··유니스왑 vs 코인베이스(Coinbase) 비교

〈코인베이스에서의 거래〉

① 코인베이스에서 이더(ETH)를 통해 USDC 100달러 구매

② 사전 거래 승인: ID 확인 프로세스에 가입하고 진행

③ 가격 검색: 주문 책(입찰 및 요청) – USDC–ETH 주문 책에 기존 가격과 일치

④ 속도: 거의 즉시

⑤ 위탁: 거래자는 플랫폼에 자산을 위탁하는 동안 자산을 안전하게 유지하기 위해 코인베이스를 신뢰

〈유니스왑에서의 거래〉

① 거래 승인: 없음. 이더리움 지갑만 있으면 된다.

② 가격 검색: 자동화된 시장 메이커(AMM)–USDC–ETH 유니스왑 스마트 계약은 알고리즘으로 가격을 결정한다.

③ 속도: 이더리움에 지정한 거래 수수료에 따라 다르지만 15~45초

④ 비위탁형: 자산을 자신의 지갑에 안전하게 보관할 수 있도록 신뢰한다.

유니스왑을 사용하는 이유는 무엇인가?

① 유니스왑은 비위탁형이다.

지난 10년 동안 가상화폐 거래소의 품질과 보안이 크게 향상되었지만, 여전히 고객 자금 손실을 초래하는 거래소 해킹의 놀라운 수가 있다.

위탁형 거래소는 사용자를 대신하여 막대한 자산을 보유하고 있기

때문에 지속적으로 공격을 받고 있다. 이러한 공격이 성공하면 거래소에서 자산을 보유한 고객은 종종 무력한 상태로 남아 있다.

이에 비해 유니스왑은 분산된 거래소로서 거래할 자산에 대한 통제권을 포기할 필요가 없다. 당신은 편하게 자기 지갑에서 이더리움을 통해 유니스왑에 거래할 수 있다. 또한 해킹 위험을 제거한다.

② 허가가 불필요하다.

전통적인 거래소에서 거래하려면 적어도 두 가지 형태의 허가가 필요하다. 귀하는 귀하의 신원과 민감한 개인 정보를 제공하여 거래 또는 양도를 승인받아야 하며, 사용 가능한 자산은 교환의 재량에 따라 선택된다. 그러나 유니스왑에서는 유동성 풀을 거래, 이전, 또는 투자하도록 승인받을 필요가 없다. 인터넷 연결과 이더리움 지갑을 가진 세계 사람은 누구나 참여할 수 있다. 개인 정보 보호를 소중히 여기는 사용자, 또는 제한적인 자본 통제를 가진 국가에 거주하는 사용자는 유니스왑 및 분산 교환의 이러한 측면을 이해할 수 있다.

유니스왑은 또한 어떤 거래 쌍이 제공하거나 지원할 수 있는지에 국

그림 26 https://uniswap.org/

한되지 않는다. 모든 사람은 두 이더리움 기반 자산 사이에 거래 쌍을 만들고 초기 유동성 풀을 시도할 수 있다. 이로 인해 무수한 자산에 대한 거래 쌍의 거대한 조합이 발생한다.

③ 경쟁력 있는 유동성과 낮은 수수료율

유니스왑은 풍부한 유동성과 낮은 수수료율로 운영된다. 유니스왑은 이더리움 기반과 디파이를 활용한 성공 사례 중 하나이다. 이런 요소는 디파이 생태계의 가장 중요한 부분 중 하나가 되었고, 또한 분산 응용 프로그램이 중앙 집중식과 경쟁할 수 있음을 보여준 중요한 사례이다.

부록

분산금융 용어(DeFi Glossary)[29]

에이브(Aave) _ 에이브(Aave)는 자금 시장의 창출을 가능하게 하는 오픈 소스 및 비위탁형 대출 프로토콜이다. 사용자는 예금에 대한 이자를 받을 수 있고 자산을 빌릴 수도 있다. 에이브는 동일한 자산에 해당하는 파생 상품 예금을 나타내는 유동성 토큰을 예금자에게 제공한다. Aave의 경우, 비트코인이나 이더리움 같은 가상 화폐를 담보로 다른 가상 화폐를 대출해주는 상품, USDT 같은 가상 화폐를 예치한 후, 이자 수익을 받는 상품, 가지고 있는 가상 화폐를 비슷한 가치의 다른 가상 화폐로 바꿀 수 있는 스왑(swap) 상품 등이 있다.

알파 코드(Alpha Code) _ 초기 단계의 프로토타입 컴퓨터 코드, 프로그램 및 알고리즘은 문제를 해결하거나 새로운 디지털 재화 또는 서비스를 제공하기 위한 것이다. 알파 소프트웨어는 코드가 초기 프로토타입 단계에 있으며 매우 제한적인 테스트를 위한 초기 테스트 단계를 위한 것이다. 알파 코드 또는 소프트웨어에 예상된 소프트웨어 기능의 전부 또는 일부가 없을 수 있다. 계획된 기능과 소프트웨어의 보안도 여러 측면에서 매우 제한적이거나 존재하지 않을 수 있다.

회계 감사(Audit) _ 회계 감사는 개념, 시스템, 프로세스, 회사 또는 제품에 대한 내부 또는 독립적이고 포괄적인 검토이다. 종합 감사는 감사 대상 사물이나 프로세스의 구조, 강점, 약점 및 취약점을 사려 깊고 깊이 있게 살펴보는 것을 포함한다. 회계 감사는 비공식 감사이거나 공식적인 감사일 수 있으며 감사 중에 발견된 문제와 문제를 교정, 완화 또는 수정할 수 있도록 약점을 찾아 분석하는 도구이다.

APY _ 연간 수익률, 자산에 대한 ROI(투자 수익률)의 시간 기반 측정치이다. 예를 들어 만약 100달러에 이자가 불포함된 경우 2%의 APY에 투자된 100달러는 1년 후에 102달러로 산출될 것이다. 이 경우 정적 APY 비율을 가정하면 월간 ROI는 0.16%가 된다.

차익 거래(Arbitrage) _ 코인 또는 암호화폐의 파생 상품 거래로 동일한 자산이나 상품에 대한 교환이나 두 시장 사이에 가격이 벌어지는 것을 활용하여 더 큰 이익을 얻는다. 디파이에서 자동 수익률 농사는 알고리즘 재거래 전략을 사용하여 투자자의 수익을 극대화한다. 이러한 차익 거래 전략에는 종종 같은 날에 하나 이상의 디지털 자산의 매입, 매도, 대여 또는 유동성 제공이 포함될 수 있다.

자동 시장 제조기(Automated Market Maker) _ AMM(Automated Market Maker)은 분산형 자산 거래 풀로, 시장 참가자들이 암호화폐를 구매하거나 판매할 수 있도록 한다. AMM은 본질적으로 관습적이지 않고 허가가 불필요하다. 대부분의 AMM의 가장 일반적인 것은 유니스왑이다.

밸런서(Balancer) _ 밸런서 풀(Balancer Pool)은 자체 균형 가중 포트폴리오 및 가격 센서 역할을 하는 특정 주요 속성을 가진 자동화된 시장 메이커이다. 밸런서 포트폴리오 관리자에게 수수료를 지불하여 포트폴리오를 재조정하는 대신 거래자로부터 수수료를 징수하고, 거래 기회에 따라 포트폴리오를 재조정한다. 밸런서는 풀에 대해 동일하지 않은 가중치(예: 80/20 vs. 50/50)를 사용할 수 있고 LP가 단측(single-sided) 유동성을 제공할 수 있도록 하는 CMM(Constant Mean Market Maker)을 사용한다.

베어마켓(Bear Market) _ 자산 또는 자산 등급에 대한 부정적인 투자 심리가 지배적인 기간이다. 약세장은 몇 주, 몇 달 또는 몇 년 동안 지속될 수 있다.

베타 코드(Beta Code) _ 최신 프로토타입 컴퓨터 코드, 프로그램 및 알고리즘은 문제를 해결하거나 디지털 재화 또는 서비스를 제공하기 위한 것이다. 베타 코드는 베타 테스트 단계가 있는 중후기 프로토타입 단계로서 더 많은 기능과 안정성을 가지고 있다. 코드베이스, 프로세스, 시스템 및 네트워크는 종종 테스트 시스템에 스트레스를 주고 개발자 또는 개발팀에 개선을 위한 피드백을 제공하는 제한된 수의 테스터에게 개방된다. 베타 코드 개발은 버전 1.0 소프트웨어의 공개 가능성이 있기 전에 중요한 최종 단계 중 하나가 될 것으로 예상한다.

블록체인(Blockchain) _ '블록(Block)'을 잇따라 '연결(Chain)'한 모음을 말한다. 블록체인 기술이 쓰인 가장 유명한 사례는 가상화폐인 '비트코인'이다. 비트코인은 블록체인 기반 기술이다.

'블록체인(Block Chain)' 기술에서 블록(Block)에는 일정 시간 동안 확정된 거래 내역이 담긴다. 온라인에서 거래 내용이 담긴 블록이 형성되는 것이다. 거래 내역을 결정하는 주체는 사용자다. 이 블록은 네트워크에 있는 모든 참여자에게 전송된다. 참여자들은 해당 거래의 타당성 여부를 확인한다. 승인된 블록만이 기존 블록체인에 연결되면서 송금이 이루어진다. 신용 기반이 아니다. 시스템으로 네트워크를 구성, 제삼자가 거래를 보증하지 않고도 거래 당사자끼리 가치를 교환할 수 있다는 것이 블록체인 구상이다. 비트코인 기술을 처음 고안한 사람은 '사토시 나카모토'라는 개발자다. 비트코인은 생긴 지 5년 만에 시가 총액으로 세계 100대 화폐 안에 들어갈 정도로 성장했다. 그는 '비트코인: P2P 전자화폐 시스템'이라는 논문에서 비트코인을 전적으로 거래 당사자 사이에서만 오가는 전자 화폐로 정의했다. P2P(Peer to Peer) 네트워크를 이용해 이중 지불을 막아 준다는 것이다. 즉 P2P 네트워크를 통해 이중 지불을 막는 데 쓰이는 기술이 바로 블록체인이다.

강세장(Bull market) _ 자산 또는 자산 등급에 대한 긍정적인 투자 심리가 지배적인 기간이다. 강세 시장은 몇 주, 몇 달 또는 몇 년 동안 지속될 수 있으며, 때때로 경제학자들이 소위 버블(Bubble)이라고 부르는 것에 의해 나타날 수 있는데, 이 버블(Bubble)은 자산이나 자산 등급에 대한 비합리적인 열의가 있어 폭발적인 가격 상승을 이끌 수 있다.

세파이(CeFi) _ 중앙 집중식 금융이다. 암호화폐 측면에서 보면 세파이는 물리적 주소를 가진 중앙 집중식 암호화폐 거래소, 기업, 또는 조직으로 대표되며, 보통 일종의 기업 구조를 가지고 있다. 이러한 세파이 비즈니스는 각 국가, 주, 또는 지역에서 적용되는 모든 법률, 규칙 및 규정을 준수해야 한다.

CEX _ CEX는 물리적 주소와 회사 구조를 가진 중앙 집중식 Exchange이다. 다른 세파이 사업과 마찬가지로 CEX도 각 국가, 주, 또는 지역에서 적용되는 모든 법률, 규칙, 송금인 라이센스 및 규정을 준수해야 한다. 기업 지도자, 노동력, 임대 및 전기, 사무용품, 상당한 법률 비용, 고가의 송출기 면허를 포함하여 CEX를 운영하는 데 상당한 간접비가 든다.

코인(Coin) _ 주로 지불 또는 부의 저장에 사용되는 디지털 통화의 형태이다. 코인은 암호화 알고리즘에 의해 보호된다. 코인의 시장 가격은 주어진 순간에 코인이나 토큰의 구분 단위(코인의 다른 이름, 더 큰 기능을 가진 종류)의 소유 가치를 나타낸다. 이 코인 또는 토큰은 코인, 토큰, 프로토콜, 회사, 또는 프로젝트의 소유권 및 거버넌스와 이로 인해 수반될 수 있는 모든 이점을 나타낼 수 있다.

담보화(Collateralization) _ 이자 농사와 같은 추가적인 사업 활동을 모색하기 위한 예금 자산 또는 자산의 차입. 담보화는 손익을 증폭시킬 수 있으므로 자금을 차입하지 않는 것보다 위험하다고 간주된다.

복합성(Composability) _ 다른 제품 또는 도메인의 구축에서 블록(또는 '머니 레고')으로 사용될 제품의 사용 적합성 및 능력의 측정이다. 단순하고 강력하며 다른 프로토콜과 잘 기능하는 프로토콜은 높은 복합성을 가진 것으로 간주될 수 있다.

컴파운드(Compound) _ 디파이 플랫폼 컴파운드이다. 개방형 금융 애플리케이션으로 만들어진 알고리즘적인 자율 금리 프로토콜이다. 컴파운드(Compound)는 커뮤니티 구축 인터페이스를 사용하여 구축되었으며 전통적인 기관 투자가와 CII(암호화폐 기관 투자자)가 투자자, 세파이 및 디파이 커뮤니티 모두에게 이익이 되는 제품을 협업한 사례이다.

복리(Compound Interest) _ 아인슈타인에 의해 한때 세계의 8번째 불가사의라고 불렸던 복리 개념은 더 높은 이자율과 투자 수익률을 허용한다. 이 재투자 기간은 시간별, 주별, 월별, 또는 연간 이자 분배가 될 수 있는 이자의 계획된 분배를 기반으로 한다. 복리로 인해 특정 기간에 걸쳐 최대 상승 폭을 보이는 경우가 많으며 장기적으로는 투자 가치가 크게 상승한다. 일반적으로 복리로 인한 예금 이익의 길이가 길수록, 단순 이자로 인한 이익에 비해 전반적인 이득이 훨씬 더 커진다.

암호화폐(Cryptocurrency) _ 암호화폐(Cryptocurrency)는 '암호화'라는 뜻을 가진 'crypto-'와 동회, 회폐란 뜻을 가진 'currency'의 합성어로, 분산 장부(Distributed Ledger)에서 공개키 암호화를 통해 안전하게 전송하고, 해시 함수를 이용해 쉽게 소유권을 증명해 낼 수 있는 디지털 자산이다. 일반적으로 암호화폐는 블록체인이나 DAG(Directed Acyclic Graph)를 기반으로 한 분산 원장(Distributed Ledger) 위에서 동작한다. 암호화 알고리즘에 의해 보호되고 디지털 코인 또는 토큰으로 표현되는 디지털 통화의 한 형태이다. 암호화폐 코인은 시스템과 네트워크에 프로그래밍된다.

커브(Curve) _ 커브는 분산형 스테이블 코인 자동화 시장 메이커(AMM)로 이더리움 블록체인의 스테이블 코인(DAI, USDC, USD, TUSD, BUSD, sUSD)과 기타 합성 자산(랩된 BTC) 간 거래를 제공한다. 상기 USD 등가액과 같은 유사 자산에 유동성을 제공하는 한 가지 장점은 암호화폐 파생 상품과 커브 산출물에 대한 유동성 공급자(LP)에 대한 손실(IL)을 완화하는 하나의 솔루션이라는 점이다. Finance Smart Contract는 4개의 USD 디지털 등가 토큰을 활용하여 CRV라는 복합 토큰을 형성한다.

디앱(dApp) _ 21세기 발명품인 디앱은 일반적으로 블록체인으로 실행되는 분산형 웹3 애플리케이션이다. 디앱의 장점은 문제에 대한 새로운 솔루션을 제공하고 분산되어 있어 견고하며, 운영 중단 및 검열에도 강하다. 디앱은 브레이브 브라우저와 같은 분산형 소프트웨어 애플리케이션 서비스를 제공할 수 있지만 상품을 추적하는 데도 사용할 수 있으며, 중개인과 관료주의의 지연, 비용 및 번거로움 없이 국제 금융 거래를 가능하게 하는 데도 사용할 수 있다. 그것들은 또한 복잡한 분산형 거래소와 가격이 오르락내리락하는 암호화 금융 서비스 기능의 핵심이 될 수 있다.

다오(DAO) _ 탈중앙화된 자율 조직이다. 첫 번째 다오는 2016년에 시작되었다. 위키백과의 정의에 따르면 다음과 같다.
"조직은 투명하고 조직 구성원에 의해 통제되며 중앙 정부의 영향을 받지 않는 컴퓨터 프로그램으로 인코딩된 규칙으로 대표된다. 다오의 금융 거래 기록과 프로그램 규칙은 블록체인에 유지된다."
다오를 잘 구현하면 분산형, 민주적 조직 및 통제에서 실제 실험을 수행할 수 있으며, 기존 기업 구조 및 조직과 비교할 때 다오가 제어하는 프로젝트 및 제품에 대해 보다 자유롭게 행동하고 규제 감독도 덜 수행할 수 있다.

디파이(DeFi) _ 디파이는 이더리움 네트워크와 같은 블록체인에 독립적으로 운영되는 스마트 컨트랙트(Smart Contracts)의 집합이다. 스마트 계약은 다른 스마트 계약 및 다른 블록체인과 상호작용할 수도 있고 그렇지 않을 수도 있다. 디파이의 목표는 투자한 펀드의 수익률 극대화를 추구하는 자동화된 스마트 계약을 통해 디파이 투자자들의 수익성을 높이는 것이다. 디파이는 빠르고 혁신적 진행과 새로운 아이디어, 개념의 테스트로 특징지어진다. 디파이는 종종 감사되지 않았거나 심지어 철저히 검토되지 않은 스마트 계약과 관련된 고위험 투자를 수반한다.(검토는 감사만큼 포괄적이지는 않지만 감사의 일부로 포함될 수도 있다.) 이것과 다른 이유들로 인해 디파이는 전통적으로 세파이나 전통적인 투자보다 더 위험하다고 여긴다.

위임(Delegation) _ 개인, 회사, 또는 조직이 다른 소유자의 예치된 담보를 활용하여 대출할 수 있도록 허용하는 개념이다.

위임된 기금 DAO(Delegated Fund DAO) _ 위임된 통제하에 유동성 풀과 거버넌스 토큰의 형태로 위임된 펀드에 접근할 수 있는 분산형 조직이다. 이는 디파이 구축 업체와 설계자에게 시드 자본을 조달하는 새로운 방법을 제공하는 실험인 동시에 신규 또는 이전 암호화폐 구축 업체 및 설계 업체로부터 혁신을 유도하기 위한 것이다.

파생 상품(Derivative) _ 투자에서 파생 상품은 기초 자산이나 자산에 기초하는 투자 상품 또는 도구이다. 파생 상품은 위험을 회피하거나 기초 자산의 방향적 움직임을 추측하거나 보유 지분에 지렛대를 제공하는 데 사용될 수 있다. 그들의 가치는 기초 자산 가치의 변동에서 비롯된다. 원래 파생 상품은 국제적으로 거래되는 상품에 대해 균형 잡힌 환율을 보장하는 데 사용되었다. 디파이에는 2020년부터 새로운 형태의 투자나 자산 등급인 암호화 파생 상품이 존재한다. 이 암호화 파생 상품은 이더리움, 다이, 커브, YFI와 같은 기초 디지털 베이스 자산을 나타낸 것이다. 긱 파생 모델의 에는 yETH, DAI, yCRV, yYFI가 있다.

덱스(DEX) _ 분산형 Exchange이다. 물리적인 거래소의 위치가 없이 분산되어 있는 암호화폐 거래소이다. 그것은 사용자들이 서로 직접 사고파는 스마트 컨트랙트에서 운영되는 피어 투 피어 네트워크이며, 오직 DEX만 중간 관리자이다. CEX

로서 비즈니스를 수행하는 데 드는 높은 간접 비용과 규제 비용이 없다면 DEX는 CEX가 준수해야 하는 엄격한 규칙과 규정을 따를 필요가 없이 CEX보다 더 얇고, 더 수익성이 높으며, 더 효율적일 수 있다.

이더리움 _ 비트코인은 원래 암호화폐지만 2015년 7월 출시된 이더리움은 스마트 계약과 튜링 완전 프로그래밍 언어 사용을 통해 훨씬 더 많은 복잡성을 허용한다. 이더리움에는 ERC-20 프로토콜 덕분에 링크, CRV, YFI 등 많은 암호화폐 코인이 이더리움 위에 구축돼 있으며 각각 자체 규칙을 갖고 있다.

ERC-20 _ 이더리움 블록체인을 기반으로 한 암호화폐 프로토콜이다. ERC-20 코인은 정의상 이 프로토콜을 사용한다.

페어 런치(Fair Lunch) _ 개발자가 외부 투자를 추구하지 않기로 결정하고 자신이나 타인을 위해 코인이나 토큰의 출시를 보류하지 않는 개념이다. 이는 초기 투자자들에게는 코인이나 토큰의 지분이나 소유권이 사전 투자자나 설립자/창업자 팀에 의해 희석되지 않기 때문에 훨씬 더 공정하다고 여겨진다.

공정 출시 코인 또는 토큰(Fair Launch Coin or Token) _ 페어런치 코인이나 토큰은 대중에게 공정한 론칭이 특징이다. 이는 코인이 대중에게 판매되기 전에 코인 공급의 일부를 개인적으로 청구할 수 있는 설립자, 재단 또는 개발팀, 벤처 캐피털리스트, 초기 투자자 사전 할당 또는 사전 채굴 프로그램이 없다는 것을 의미한다. 첫 번째 페어런치 토큰은 개발사 안드레 크론제가 2020년 출시한 YFI였다.

법정 지폐(Fiat Money) _ 피아트 머니는 정부가 발행하는 화폐로, 금이나 은과 같은 물리적인 상품이 아니라 정부가 발행한 법정 화폐(Fiat money)이다.

플래시 대출(Flash Loan) _ 암호화폐의 세계에서만 가능한 대출 유형으로 재정 거래 기회가 있을 때 발생되며 대출 시 담보가 필요 없다. 플래시론(Flash Loan)은 종종 이더리움이나 ERC-20 코인이라는 자산을 블록체인에 하나의 거래 블록을 완성하는 데 걸리는 기간 동안만 하는 대출의 일종이다. 다음 거래 블록이 시작되기 전에 대출금을 갚는 한 대출자는 이자를 받지 않는다. 플래시 대출은 거의 즉각적인 알고리즘 스크립트인 새로운 유형의 투자를 스마트 계약에서 실행할 수 있도록 허용하며, 이 스크립트는 혁신적이지만 때로는 위험한 투자를 위해 서로 쌓아둘 수 있다. 또한 플래시 대여에는 승인된 기존 시스템을 이용하지만 새로운 악의적인 방법으로 사용되는 시스템 취약성이 포함될 수 있는 취약성이 있을 수 있다.

강제 청산(Forced Liquidation) _ 바이낸스(Binance)는 강제 청산을 다음과 같이 정의한다. 암호화폐의 맥락에서 강제 청산은 투자자 또는 거래자가 레버리지 포지션의 마진 요건을 충족하지 못할 때 발생한다. 청산 개념은 선물 거래와 마진 거래 모두에 적용된다.

가스 요금(Gas Fees) _ 가스 요금은 작업 증명 채굴자들이 블록체인에 쓰이는 네트워크의 거래를 지원하도록 장려하기 위해 지급되는 보상이다. 이더리움에서는 이 가스 요금 단위 금액이 wwei로 표현된다. CEX, DEX 유동성 풀, 지갑에서 인출 또는 이체하는 경우 모두 가스 요금이 발생한다. 이 가스 요금은 수요와 공급에 따라 비용이 달라질 것이다. 현재 설계한 대로 이더리움이나 ERC-20 네트워크에 대한 수요가 가장 높을 때 가스 요금도 가장 높다.

지배 구조(Governance) _ 거버넌스(Governance)는 에코 시스템이나 제품을 성장시키고 거버넌스 토큰 보유자의 이익을 극대화하기 위한 다양한 조치를 통해 거버넌스 코인, 토큰 및 또는 프로젝트를 제어하고 사용하는 것을 말한다.

거버넌스 토큰(Governance Token) _ 토큰은 운영을 통제하고 거버넌스 토큰에 의해 제어되는 코인, 토큰 및 프로젝트의 방향에 영향을 미치는 데 사용된다.

그웨이(Gwei) _ 이더리움 네트워크 또는 ERC-20 코인 네트워크에서의 거래에 대한 가스 요금 측정 단위이다.

호들(HODL) _ 암호화폐 초기부터 온라인 포럼에서 암호화폐 투자자가 철자를 잘못 쓴 호들(HODL)은 초기 비트코인이나 이더리움 같은 코인을 지원하던 초기 투자자, 코드인, 기업가 커뮤니티가 내부 농담으로 받아들인 용어가 됐다. 이들은 암호화폐의 장기적인 약속을 믿고 대규모 변동성이 있거나 심지어 변동성이 없는 기간(즉 가격 침체)을 통해 투자를 유지했다. 황소 · 베어 마켓을 통해 자신의 암호화폐 투자를 보유하는 선택이나 결정을 호들링이라고 한다.

호들러(HODLer) _ 호들러는 사전에 아직 등재되지 않은 은어다. 홀더가 장기 투자자를 말하는 반면 호들러는 보유만 하는 이들이다. 비트코인 가격이 폭락할 때마다 호들러들의 존재감은 뚜렷하다. 이들이 매도에 동조하지 않기 때문에 매물이 고갈되면서 폭락이 멈춘다.

비영구적 손실(Impermanent Loss) _ AMM 풀에 유동성을 공급하는 유저들이 경험하는 가장 주된 리스크이자 잘 알려진 리스크는 비영구적 손실이다. AMM에 예치해둔 토큰의 가치와 지갑에 보유하고 있는 토큰의 가치가 시간이 경과함에 따라 차이가 생기기 때문에 AMM 내 토큰의 시장 형성 가격이 예상 범위 내에서 벗어날 때 손실이 발생한다.
차익 거래자가 얻은 수익은 유동성 공급자들의 주머니에서 나오게 되고 고로 손실이 발생한다. 비영구적 손실은 토큰을 그대로 가지고 있을 때에 비해서 토큰을 유동성 풀에 공급했을 때 발생하는 손실을 의미하는 용어이다. 헷갈리지 말아야 할 부분은 유동성 풀에 예치되는 토큰 자체의 가치 상승과 하락은 비영구적 손실에서는 고려 대상이 아니다. 토큰을 유동성 풀에 제공한 경우와 만약 그대로 들고 있었을 때를 비교한, 일종의 기회 비용의 차이라는 것이다.

기관 투자가(Institutional Investor) _ 기관투자가는 증권거래소에 상당한 투자를 하는 은행, 연기금, 노동조합, 보험회사와 같은 큰 조직이다. 세파이와 디파이의 경우 전통적인 기관 투자가들이 더 높은 위험에도 불구하고 더 높은 수익률을 추구할 경우 암호화폐에 쉽게 진입할 수 있다. 우리는 또한 새로운 형태의 가상 뮤추얼 펀드, 지배 구조 토큰에 의해 통제되는 분산형 암호화폐 자금, 그리고 암호화폐 기관 투자자로 불리는 스마트 컨트랙트(Smart Contracts)가 부상하는 것을 보았다. 기존의 뮤추얼 펀드와 달리 대부분의 CII는 분산형 가상 기관으로, 대개 관리되고 DAO로 운영되며 풀링된 펀드와 자산을 효율적으로 사용하는 데 전념한다. CII는 투자자의 이익을 극대화하기 위해 가용 자금, 도구, 제품, 자산, 거버넌스 토큰을 통한 투표, 스마트 컨트랙트를 전략적으로 활용한다.

원시 보험(Insurance Primitive) _ YFI Developer Andre Cronje가 만든 말로, yInsure 형 토큰으로 대표되는 토큰화된 형태의 보험이다. 토큰 자체는 투자자들이 어떤 기초 자산에도 암호화폐 보험을 제공할 수 있게 해준다. Andre는 "이 시스템의 설계는 금융 기초 자산인 DAI와 같은 기초 자산이나 DAY 또는 yDAY와 같은 복합 자산 중 어느 것이든 보험에 가입할 수 있도록 한다."라고 말한다. ySurance의 투자자들은 유동성을 암호화 보험 스마트 계약을 실행하는 데 사용할 수 있도록 한다. 그 대가로 투자자들은 보험 서비스를 제공하고 이 서비스를 통해 수익을 얻기 희망한다.

대출 집계기(Lending Aggregator) _ 투자 수익 또는 ROI를 위해 코인을 대출하는 예금자에게 최적의 대출 금리를 자동으로 찾는 스마트 계약 프로그램 또는 세트이다.

대출 제공자(Lending Provider) _ 대여 제공자는 다양한 암호화폐 코인과 해당 네트워크에 대한 유동성을 대출하고 제공함으로써 보상과 수수료의 몫을 대가로 얻고 암호화폐 자본을 제공하는 개인 또는 단체이다. 거래자, 투자자, 거래소, 암호화폐 네트워크, DAO, CII 등에 대출이 제공돼 세파이와 디파이 공간 내 행위자들의 재거래 기회와 사업 기회를 활용한다.

레버리지(Leverage) _ 거래소에 BTC 예치금 한 개를 제공하는 등 레버리지 거래를 허용하는 거래소나 시장에서 승수를 사용하면 10~100배 레버리지로 사용할 경우 10~100BTC의 투자력을 확보할 수 있다. 활용된 거래는 이익을 크게 증대시킬 수 있다. 그러나 만약 거래가 이익이 나지 않는다면, 그것은 또한 손실을 크게 증가시킬 수 있다.
레버리지 효과는 반드시 수익이 전제가 되어야 하지만, 손실로 돌아서면 부채가 걷잡을 수 없이 커질 수 있다. 이러한 상황을 피하기 위하여 레버리지를 줄이는 디레버리지가 진행된다.

청산 이벤트(Liquidation Event) _ 강제 청산(Forced Cleanation)의 다른 용어는 급격한 시장 변화 또는 지배적인 시장 정서의 변화로 인해 거래소나 투자자가 레버리지 투자에 대한 마진 콜을 충족할 수 없고, 거래 위치가 제거되거나 청산되며 투자자가 최초 투자의 전부 또는 일부를 잃는 경우이다.

유동성(Liquidity) _ 자산 또는 통화의 사용 가능한 순환 공급량과 교환, 경제, 또는 네트워크에서 해당 자산 또는 통화의 활동을 측정한 값이다.

메이커(Maker) _ 메이커는 다이(DAI)라는 스테이블 코인을 기반으로 하는 분산형 지배형 금융 생태계다. DAI는 변동성 없이 알고리즘적으로 1USD로 고정된다. 변동성이 전혀 없는 디지털 자산은 변동성이 높은 시기 또는 베어마켓 기간 중에 위험 회피 또는 안전 대책으로 간주되기도 한다.

메이커다오(MakerDAO) 담보 채무 포지션(CDP) _ 메이커다오 소개 메이커다오(MakerDAO)는 2014년 이더리움 블록체인을 기반으로 출범한 오픈 소스 프로젝트이자 탈중앙화된 자율 조직이다. 담당자는 메이커다오를 다음과 같이 설명한다. "메이커다오 담보 채무 포지션(CDP)은 이더리움 블록체인으로 운영되는 스마트 계약이다. 사이(Sai) 스테이블 코인 시스템의 핵심 요소로, 담보를 대가로 사이(Sai)를 만든 뒤 빌린 사이가 반환될 때까지 에스크로(Escrow)로 보유하는 것이 목적이다."

여백(Margin) _ 대출금을 확보하려면 마진 대출을 위해 담보 대출을 제공해야 하기 때문에 매우 위험성이 높은 차입 자본의 사용 가능한 경로를 제공한다. 투자자나 거래자의 이익을 확대하기 위해 투자 마진에서 위험한 대출을 받고 있기 때문에 마진 또는 마진 대출이라고 불린다. 예치된 기초 자산이 마진콜 중에 청산될 위험이 있기 때문에 마진 대출은 매우 높은 위험으로 간주된다.

마진 콜(Margin Call) _ 마진 콜은 증거금 추가 납부 통지를 의미한다. 선물 거래나 마진 거래 등의 레버리지를 이용하는 거래나 계약 이행을 하는 거래에서 손해를 보아 증거금 계좌에 예탁한 증거금이 유지 증거금의 일정 비율 이하로 내려간 경우 투자자에게 부족한 증거금을 보전하라고 통보하는 것을 말한다. 마진 콜이란 이름은 증거금이 모자랄 경우 증거금의 부족분을 보전하라는 전화(Call)을 받는 것에서 붙여졌다. 원래는 선물 거래에서 사용되는 용어였으나 최근 일반적인 펀드와 암호화폐에 투자하는 사람들이 많아져 일반적인 펀드나 암호화폐에서도 사용된다.

시가 총액(Marketcap) _ 회사 또는 프로젝트에 투자한 총 자금의 척도이다. 코인, 회사, 또는 프로젝트의 이러한 시가 총액은 자산의 단가에 총 코인 수를 곱하여 계산할 수 있다.

메타마스크(MetaMask) _ 메타마스크(MetaMask)는 이더리움과 ERC-20 호환 코인 또는 토큰을 보유, 전송, 또는 수신할 수 있는 인기 모바일, 또는 데스크탑 소프트웨어 암호화폐 지갑이다.

마이닝 풀(Mining Pool) _ 암호화폐 네트워크에 마이닝 서비스를 제공하는 암호화폐 채굴자 풀이다. 마이닝 풀 운영자와 기여자는 코인 또는 토큰의 프로그래밍된 마이닝 보상에 의해 인센티브를 받아 거래를 지원하고 코인의 네트워크에 유동성을 제공한다.

멀티시그 지갑(Multisig Wallet) _ 다중 서명 지갑은 하나 이상의 스마트 컨트랙트에 대한 액세스와 변경을 제어하는 암호화폐 지갑이다. DAO와 같은 커뮤니티 통제 프로젝트는 종종 트랜잭션이 실행되기 전에 여러 서명자가 트랜잭션을 승인해야 한다. 커뮤니티 기반의 노력을 위해 DAO 및 디파이 프로젝트용 멀티시그 지갑은 9개 지갑 중 6개 지갑으로 구현되는 경우가 많은데, 스마트 컨트랙트가 구현되기 전에 커뮤니티 지갑 서명자 9개 중 6개가 거래에 동의해야 계약을 체결할 수 있다.

오라클(Oracle) _ 자산 또는 자산의 현재 시장 가격과 같은 데이터는 오라클 데이터의 소스와 세부 정보가 시기적절하고 정확하며 훼손되지 않은 사용자 및 기타 서비스에 높은 신뢰도 서비스를 제공한다. 데이터 소스는 단일 소스 또는 분산 소스일 수 있으며 서로 지리적으로 분산될 수 있다. 모든 거래소와 시장은 높은 효율성으로 적절히 운영되기 위해 정확하고 시기적절한 정보를 필요로 한다. 가장 잘 알려진 오라클 프로토콜의 예로는 체인링크(LINK)가 있다.

풀(Pool) _ 예금자가 제공한 자산의 공유 금액을 포함하는 스마트 계약이다. 풀은 최적화된 거래, 대출 집계(yPool), 또는 공유 수익률을 높이기 위해 AMM(Automated Market Maker)에서 사용된다.

프로토콜(Protocol) _ 하이테크놀로지(High Technology)에서 프로토콜은 개발된 규칙 또는 규격의 집합이다. 이 규칙은 프로토콜의 정의, 표준, 제한 및 잠재적인 규정을 자세히 설명한다. 기술 프로토콜의 예로는 TCP/IP와 ERC-20이 있다.

소매 투자자(Retail Investor) _ 암호화폐, 암호화폐 파생 상품 및 암호화폐 오퍼링을 매입, 판매, 대여 및 또는 이자 농사하는 비전문가 개인 투자자이다. 소매 투자자들은 대량 할인이나 고래와 CII에 대한 다른 특혜를 누리는 대신 그들의 거래에 대해 소매 가격을 전액 지불한다.

ROI _ 투자 자본에 대한 수익률이다. 예를 들어 자산에 대한 투자를 두 배로 늘리면 100% 상승하거나 100% ROI가 된다. 투자 손실은 100% 손실 또는 -100% ROI가 된다.

슬리퍼지(Slippage) _ 거래에서 거의 항상 구매자가 지불할 가격과 판매자가 자산을 팔 가격 사이에 스프레드가 있다. 주문이 이루어지면 구매자와 판매자의 기대 가격 차이가 가격 하락을 초래한다. 이러한 가격 하락은 보통 1~3%이지만 유동성이 제한된 코인의 경우 훨씬 더 클 수 있다. 이러한 하락은 요청된 거래 금액보다 많거나 적은 자산의 최종 매각 가격으로 이어질 수 있다.

스마트 계약(Smart Contract)[30] _ 스마트 계약(smart contract) 또는 스마트 컨트랙트란 블록체인 기반으로 금융 거래, 부동산 계약, 공증 등 다양한 형태의 계약을 체결하고 이행하는 것을 말한다. 블록체인 2.0이라고도 한다. 1994년 닉 자보(Nick Szabo)가 처음 제안했다. 2013년 비탈릭 부테린(Vitalik Buterin)이 비트코인의 블록체인 기술을 이용하여 대금 결제, 송금 등 금융 거래뿐 아니라 모든 종류의 계약을 처리할 수 있도록 기능을 확장하면서 널리 확산되었다. 부테린은 기존 비트코인의 소스 코드를 일부 수정하여 스마트 계약 기능을 구현하고자 하였으나 비트코인 커뮤니티에서 자신의 요구가 받아들여지지 않자 비트코인을 포크(fork, 기존 블록체인 플랫폼의 기능을 추가하거나 성능을 개선하는 행위)하여 새로 이더리움이라는 가상화폐를 만들고 스마트 계약 기능을 구현하였다. 이 기능을 사용하면 개발자가 직접 계약 조건과 내용을 코딩할 수 있기 때문에 원칙적으로 인간이 상상할 수 있는 모든 종류의 계약을 이더리움 플랫폼을 이용해 구현할 수 있다. 다만, 솔리디티(Solidity)라는 자바 기반의 독립적인 프로그래밍 언어를 알아야 하기 때문에 프로그래머가 아닌 일반인들이 직접 스마트 계약의 조건과 내용을 코딩하기는 어렵다. 2017년 4월 삼성SDS㈜는 이더리움의 스마트 계약 기능을 참고하여 기존 비트코인의 블록체인 안에 이더리움 가상 머신(Ethereum Virtual Machine)을 구현하는 방식으로 자체 스마트 계약 기능을 갖춘 넥스레저(NexLedger) 플랫폼을 개발했다.

스프레드(Spread) _ 거래소나 시장에서 주문이 이루어질 때 자산의 잠재적 매수 제안과 매도 제안 간의 가격 차이의 불일치를 스프레드라고 한다.

스테이블 코인(Stable Coin) _ 암호화폐에서는 1달러 USD에 해당하는 디지털 암호화폐이다. 이론적으로는 스테이블 코인의 가격이 미국 달러에 고정되어 있지만, 실제로는 변동성이 없이 설계된 DAI와 같은 코인을 제외한 거의 모든 스테이블 코인에 약간의 차이가 있다. 안정적인 코인은 투자자들에게 매력적인 투자이다. 왜냐하면 시장이 하향 변동성 추세가 일시적인 것이든 지속적이든 약세장이라고도 불리는 하락 변동성 상황에서 암호화폐 펀드의 헤지(위험 회피) 수단으로 활용할 수 있기 때문이다. 가격이 안정된 코인은 스마트 컨트랙트나 지갑으로 옮겨가거나 배치되면서 기본 자산 자체의 가치를 잃지 않기 위한 수단으로 활용된다.

스테이크(Stake) _ 프로젝트에 대한 액세스가 세파이 또는 디파이 방법을 통해 이루어지는지에 관계없이 이자 농사 프로젝트 및 프로토콜에 암호화폐 코인 또는 토큰을 입금하는 행위이다. 증권사들은 이러한 이자 농사 프로젝트와 공여에 대한 예금의 이자를 얻기를 바라고 있다. 세파이는 엄격한 규칙, 허가 및 규정을 포함한 여러 가지 이유로 인해 더 안전한 것으로 간주된다. 그러나 디파이는 훨씬 더 높은 위험을 수반하는 동시에 투자자가 프로젝트의 라이프 사이클, 테스트 및 개발에 더 일찍 참여하는 경향이 있다.

스테이킹(Staking) _ 자신이 보유한 암호화폐의 일정한 양을 지분으로 고정시키는 것을 말한다. 즉 자신이 가지고 있는 암호화폐를 블록체인 네트워크에 예치한 뒤, 해당 플랫폼의 운영 및 검증에 참여하고 이에 대한 보상으로 암호화폐를 받는 것이다.

테스트넷(Testnet) _ 새로운 코인, 프로젝트 또는 제품을 테스트하거나 기존 제품 또는 오퍼링을 개선할 수 있는 테스트 네트워크이다. 테스트넷은 생산 네트워크나 어떤 종류의 네트워크로 넘어가기 전에 새로운 아이디어, 개념, 코드, 프로세스의 실행 가능성과 취약성을 테스트하는 데 사용된다.

튜링 완전 언어(Turing Complete) _ 프로그래밍에서 튜링은 어떤 면에서는 강력하고 반자율적인 언어를 가리킨다. 튜링 완전 언어는 전자적 수단을 통해 실제 활동에 영향을 미치도록 프로그래밍할 수 있다. 이러한 이유는 디지털 명령은 센서, 릴레이, 스위치, 카메라, 경보 및 인간, 또는 자동 응답을 트리거할 수 있는 경보를 통해 실제 환경에서 작업을 트리거할 수 있기 때문이다. 튜링의 개념은 앨런 튜링 발명가의 이름을 따서 명명되었다. 그는 전설적인 수학자였다. 튜링은 또한 유명하고 뛰어난 컴퓨터 과학자, 암호 분석가, 그리고 미래 사상가였다.

예치 자산 총가치(TVL) _ 하나 이상의 거래소 또는 시장에 배포하거나 저장할 수 있는 스마트 계약 또는 스마트 계약 집합에 예치한 총 가치로 투자자 예금의 측정으로 사용된다. 그것은 플랫폼, 프로토콜, 대출 프로그램, 이자 농사 프로그램 또는 보험 유동성 풀에 잠겨 있는 모든 코인이나 토큰의 달러 가치이다. 알기 쉽게 예치 자산 총가치(TVL)는 디파이에서 사용되는 용어로써 금융 플랫폼인 디파이 시장에 예치된 자산 규모의 총 합계 금액을 의미한다.

변동성(Volatility) _ 투자에서 자산이나 시장의 가격 변동이 얼마나 빨리 나타나는지를 측정하는 척도이다. 새로운 초기 단계의 기술 회사들과 폭발적인 성장 단계에 있는 프로젝트들은 초기 단계의 자산 가격에서 매우 높은 변동성을 보이는 경향이 있다. 변동성 자산 뒤에 있는 회사나 프로젝트가 시간이 지남에 따라 기업이 살아남는 것을 보게 된다면, 이러한 변동성은 회사의 시가 총액이 증가하고 성숙함에 따라 훨씬 줄어드는 경향이 있다.

지갑(Wallet) _ 다양한 코인을 담을 수 있는 소프트웨어 또는 하드웨어 암호화폐 지갑이다. 지갑은 보안 목적으로 암호화 코인을 장기간 보관하기 위한 목적으로 사용되는 콜드 지갑 또는 핫 지갑이 있다. 핫 지갑(Hot wallet)은 온라인 상태에 있어 거래를 주고받을 수 있는 것을 의미한다. 콜드 지갑(Cold wallet)은 인터넷이 차단된 지갑이다.

고래(Whale) _ 암호화폐 시장에서 고래라는 말은 특정 암호화폐를 대량으로 보유하고 있는 사람을 지칭한다. 보통 보유 지분이 5% 이상인 이들을 의미한다.

연 파이낸스(Yearn Finance) _ 다양한 스마트 계약에서 실행되는 상호 연결된 금융 생태계의 디파이 툴 및 제품군이다. 연 파이낸스 생태계는 YFI라는 거버넌스 토큰을 통해 커뮤니티가 통제하고 있다.

YFI(Yearn Finance) _ 연 파이낸스(Yearn Finance) 에코 시스템 및 툴 제품군을 위한 거버넌스 토큰이다. YFI 보유자는 다양한 YIP를 제출, 토론 및 투표하여 에코 시스템과 해당 제품에 대한 운영 또는 거버넌스를 변경할 수 있다. YFI는 최초의 페어 론치 토큰으로, 코인 공급의 일부를 개인적으로 청구할 수 있는 설립자, 벤처 캐피털리스트, 초기 투자자 프리마인딩 프로그램이 없다는 것을 의미한다. 코인게코(Coingecko)에 따르면 YFI는 2020년 7월 20일 Fair Launched 되었으며 초기 공급은 30,000 토큰, 초기 가격은 34.53달러였다.

이자 농사(Yield Farming) _ 이자 농사(Yield Farming, 디파이)는 디파이의 용어로 중개자 없이 프로토콜에 따라 암호화폐를 예치, 대출하는 것에 대해 그 비율에 따라 자체 토큰을 분배하는 것을 말한다. 예를 들어, 컴파운드(Compound)에서 이자 농사를 하려면 이더리움, 혹은 이더리움 기반의 ERC-20 토큰들 중 컴파운드가 지원하는 토큰을 예치해야 한다. 이자 농사는 기초 자산의 가치가 잠재적으로 상승할 수 있는 것보다 더 높은 추가 소득 흐름을 제공할 수 있다. 신속한 변경, 훨씬 낮은 간접 비용 및 규제 비용이 없는 등 여러 가지 이유로 인해 디파이는 세파이 옵션과 비교할 때 훨씬 높은 수익률을 제공하는 경향이 있다.

YIP _ YIP는 연 파이낸스 커뮤니티에서 공동으로 생성되는 제안으로, 피드백과 제안을 제공하는 YFI 토큰 소유지 및 커뮤니티 구성원에 의해 논의, 거부 또는 개선된다. YIP는 승인된 특정 형식과 방법을 사용하여 제출된다. 현행 지배 구조 규정상 예탁 지배 구조 토큰의 20% 정족수가 YIP를 의결해야 유효한 투표로 간주할 수 있다. 통과하려면 YIP에 대한 투표는 YIP에 찬성하는 50% 이상의 예치된 거버넌스 토큰의 과반수 이상의 투표가 있어야 한다. 민주적으로 승인된 YIP는 그다음 연도의 재정을 뒷받침하는 스마트 계약을 담당하는 다중 서명 지갑 서명자들에 의해 구현된다.

와이인슈어(Yinsure) _ 와이파이 개발자 안드레 크론제가 넥서스 뮤추얼이 제공하는 언더워딩으로 암호화폐 자산 및 암호화폐 파생 상품에 대해 새로운 형태의 보험이 발명됐다. 새로운 유형의 토큰화된 보험의 원형이다. 와이인슈어런스(yInsurance) 토큰은 투자자들이 암호화폐 보험 풀에 유동성을 제공할 수 있도록 하는 다양한 유형의 유동성 토큰이다. 이 시스템의 설계는 금융 기초 자산인 DAI와 같은 기초 자산이나 DAY 또는 yDAY와 같은 복합 자산에 대해 보험에 가입할 수 있도록 한다.

yLiquidate _ 자본이 전혀 필요하지 않은 자동 청산 스마트 계약 세트이다. 현재 테스트넷에서 개발 중이다.

ySwap _ 개발의 베타 단계에 있는 AMM(단측 자동화 시장 메이커)이다.

와이토큰(yToken) _ 개발자 안드레 크론제가 개발한 암호화폐 파생 자산 클래스인 와이토큰은 투자자의 예금과 교환해 주는 유동성 토큰을 대표한다. 와이토큰(yTokens)는 대출, 보험 유동성(yInsurance), 자동화되어 최적화된 수익률 농사(yVault)를 포함한 다양한 용도로 연 파이낸스 제품에 사용된다. 와이토큰의 예로는 yCRV, yYFI 및 yLINK가 있다. 이는 에이브(Aave)가 제공하는 기본 암호화폐 자산 CRV, YFI, 1차 암호화폐 파생 상품 aLINK의 1차 또는 2차 암호화폐 파생 상품이다. 이 암호화폐 파생 자산은 에이브에 있는 에이브 USD 유동성 토큰인 데이(DAI)와 같은 또 다른 암호화폐 파생 상품 위에 스마트 컨트랙트를 운영하는 제2의 암호화폐 파생 상품일 수도 있다.

와이볼트(yVault) _ Turing complete 프로그램과 Smart Contract를 사용하여 볼트(Vault)에서 수행할 수 있는 복잡한 전략의 예로는 다음과 같이 설명된 yETH 전략이 있다.
대여 – 자산이 에이브(Aave), 콤플렉스(Complex) 및 dYDX와 같은 대여업체를 통

해 대여되는 경우

거래 – 유니스왑(Uniswap), 밸런서(Balancer) 및 커브(Curve)에 제공되는 자산은 거래 수수료를 받는다.

유동성 인센티브 – 프로토콜과 복합, 균형자 및 곡선과 같은 시장이 유동성 인센티브를 제공한다.

지배 구조 토큰의 의결권을 적용함으로써 위임된 자금의 힘을 활용하여 유동성 제공에 대한 추가 인센티브 보상에 대한 투표를 실시하는데, 이는 때때로 볼륨 사용자에 대한 보상 배수가 될 수 있다. 이러한 승수는 예금 펀드의 ROI를 크게 향상시킬 수 있다.

Reference

Alfredo de Candia, 「wBTC, tBTC or pBTC? How to choose a Bitcoin pegged token」, Cryptonomist, 2020. 5. 23.Barrett, C., Bounds, A., and Tighe, C. (2020). Small businesses face ruin asBartoletti, M., Chiang, J. H.-y., and Lluch-Lafuente, A. (2020). SoK: LendingDeloitte UK (2016). Marketplace lending − A temporary phenomenon?

FCA (2021). The Woolard Review − A review of change and innovation in the
https://arxiv.org/pdf/2010.12252.pdf.
http://news.kmib.co.kr/article/view.asp?arcid=0015834540&code=61141111&cp=nv
http://wiki.hash.kr/index.php/%ED%8A%B8%EB%9F%AC%EC%8A%A4%ED%
    8A%B8%EC%9B%94%EB%A0%9B
http://www.coindeskkorea.com/news/articleView.html?idxno=71644
http://www.ddaily.co.kr/m/m_article/?no=202570
http://www.ddaily.co.kr/m/m_article/?no=202570
http://www.digitaltoday.co.kr
http://www.newstap.co.kr/news/articleView.html?idxno=120843
https://academy.binance.com/ko/articles/tokenized-bitcoin-on-ethereum-explained
https://bravenewcoin.com/insights/swerve-price-analysis-decentralized-exchange-
    aims-to-reward-community
https://coinmarketcap.com/alexandria/glossary/centralized-exchange-cex
https://coinmarketcap.com/headlines/news/ DeFi-lending-platforms/
https://coinmarketcap.com/headlines/news/ DeFi-lending-platforms/
https://corpgov.law.harvard.edu/2021/01/14/ DeFi-and-the-future-of-finance/
http://www.coindeskkorea.com/news/userArticlePhoto.html
https://cryptolawinsider.com/ DeFi-regulations/
https:// DeFipulse.com/blog/slingshot-polygon/
https://docs.oasis.dev/general/faq/oasis-network-faq
https://docs.yearn.finance/ DeFi-glossary#financial-primitive
https://docs.yearn.finance/ DeFi-glossary#financial-primitive
https://dstreet.io/news/view-detail?id=N20201028105207379982
https://economictimes.indiatimes.com/ DeFinition/risk-management
https://economictimes.indiatimes.com/ DeFinition/risk-management

https://en.cryptonomist.ch/

https://everipedia-kr.medium.com/ DeFi

https://fintechtimes.co.kr/mobile/article.html?no=17467#_enliple

https://invao.org/ DeFi-savings

https://invao.org/ DeFi-savings

https://joind.io/market/id/3591

https://joind.io/market/id/3830

https://jscholarship.library.jhu.edu/handle/1774.2/58630

https://jscholarship.library.jhu.edu/handle/1774.2/58630

https://ko.xangle.io/research/601264d4dac3ce1265acdee2

https://ko.xangle.io/research/601264d4dac3ce1265acdee2

https://kr.coinness.com/news/563898

https://medium.com/@maniacbolts/

https://medium.com/

ttps://medium.com/addxyz/risk-in- DeFi

https://medium.com/decipher-media/makerdao-a-to-z-9629c7e9ddc7

https://medium.com/dydxderivatives/decentralized-lending

https://medium.com/dydxderivatives/decentralized-lending

https://medium.com/ontologynetwork/blockchain

https://new.ingwb.com/binaries/

https://papago.naver.com/

https://paxnetnews.com/articles/65145

https://sohwak.tistory.com/entry/

https://www.theregreview.org/

https://uniswap.org/

https://www.aier.org/article

https://www.aier.org/article

https://www.bitcoinsuisse.com/outlook/

https://www.businessbecause.com

https://www.fintechnews.org/how-blockchain

https://www.forbes.com/sites/

https://www.gemini.com/cryptopedia/synthetix

https://www.kisa.or.kr/public/library/etc_View.jsp?regno-0224

https://www.leewayhertz.com/ DeFi-vs-cefi/

https://www.segye.com/

https://ko.wikipedia.org/

미주

1) http://www.coindeskkorea.com/news/userArticlePhoto.html

2) 암호화폐는 가상화폐의 일종이라고 볼 수도 있다. 하지만 유럽 중앙은행이나 미국 재무부의 가상화폐 정의를 엄격하게 적용하면 가상화폐라고 부를 수 있는 암호화폐는 거의 없게 된다. 그래서 미국 재무부 금융범죄단속반(FinCEN)에서는 암호화폐를 가상화폐라고 부르지 않는다.(ko.wikipedia.org)

3) https://www.finextra.com

4) https://news.g-enews.com

5) 선행매매(Front-running)란 투자 매매업자나 투자 중개업자가 금융 투자 상품의 가격에 중대한 영향을 미칠 수 있는 매수 또는 매도 주문을 받거나 받게 될 가능성이 큰 경우, 고객의 주문을 체결하기 전에 자기의 계산으로 매수 또는 매도하거나 제삼자에게 매수 또는 매도를 권유하는 행위를 말한다. 증권 회사가 고객과의 관계에 있어 고객의 주문 동향 등을 파악할 수 있는 우월적 지위를 자신의 이익을 위하여 부당하게 이용할 경우에는 결국 고객의 피해를 야기할 수 있으므로 고객과 증권 회사 간의 이해 상충 방지 차원에서 「자본시장과 금융투자업에 관한 법률」상 엄격하게 금지하고 있다.(https://economiology.com/front-running/)

6) https://www.blockmedia.co.kr/archives/94591

7) 마운트곡스는 일본 도쿄 시부야에 위치한 비트코인 거래소이다. 2007년 TGC 게임 카드 온라인 거래소로 설립되어 2010년 7월 비트코인 거래소로 업종을 변경하게 된다. 이는 2010년 7월 12일 비트코인의 가격이 0.008달러에서 0.08달러로 급등한 사건이 있은 직후의 일이다. 개설 이후 마운트곡스는 지금처럼 수많은 거래소가 존재하지 않는 상황에서 선점 효과를 보며 승승장구했다. 대표적으로 2011년 2월 9일 마운트곡스에서 1비트코인의 가격이 1달러를 달성한 역사적인 날이었는데, 이것은 개설 시점과 비교해 반년이 갓 넘은 상태에서 벌어진 엄청난 성과였다. 그렇게 2013년과 2014년에 이르러 전 세계 최대 비트

코인 중개자 및 세계 최고의 비트코인 거래소로서 전 세계 모든 비트코인 거래의 70% 이상을 처리했다. 하지만 2014년 2월 마운트곡스는 해킹을 당해 85만 개의 비트코인을 도난당하는 사건이 발생했다. 이로 인해 마운트곡스 사이트는 폐쇄되고, 회사는 파산을 선언했으며, CEO인 마크 카펠레스는 체포되었다. 마운트곡스 해킹 사건을 계기로 암호화폐가 해킹으로부터 안전하지 않다는 인식이 확산되면서 비트코인 가격이 폭락했다. 이후 수년간 해커를 추적하는 한편, 피해자 보상과 남은 자산 처분을 위한 법원 경매가 진행되었다. 2017년 말 비트코인 가격이 폭등하여 회사를 청산하는 것보다 회생시키는 것이 더 이익이 됨에 따라 피해자들은 마운트곡스 회생 신청을 요구하고 있다.(http://wiki.hash.kr/

8) SEED 또는 시드; 전자상거래, 금융, 무선통신 등에서 전송되는 개인 정보와 같은 중요한 정보를 보호하기 위해 1999년 2월 한국인터넷진흥원과 국내 암호 전문가들이 순수 국내 기술로 개발한 128비트 및 256비트 대칭 키 블록의 암호 알고리즘이다.

9) https://www.kisa.or.kr/public/library/etc_View.jsp?regno=0224

10) https://DeFipulse.com/

11) 디파이 프로토콜로서 기존의 자동화된 마켓 메이커(AMM)를 이용한 유니스왑 모델에 자체 토큰인 스시(SUSHI)를 도입해 이자 농사가 가능하도록 한 것이다. 이 토큰을 이용해 프로토콜을 통제할 수 있으며, 프로토콜 이용에 대한 수수료를 토큰 보유자들에게 지급한다. 스시 토큰은 크게 두 가지 기능이 있다. 보유자들에게 운영 권한을 행사하도록 하는 것과 프로토콜을 이용하는 데 따른 수수료를 보유자들에게 주는 것이다.(https://cobak.co.kr/community/1/post/388845)

12) http://wiki.hash.kr/

13) Custodial wallet은 제삼자가 사용자를 대신하여 암호화폐를 제어하는 지갑을 의미한다. 이에 비해 Non-custodial wallet은 사용자가 자신의 암호화폐를 완전히 제어하고 보유하는 시갑을 의미힌디.

14) https://www.kisa.or.kr/public/library/etc_View.jsp?regno=0224

15) https://www.coindesk.com/what-is-a-flash-loan

16) https://arxiv.org/pdf/2010.12252.pdf

17) https://academy.binance.com/

18) https://zdnet.co.kr/

19) https://medium.com/

20) 컴퓨팅에서 피싱(phishing)은 전자우편 또는 메신저를 사용해서 신뢰할 수 있는 사람 또는 기업이 보낸 메시지인 것처럼 가장함으로써, 비밀번호 및 신용카드 정보와 같이 기밀을 요하는 정보를 부정하게 얻으려는 social engineering의 한 종류이다.

21) 스피어피싱은 특정인을 표적으로 삼아 악성 메일을 발송하고 컴퓨터를 감염시켜 정보를 빼가는 '표적형 악성 메일' 공격이다.

22) 부정 인증을 이용한 출입 방법의 하나로 제한된 구역에 대한 출입 권한이 없는 사람이 앞 사람을 따라 진입하는 것이다. '2인 진입'이라고도 하며 피키배킹(Piggybacking)과 함께 가장 대표적인 부정 출입 방법에 속한다. 일반적으로 테일게이팅은 의도를 가지지 않은 부정 출입을, 피기배킹은 의도를 가진 부정 출입을 의미한다.

23) https://www.kisa.or.kr/public/library/etc_View.jsp?regno=0224

24) 다중 서명(multi-signature)이란 데이터의 위변조, 부인을 막고 메시지의 무결성을 확인, 인증을 수행하는 기술인 전자 서명 중 특수 전자 서명 방식에 해당되는 기술이다. 멀티시그(multi-sig)라고도 한다.

25) https://cryptolawinsider.com/ DeFi-regulations/

26) https://www.pwc.co.uk/services/be-the-future-of-decentralised-finance.html

27) 재무부에 책임이 있는 독립적인 공공 기관인 FCA(재무 기관)는 영국의 58,000개 금융 회사 및 시장을 규제하고 18,000개가 넘는 조직에 대한 규제 기관 역할을 한다. 유럽 은행의 세심한 규제 기관 역할을 하는 PRA(세심한 규제 기관)는 은행, 건물 사회, 신용 조합, 수급자 및 투자 회사와 같은 대규모 금융 서비스 기관의 1,500개 규제를 한다. FCA는 PRA 입금에 속하지 않는 기업에 대한 세세한 규정을 도입한다.

28) https://www.kisa.or.kr/public/library/etc_View.jsp?regno=0224

29) https://medium.com/@maniacbolts

30) https://ko.wikipedia.org/

DeFi
분산금융